망자 김유감
서울새남굿 신가집

망자 김유감
서울새남굿 신가집

김헌선·윤정귀

머리말

　이 책은 망자 김유감(1924.11.10.~2009.5.15)의 서울새남굿에서 연행한 신가를 정리한 신가집이다. 모든 일에 시작이 있으면 끝이 있게 마련이다. 김유감은 서울굿의 굿판에서 청승만신으로 "대감방 유개미"로 이름을 얻었다. 김유감은 대감놀이에 능하였고, 그것 때문에 장안 굿판에서 가장 소리를 잘하고 놀이를 잘한 만신으로 칭송받았다. 김유감은 1996년 5월 1일에 중요무형문화재 제104호 서울새남굿의 보유자로 지정되어 이른 바 인간문화재의 길을 걸었다. 그러나 2009년에 사망하여 마침내 만신의 길을 접게 되었다.

　일찍이 김유감은 그녀의 나이 6살 되던 해인 1930년 정월달에 소꿉장난을 하다 손뼉을 쳤다고 한다. 손뼉을 쳤다고 하는 말은 무당이 될 때에 항용 이러한 현상을 겪게 된다. 갑자기 실룽벌룽 싱숭생숭해지면서 이상한 말을 하고 신기하게 영험한 소리를 하면서 신이 내린 조짐을 보이기 시작하였다. 그리고 영검한 소리를 하면서 깡충깡충 뛰면서 걷잡을 수 없는 행동을 하게 되었다.

　김유감은 무악봉에 올라가 종이에 싸서 파묻어 둔 방울부채와 엽전을 구업으로 캐왔다. 후계자를 잇지 못한 만신이 죽을 때에 이를 묻게 되는데 이를 구업이 떠온다고 말을 하게 된다. 그러한 일이 있고 나서 두 해를 넘긴 후, 친정어머니인 반승업 만신을 비롯하여 순정어머니, 칠성네할머니, 호량십장, 바둑어머니를 모시고 신굿을 하게 되었다.

그러한 일이 있고 난 뒤에, 친어머니이면서 스승이 된 반승업 무당으로부터 서울굿 문서를 학습했다. 친정어머니인 반승업은 무당들 사이에서 삼신방이라고 불리었던 큰무당이었으며 흔히 나라무당으로 널리 알려진 인물이고, 오빠 김만용은 한양굿판의 전악 또는 잽이로 활동하였다.

김유감은 본격적인 만신의 길을 걸으면서 몇 몇 중요한 인물로부터 소리를 닦고 만신에게 중요한 소리를 가다듬게 되는데 이 중에 중요한 인물이 박춘재이다. 파움을 파고 그곳에서 소리를 가르치는 일을 박춘재가 했는데 박춘재에게서 본격적으로 한양 장안의 여러 가지 소리를 닦았다고 한다. 이웃하고 사는 인물이어서 이것이 가능하게 되었다고 전한다. 그렇기 때문에 김유감은 서울새남굿의 신가를 잘할 뿐만 아니라, 굿판 이외에서 쓰이는 소리도 매우 잘했으며, 필자에게 권주가를 비롯하여 창부타령, 대감타령, 노랫가락 등을 선보이는 일을 서슴지 않고 했다.

그러나 김유감의 진면목은 역시 굿판에서 연행하는 신가에 정통했음에 있으며 그것이 김유감이 서울새남굿의 보유자로 나아가는데 소중한 구실을 했음이 사실이다. 특히 간혹 굿판에서 만나서 여러 가지 전통적인 소리를 질문하면 이내 그 굿에서 활용되는 사설을 쉽사리 구연해주곤 하였다. 구체적으로 서울굿의 치성에서 쓰이는 것으로 듣기 어려운 삼심겜심의 신가, 안당말미 등을 아주 잘해서 이러한 굿에 닦여 나왔음을 알게 하는 결정적 증거들을 보여주곤 했다. 김유감은 기억력이 비상하고 본 것과 안본 것, 한 것과 안한 것 등을 명료하게 구분하는 몇 안 되는 인물이었다. 어려서 신이 내리고 오랫동안 여러 구대인 만신과 더불어서 굿을 하고 그 속에서 우러나와 그러한 굿판의 전통에 충실한 존재였다.

　김유감이 대감놀이를 하게 되면, 별비가 우박 쏟아지듯이 했다고 하는 말을 흔히 하는데 김유감의 소리가 얼마나 대단했는지 알게 하는 대목이다. 그리고 항상 김유감이 굿판에 가면 그의 소리를 듣고자 하여 한량들이 김유감을 납치하여 다른 장소에서 굿에서 하는 소리를 하도록 하여 애를 먹었던 일들을 회상하곤 한다. 그러한 점이 남다르고 굿판에서 각별한 일들을 하는 전통적인 면모를 유일하게 가지고 있었던 인물이 아닌가 한다. 그러한 점에서 김유감이 소중한 존재였음은 더 말할 나위없다.

　김유감은 2007년에 명예보유자가 되었다가 그로부터 이태 뒤인 2009년에 세상을 떠났다. 김유감의 사망으로 서울새남굿은 크게 위축되지 않을 수 없었으며, 관례대로 서울새남굿에 몸담고 굿을 화려하게 했던 인물이므로 서울새남굿을 이틀에 걸쳐서 진행하게 되었다. 서울새남굿보존회원들이 중심이 되어서 진행한 이 굿은 안당사경치기와 천근새남굿으로 나누어서 이루어졌다.

　망자 김유감을 대상으로 하는 굿이었고, 아울러서 서울의 한옥마을에서 행한 굿이었으므로 굿의 전통이 충실하게 망자의 기한과 맞물리고 동시에 한옥마을의 공간과 맞물려서 굿이 전통적인 세계에서 어떻게 진행되었는지 알 수 있는 적절한 본보기가 되었다고 할 수 있다. 그러한 새남굿을 대상으로 신가집을 정리하는 것이 필요하였으므로 이 신가집을 내게 되었다.

　그런데 많은 사람들이 이 굿판에 참여하였지만, 문화재청 산하 국립문화재연구소에서 이 굿을 정리하겠다는 목적으로 도맡아서 촬영하였기 때문에 좋은 영상이나 자료를 얻는 것은 크게 쉬운 일은 아니었다.

결국 줌영상의 자료가 결정적인 도움이 되었으며, 줌영상의 자료를 중심으로 이 신가를 정리할 수밖에 없었다.

문제는 이 새남굿에서 부정굿에 대한 자료가 문제가 심각하게 제기되었다. 무선마이크의 주파수를 고려하지 않고 함께 채우는 바람에 마이크끼리 충돌하여 혼선이 빚어져 천근새남굿 부정굿 신가를 알아들을 수 없게 되었다. 참으로 안타까운 일이 아닐 수 없다. 그렇기 때문에 이 부정굿 자료의 보완이 필요하나 당장 할 수 없다고 판단된다.

게다가 더욱 심각한 문제는 재받이 승려를 함께 초청하여 천근새남굿의 대목을 연행하는 것이 필요하나, 안타깝게도 유가족끼리 안정사에서 49재를 진행하게 되었고, 그 자료는 국립문화재연구소에서만 촬영하였고, 동시에 분량 때문에 이를 편집하게 되었다고 하는 점이다. 그 점이 심각한 자료의 결손이라고 할 수 있다.

재받이 승려들이 하는 49재는 실제로 행해지는 것이었으나 새남굿에 소화되지 못한 결함이 있다. 원래 서울새남굿의 전통은 재받이 승려들이 와서 굿판에서 재를 부치는 것이 전통인데 이 점이 실현되지 않아서 굿에 일정한 한계가 있음이 사실이다. 굿을 하는 만신과 재를 부치는 재받이 승려의 융합과 소통이 굿에서 어떻게 이루어지는지 전혀 알 길이 없게 되었다. 그것은 문화적인 의미로 본다면 일정한 손실이고 유실이다. 면밀하게 기획하고 이를 달성하였으면 하는 아쉬움과 미련이 있다.

망자 김유감을 대상으로 하는 굿을 정리하는데 내력이 있다. 일단 이를 성사시켜준 계기는 필자의 지도로 박사학위논문을 작성한 윤정귀 선생의 노력이 맺은 결실 가운데 하나이다. 많은 제약이 있었음에도 이를 구현한 노력에 일정하게 의미를 부여할 수 있다. 장차 정확한 주석을 하고 문면을 보완하고 이를 확대했으면 하는 바람이다. 이 날에 이룩된 굿의 대부분 사설은 윤정귀가 정리하였고, 연행자와 굿의 의미 부분은 논문의 부분을 가지고 와서 미봉하였다. 그렇기 때문에 장차 이 신가집과 논문을 견주어서 읽으면 이들이 어떠한 관계에 있는지 알수가 있을 것으로 보인다. 특히 이 사설 정리와 장면 해설에 줌영상의 자료가 결정적인 도움을 주었다. 이홍덕 선생님의 도움으로 우리는 모자란 부분을 보완할 수 있었다. 이에 감사한 말씀을 전한다.

  나날이 전통적인 것들이 쇠퇴하는 현실을 인정하면서 이를 대상으로 학문을 하고 연구를 하는 일이 쉽지 않다. 그 점이 연구의 제한을 하지만, 연구를 불가능하게 하는 것은 아니다. 이제 연구의 발판을 마련하였으므로 서울새남굿의 전통을 확실하게 조명할 계기를 가진 셈이다. 그 점을 인정하면서 비로소 서울새남굿이 눈에 보이는 것에 회환과 자부를 동시에 갖게 된다. 굿의 찬란함을 염두에 두고 고생스럽게 살다간 서울 만신들에게 고마움을 전한다.

  구대인들이 이룩한 전통을 고수하면서 이를 지켜내는 것이 결코 쉬운 일은 아니다. 그렇지만 이들의 문화적 전통과 유산을 무시하고 다른 것이 훌륭하고 가치가 있다고 하는 것은 어불성설이다. 구대인들이 남긴 유산을 고직이처럼 지켜내면서도 이들이 당시의 민중들에게 무엇을 전하고자 했는지 알아내는 것이 가장 화급한 슬기의 터득이다. 돈을 벌어먹으려고 굿을 한 것만이 아니다. 그것은 그들의 직업이지만 이들이 죽은 영혼에게 안식을 주고 이들의 전통 속에서 우리들은 새로운 세계로 갈아탈 수 있는 단서를 마련하였다고 보는 편이 직절한 판단이다.

  새해에 춥고 외로운 이들이 위로받아야 할 이유가 이 굿의 신가에 있음을 다시 환기하자. 굿은 우리나라 사람들의 전통이 빚어낸 가장 빛나는 계시이고 위안이라고 할 수 있을 것이다. 그들은 결코 낮은 사람들이 아니다. 그들의 인도로 높은 세계에 도달할 수 있는 가능성을 가진다고 하는 것이 얼마나 작은 위로이자 안식인가!

2019년 1월 16일
김헌선

차례

머리말 … 5

망자 김유감 서울새남굿의 연행자들 소개 … 13
망자 김유감 서울새남굿 연행의 의의 … 35

I. 안굿 - 안당사경치기 … 42

1. 주당물림 …………………………………………… 44
2. 안당사경부정청배 ………………………………… 44
3. 안당사경가망청배 ………………………………… 63
4. 진적 ………………………………………………… 67
5. 상산노랫가락 ……………………………………… 67
6. 안당사경불사거리 ………………………………… 70
7. 대신말명거리 ……………………………………… 87
8. 안당사경도당거리-산바라기 …………………… 92
9. 본향바라기 ………………………………………… 112
10. 초영실 …………………………………………… 120
11. 전안거양 ………………………………………… 129

12. 조상거리 ··· 153
13. 안당제석 ··· 168
14. 성주거리 ··· 175
15. 안당사경창부거리-계면거리 ································· 179
16. 안당사경뒷전 ··· 186

Ⅱ. 밖굿-안정사49재 / 천근새남굿 ··· 198

0. 안정사 49재 ··· 198
1. 천근새남부정청배 ·· 215
2. 시왕노랫가락 ·· 224
3. 중디박산 ··· 225
4. 사재삼성-뜬대왕거리 ··· 229
5. 천근새남말미 ·· 265
6. 천근새남 도령거리 ·· 294
7. 상식 ··· 320
8. 뒷영실 ·· 323
9. 베가르기, 베째 ··· 330
10. 시왕군웅거리 ·· 336
11. 천근새남뒷전 ·· 339

망자 김유감 서울새남굿의 연행자들 소개

만신과 전악

　망자 김유감의 새남굿을 진행한 인물들이 가장 긴요한 존재이다. 굿은 한 사람이 하는 것이 아니라고 여러 사람이 한다. 이들의 수준이 서울새남굿의 수준을 결정하게 된다. 서울새남굿이 아무리 화려하고 의미 있는 굿이라고 하더라도 이 굿의 결정적인 가치를 다른 굿의 요인들이 결정하지 못한다. 굿의 전통은 만신과 전악이 결합하는데서 이루어지게 된다. 굿의 핵심은 바로 만신과 전악의 조합에 의해서 결정되기 때문이다.

　실제로 이 굿은 김유감을 주축으로 하였던 서울새남굿보존회원이 주축이 되어서 진행하였다. 결과적으로 망자 김유감이 살아생전에 친근한 관계를 이룩하였던 인물들을 중심으로 이루어졌다. 그러므로 이들의 결합에 의해서 이룩된 굿이 가장 결정적인 요소가 되고 이들의 전통에 의해서 이룩된 굿이 결국 망자 김유감을 통한 굿의 성격이 결정되었다고 해도 지나친 말은 아니게 된다.

　이상순을 비롯하여 중요무형문화재 제104호 서울새남굿보존회원이 주축이 되고 이들에 의해서 굿이 진행되었다. 이상순, 이성재, 한부전,

이옥선, 강옥님, 윤복녀, 유효숙, 박재균, 나채옥 등의 무당과 함께 허용업, 이선호, 김재용 등의 전악 3명이 참여하여 만신과 전악의 결합에 의해서 서울새남이 진행되었다. 그리고 49재는 서울의 안정사 승려들이 중심이 되어 굿과 별도로 진행하였다.

① 이상순

이틀에 걸쳐서 연행한 김유감 새남굿은 김유감에 이어 중요무형문화재 104호로 지정을 받은 이상순이 맡아서 한 주당물림을 하면서부터 굿은 시작되었다. 이상순은 안굿에서 주당물림을 비롯하여, 부정거리, 가망청배, 천궁불사거리를 맡아서 진행하였으며, 이튿날 진행하는 밖굿에서는 부정거리, 가망청배, 중디박산, 중디노랫가락, 밖도령돌기, 문들음, 연지당 영실까지 중요 굿거리들을 연행하였다.

이상순은 김유감에 이어서 중요무형문화재 제104호 서울새남굿 예능보유자이다. 이상순은 1950년 서울에서 태어났다. 그는 어릴 때부터 신가물이 들었는지 그럴만한 조짐과 징조로 머리나 눈에 부스럼이 심하여 고통을 받았다고 한다. 초등학교조차 제대로 다니지 못하고 집에서만 지내다가 16세가 되던 1965년 삼월 삼짓날 신이 내려서 말문이 열렸다.

내림굿은 유락동에서 평안도 무당이었던 수양어머니 명씨로부터 하였으며, 명씨어머니에게서 일정하게 평안도 굿을 배웠다. 서울굿을 본격적으로 배우기 시작한 것은 영천의 신박수를 만나면서부터라고 한다. 이때 신박수에게 바리공주를 배우고 아울러 옥순이무녀로부터도 굿을 배웠다고 한다.

천궁불사거리에서 대신말명을 놀고 있는 이상순

문들음을 하고 있는 이상순만신

1970년대 접어들어서는 당시 박수로 이름난 박수 이홍기의 신딸이 되어서 서울굿 절반에 걸쳐서 학습하게 되었다. 1973년 봄부터는 일명 오도바이로 불러지는 박어진 만신의 신딸이 되어서 서울굿의 다양한 재주를 익히며 전통적인 기예를 배웠다. 박어진은 오토바이 가게를 운영하는 최석길을 남편으로 두어서 이 때문에 말미암아서 오도바이 만신이라고 불려졌다. 그래서 이름이 오도바이 만신이라고 한다. 아울러 오도바이 만신의 신딸로 있으면서 알게 되었던 노들순자 최순자로부터 서울굿의 문서를 익혔고 특히 도령돌기에서 문들음과 사방찬을 배웠다고 한다.

　더하여 60년대 말까지만 해도 전통 새남굿을 도맡아서 진행하였던 명무로도 명성이 자자했던 느릿골정박수 정주사(본명 정경옥)의 신아들인 별호가 콩나물박수로 알려진 최명남에게도 서울굿 의식을 배웠다. 특히 최명남에게는 느릿골 정박수의 유산인 중디박산을 익혔으며 노들순자의 것과 합쳐지면서 이들의 전통이 독자적으로 합쳐지는 문서 학습을 하였다. 그러므로 7월 2일 이루어진 이상순의 중디박산은 그 전승 계보가 느릿골 정경옥의 문서에서 최명남에게 전수되었고 그것이 이상순에게로 내려온 것을 확인할 수 있다.

　1970년대 중반에는 이지산을 신아버지로 섬기며, '천신굿'을 배우고, 숭인동 돼지엄마 박종복에게는 새남굿을 아울러서 배웠다고 한다. 이상순은 강신무로 내림굿을 받고는 무꾸리만 하다가 평안도 무당이었던 명씨어머니에게서 굿에 대한 초다짐을 배웠다면 이홍기, 이지산으로부터는 서울굿에 대한 전반적인 것을 연마했다고 볼 수 있다. 중디박산이나 새남굿은 최명남으로 부터이며, 도령돌기는 노들순자 최순자로부터 배웠다.

이상순은 이날 새남굿 당사자 되는 김유감을 1970년대 초부터 알고 지냈으며, 1980년대 들어서는 김유감으로 부터 전통적인 새남굿을 본격적으로 학습 받으며 함께 활동을 했다. 이렇게 새남굿을 가르친 인물은 죽음의 세상에 속해서 자신이 살아생전 새남굿을 가르친 이들에게서 새남굿을 받게 되었다. 이상순에게 전통 서울굿에 관한 주요 문서와 기예능을 학습해 준 장안의 일류 만신들은 이제 생과 사의 구분아래 이승의 사람들이 아닌 것이 되었다.

그러나 그들의 훌륭했던 굿거리들을 이상순과 같은 적절한 후계자를 만나 그 전통의 맥을 잇고 있다. 이상순은 서울새남굿 예능보유자로 인정받았고 그 소임을 다하고 있다. 이날 이루어진 김유감새남굿은 이상순이 주만신이 되어 새남굿보유자로서의 기량을 온전히 발현할 것이다.

이상순은 김유감새남굿에서 중요시되는 아홉 개의 굿거리를 도맡아서 연행했고 나머지 거리들도 진두지휘하며 중간 중간 서울 새남굿 의식에 대한 전반적인 사항들에 대한 현장에서의 교육도 아끼지 않았다.

이상순이 이번처럼 큰굿에서 이렇게 주요 굿거리를 도맡아 할 수 있었던 것은 단일한 재주아치가 아니기 때문이다. 15세에 강신하여 입무하면서 서울에 내놓으라하는 남무·여무로부터 다양한 굿거리들을 섭렵하여 익혔기 때문이다. 이상순은 강신무로 내림굿을 시작하여 서울장안에 굿판을 종횡무진 다니며 청승무당으로 굿의 다양한 재주를 발휘할 수 있었으며, 굿 속을 훤히 펠 수 있는 능력을 갖췄기 때문에 가능한 일이다.

② 이성재

안도령을 돌고 있는 이성재회장

돗쌈을 하고 있는 이성재회장

이성재는 김유감의 신아들로서 이번 굿에서 안도령돌기, 상식, 명두 청배를 맡아서 진행했다. 이성재는 1954년 4월 22일 충남 논산에서 태어났다. 부친 이용관과 모친 조성순의 사이에 4남매의 장남으로 성장했다. 지금 와서 돌이켜 보면 10대부터 신이 왔다는 것을 짐작할 수 있었다고 한다. 무어라고 단일하게 설명할 수 없는 행동을 하고 남들이 보지 못하는 것을 보곤 했다. 신안이 열려서 남들이 보지 못하는 것을 보고 영력을 발휘하였다고 한다.

집안에 신줄을 받은 사람은 없는 것으로 알고 있는데 오래된 먼 조상은 있었는지도 모른다는 부연 설명이다. 신통한 일을 알게 되면서 무속에 대한 이해가 늘고 결국 이것은 잠재적으로 이어져 오던 것이 솟구치면서 강신의 현상으로 이어진 것으로 파악된다. 직계 혈족적인 가족 중에 혼자만 신을 받아 이 길을 가고 있다. 영험한 것이 제일이고, 여러 방면에서 학습적인 탐구심이 많아서 여러 가지 다양한 가치를 추구하면서 새로운 굿의 전승에 초점을 두고 있다.

이성재는 1979년 8월 18일 충청도에서 내림굿을 받고 좌경을 먼저 했다. 그러다가 1990년에 서울로 상경하여 1996년에 장안의 유명한 청승만신인 김유감을 만나서 서울새남굿을 배우게 되었다. 김유감은 다양한 굿과 굿에서 활용되는 무가와 춤 등을 익혔을 뿐만 아니라, 동시에 여러 가지 문서를 모아서 학습하고 아울러서 새로운 전승의 방식에 골몰하고 있음이 사실이다. 김유감의 신아들이 되면서 신어머니로부터 많은 사랑도 받았으며 서울굿 전반에 관하여 학습했다고 한다.

이번 김유감새남굿에 안도령돌기, 상식, 명두청배를 진행하면서 신아들로서 신어머니에 대한 예의와 정성으로 굿을 진행했다. 아울러 굿이 진행되는 동안 망자의 넋이 오는 영실이라든가 조상거리에는 물질적으로도 아낌없이 망자에 대한 예우를 하였으며 저승 노자 돈을 드리기도 했다. 현재 이성재는 대한경신연합회 회장과 경천신명회총본산 도술사이기도 하다. 우리의 전통적인 문화와 예술을 종교적인 차원에서 통일하고 전승하는 일을 하기 분투하고 있으며, 지도력을 발휘하면서 서울새남굿보존회의 회장으로 서울새남굿의 활발한 전승을 위해서 노력하고 있다.

③ 한부전

말미를 드리고 있는 고춧가루 한부전만신

한부전은 진작부터 김유감과는 막역한 사이로 알려져 있다. 한부전은 김유감이 살아생전에 형님 아우님하며 동기간이나 다름없는 생활을 하면서 평생을 굿판에서 살았다고 해도 과언이 아니다. 한부전은 한때

생업으로 고춧가루 장사를 하여서 일명 고춧가루 만신으로 불리기도 했다.

한부전은 이번 김유감새남굿에서 조상거리 말미거리를 맡아서 연행함으로써 두 사람간의 친밀도를 나타내는 모습을 보였다. 김유감이 살아생전에 형님이라고 부르며 따르던 한부전은 고령의 나이에도 불구하고 김유감새남굿에서 핵심이라고 할 수 있는 말미거리를 맡아서 연행했다.

말미거리는 바리공주가 부모님의 생명을 구하려고 가던 길에 지옥문을 열고 저승길을 체험함으로서 사람이 죽어서 고혼이 되면 고통 받는 지옥 길을 피하도록 돕고 극락세계로 인도할 수 있는 자격을 갖추었기에 말미를 받는다. 말미는 이러한 고통을 벗어나라고 하는 의미에서 굿을 하고 바리공주의 인도를 받아서 새로운 세계로 전환하는 대목의 의미를 가지고 있다.

한부전은 바리공주 말미를 구송하며 끝부분에 '우여슬프시다. 광산 김씨 아홉혼신 여망제님' 이라고 구송하며 왈칵 목이 메는 모습도 보였다. 김유감과 한부전은 수많은 굿을 함께 다니며 망자들의 극락왕생을 천도하는 굿을 함께 하다가 한 사람을 먼저 보내고 남은 사람으로서 그를 위한 굿을 하는 것은 그야말로 만감이 교차되며 슬픔의 극치에 이를 수 있겠다.

한부전의 이름이 아닌 별호로서 여주에 사는 고춧가루라고도 불린다. 젊어서 고운 시절도 있어서 김유감의 오빠가 많이 좋아했다고 해서 김유감의 눈치를 봤다고 전해지기도 한다. 이러한 사실은 조상거리에서 '외삼촌'의 넋이 확실하게 증언하기도 한다.

그러나 한부전은 치밀어 오르는 슬픔을 그의 오래된 기량으로 눌러 참으며 김유감을 위한 말미를 잘 마무리 했다. 한부전은 노령에도 불구하고 한 시간이 넘게 구송하는 말미를 통하여 동료가 극락 가는 길로 잘 가시라며 염불로서 마쳤다. 한부전은 사력을 다하여 슬픔을 참으며 김유감을 극락으로 보내는데 최선을 다했다.

한부전은 김유감새남굿에서 두 개의 굿거리를 맡아서 진행했다. 그 굿거리는 조상거리와 말미거리이다. 이 굿거리들은 김유감이 살아생전에 한부전과의 친밀도가 잘 드러나는 부분일 뿐만 아니라, 특히 조상거리는 망자 된 인물의 가족 내력이나 인간관계를 훤히 잘 알아야 가능한 굿거리임을 인식해야 한다.

이옥선은 이번 김유감 새남굿에서 안당사경 도당거리를 진행했으며, 문들음에서 문사제의 역할을 하기도 했다.

④ 이옥선

이옥선은 1954년 9월 그믐날에 경북 상주(함창) 이안면에서 아버지인 이순업과 어머니인 이기열 사이에서 2남5녀인 7남매 가운데 막내로 태어났다.

이옥선의 친할머니는 이안면 근동 3개면에서 점사로 유명했으나, 할머니는 굿은 다니지 않으셨다. 이옥선이 8세에 할머니 돌아가셨는데, 그 이전 이옥선이 5세부터 남들 눈에 보이지 않은 것이 보이기 시작했으므로 지금 생각해보면 신가물에 의한 신의 눈으로 봤다는 것을 짐작할 수 있다.

이옥선은 신기를 누르다가 27세에 내림굿을 받았으며 몸주신은 대신할머니다. 이옥선이 서울굿을 접한 것은 숭인동 돼지엄마(박종복)에게서 굿 전반적인 모든 것을 배웠다. 아울러 미아리 김씨 성을 가진 '검정판장할머니'라고 불리는 만신한테 조상굿은 배웠다. 김유감과 동갑이며 문서 많고 유명했다고 전한다.

이옥선은 홍제동 박사장패(박성기)에 39세 합류하여 한두 번 따라 다니다가 40세에 신딸로 들어갔다. 당시 박사장은 하루에도 굿을 2~3건의 굿을 했으므로 서울 장안의 유명무당들이 모여 청승만신으로 활동했다. 이때 이옥선은 문서가 더욱 풍부한 계기가 되었다 또한 박사장패에서 김유감, 한부전, 이상순을 만나 새남굿을 하고 다녔다.

산신도당거리하고 있는 이옥선

김유감이 새남굿 보유자가 되니 함께 활동 하려니 자연스럽게 2007년 새남굿 이수자 시험을 보게 되었고 오늘날까지 활동하게 되었다. 이옥선의 굿거리는 모든 부분이 절제되고 깔끔하게 소화하는 점이 특징이다. 너무 서두르지 않으며 차분하고 정갈하게 자신의 몫을 담당하는 면을 보인다.

⑤ 윤복녀

윤복녀는 서울 삼선동에서 1942년 말띠해에 아버지 윤**와 어머니

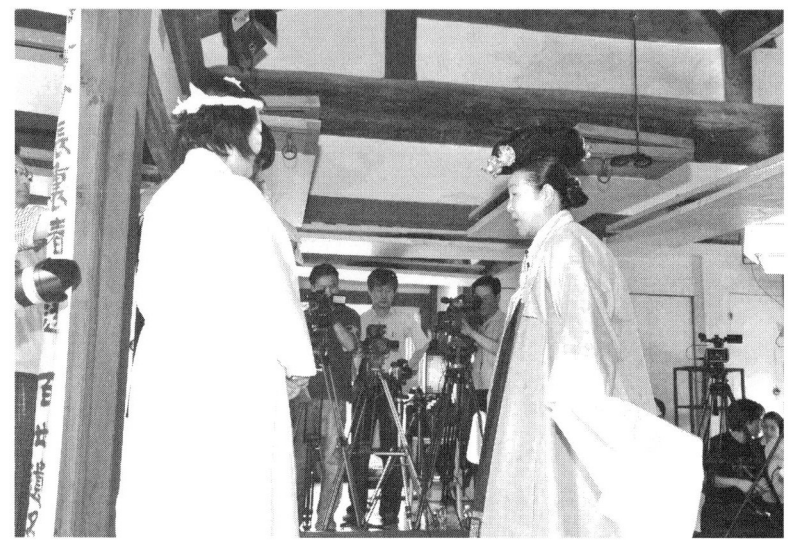

초영실을 하고 있는 윤복녀만신

이＊＊ 사이에서 5남매 중 둘째로 태어났다. 사업을 하시는 아버지 밑에서 대체적으로 유복한 유년생활을 하였으며 20대에 신을 받았다. 현재는 광진구 자양동에 거주하며 옛법을 기억하여 굿 잘하는 만신 중에 한사람이다.

윤복녀의 특기는 영실이다. 윤복녀는 이번굿에서 초가망, 본향거리, 초영실, 뒷영실을 연행했다. 윤복녀는 망자의 넋을 반영하여 가족들과 영원한 작별을 자신의 죽음을 서러워하며 가족들에게 이런 저런 당부를 했다.

현재 서울새남굿회원으로 오래된 만신 중에 하나이다. 옛 굿법을 알고 신입회원들에게 그 굿법들을 전수하는 중요한 인물이다.

⑥ 유효숙

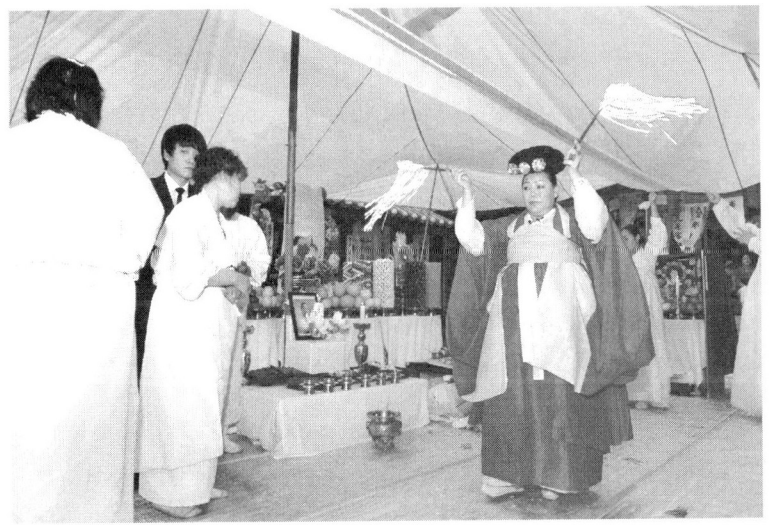

베가르기를 하고 있는 유효숙만신

유효숙은 안굿에서 전안거영, 상산거리, 별상거리, 신장거리, 대감거리를 했으며, 밖굿에서는 베째라고하는 베가르기와 시왕군웅거리를 연행했다.

유효숙은 서울 태생으로 1958년 3월 23일생이다. 6남매 중에 셋째 딸이며 집안에서 신 줄을 받은 사람으로 유일무이하다. 유효숙은 어릴 때 잠깐 강원도 원주에 내려가서 지내게 되었는데 17살이 되는 어느 날 갑자기 손뼉을 치게 되었다. 그녀가 처음 손뼉을 치면서 "나는 하늘천존이다"라고 하며, 옆에서 놀라고 있는 어머니에게 "나는 하늘천존이다 나에게 고개 숙이고 절하라"고 외쳤다. 어머니도 나도 당혹스러웠다. 신이 내려서 얼빠진 생활을 하고 지내다가 몸이 너무 아프고 괴로워서 내림굿을 받게 되었다고 유효숙은 회상했다.

유효숙은 큰한강 부군당 당주이기도 하다. 큰한강 부군당은 한강을 중심으로 삶을 살아가던 이들과 밀접한 관계를 맺으며 이를 근간으로 한남동에 자리 잡고 있다. 유효숙이 큰한강 부군당과 인연을 맺은 지는 20여 년 되었으며, 당시에 계시던 위에 어른들이 다 돌아 가셔서 자연스럽게 당주가 된 것은 6~7년 전이다. 당시 어른들은 상림이네도 있었고 구대인들이 여러분이 계셨는데, 한분은 광나루집이라고 했는데, 고향이 이북이라 평안도 집이라고도 했다. 큰한강부군당은 매년 정월 초하룻날 당굿을 지내며 돼지 한 마리를 각을 떠서 삶아 올린다.

새남굿과 인연을 맺은 것은 1996년에 '서울새남굿보존회'를 창립하면서 창립구성원으로서이다. 그 이전부터 김유감과 안면 있는 관계로 지내면서 김유감에게 문서를 전수 받았으며 오도바이아들 최명남에게도 배웠으며, 말미문서는 상임이네 문서를 배웠다. 대체로 옆에서 보고 터득한 부분이 많으며 집에 와서 연습해보고 해서 독학했다고 볼 수 있다.

유효숙은 굿을 씩씩하게 잘 하는 만신 중에 하나인데 서울굿에 전반적인 모든 굿거리들을 다 아우를 수 있다. 그 중에서도 본인이 특히 잘하는 굿거리는 상산이라고 한다. 그러면서 조상도 잘 놀고 도령도 예쁘게 잘 돈다고 서울굿 전반에 걸쳐서 자신이 대단한 만신이다.

지금 사는 곳은 평창동인데 자택에서 신당을 운영하고 있다. 유효숙의 전안에는 화분으로만 열두 분을 모시고 있다. 처음 입에서 나온 열두 신령의 화분을 받아서 이 화분들은 처음 손벽을 칠 때 불러 모시던 그대로 변함없는 상태로 모시고 있다. 몸주신은 '천존'과 '아버지신'이다.

유효숙은 처음 신이 왔을 때 바로 받아들이지 않아서 많이 아프고 하여 4~5년이 지난 후 6월 초 닷새 날 내림굿을 했다. 내림굿을 했다고 해서 매년 진적굿을 하지는 않으며 대체적으로 혼자서 조용히 신령님 전에 공을 들인다.

유효숙은 내림굿을 하고 1~2년 동안 앉아서 점사로 기가 막히게 잘 불렸으며, 굿을 하게 된 것은 대감거리 등을 한 거리씩 청승을 다니기 시작하면서다. 내림굿을 하고 1년 남직 있다가 꿈에 현몽하기를 고향으로 가서 한양성내로 가서 불리라고 하여 몸주신인 할아버지 모시고 서울로 돌아오게 되었다. 서울로 와서는 제기동에 앉아서 불리다가 연결되고, 연결되고 하다가 영검하니까 와서 '대신 좀 놀아줘' 하면 한 번식 나가든게 외방이 되어 버렸다고 한다.

유효숙은 신을 받은 지 어느 듯 45년이 되었다. 그렇다보니 각종 굿거리는 능수능란하게 다루어서 진행하게 되었다. 이번 김유감새남굿에서는 첫째 날 안당사경치기에서는 전안거양을 놀았으며, 둘째 날은 '베째'라고 하는 베다리가르기와 시왕군웅을 놀았다.

⑦ 강옥님(강민정)

강옥님은 안굿에서 창부거리, 계면거리, 안당뒷전과 밖굿에서는 뜬대왕거리와 뒷전을 진행했다. 강옥님은 만신으로서 이번 굿에서 자신의 입을 이용하여 신의 말을 하며 하위신격이나 잡귀잡신을 풀어먹이는 거리에서 능하게 연행했다.

강옥님은 경상남도 사천에서 1962년 4월 15일 출생하였는데, 어린 시절부터 신기가 있어서 남의 눈에는 보이지 않는 것이 보이곤 하여 초등학교 6학년에 본격적인 신이 내렸다. 경남 사천군 서포면에 있는

사재삼성을 하고 있는 강옥님 만신

'석왕사'라는 절은 외할아버지가 이룩한 절이며 큰외할아버지, 아버지 모두 다 스님이시고 한분계신 오빠도 조계사 스님으로 계신다.

집안이 절집으로 이어가고 있었지만, 강옥님만이 어려서부터 신을 접하게 되어 앞으로 일어날 현상들이 눈에 보여서 말하고 다니곤 했다. 이런 징험들은 크지 않은 시골마을에서 쉽게 소문도 나고 본인도 겁이 나기도 했다. 결혼을 하면 없어질까 하여 이른 결혼을 하였는데, 문제가 커지고 말았다. 남편이 직업군인이었는데, 군인 부인네들한테 불쑥불쑥 영검한 소리를 하여 소문이 나고 유명해지자, 남편이 창피하다고 하여 사람들 몰래 제대를 하겠다고 사표를 제출하고 야반도주를 하다시피 하여 서울로 오게 되었다.

이 또한 자신의 몸주신령이 한양성내에 들어가서 크게 불릴 것을 요구했기 때문이기도 하다. 낯설고 물설은 한양성내에 와서 깃발을 꽂고 처음에는 점사만 봤다. 강옥님은 기도를 통하여 신령님의 현몽을 받았는데, 그의 신이 이상순에게로 인도하여 주었다. 그리하여 드디어 서울새남굿과 인연을 맺을 수 있었다.

또한 강옥님은 현몽을 통하여 이상순의 몸주신령과 오도바이만신의 재능을 물려 줄 것을 약속받았다. 신기하리만치 그대로 순조롭게 진행하고 있다. 그래서인지 강옥님은 면담을 통해서 말하기를 자신은 무불통신을 하였지만, 서울굿의 절차나 문서를 몰라 하다가 신어머니 이상순에게서 서울굿 전반에 걸쳐서 배우고 익혔다고 말한다. 강신무로서 서울굿 전반에 대한 기예능을 능하게 하며 서울굿을 잘하는 만신 중에 한사람이다.

⑧ 나채옥

안당제석거리를 하고 있는 나채옥만신

나채옥은 안굿에서 안당제석을 놀았다. 나채옥은 충북 청주에서 1952년 2월에 아버지 나**와 어머니인 김** 사이에서 3남 2녀 중에 둘째로 태어났다. 오빠가 한명 있으며 딸로는 나채옥이 장녀이다. 나채옥은 평범한 어린 시절을 보내다가 고등학교 1학년부터 신을 증상이 나타났다. 몸이 아프면서 괴로움을 당하다가 32세부터 신을 모시게 되었다. 나채옥은 내림굿, 즉 신굿을 받은 적 없다고 한다. 그래서 신의 부모가 없다. 몸이 아파서 태백산 단군성전에 가서 100일 기도를 계룡산에서도 100일 기도를 하는 등 3번의 100일 기도를 하고 나서 온전히 신을 받았다.

나채옥은 5남매의 혈육 중에 유일하게 만신의 길을 가고 있으며 집안에는 무업을 하는 사람이 없었다. 다만 외할머니가 작은 절을 가지고 계시기도 했다. 이 할머니가 제일 먼저 몸주신으로 들어왔다. 현재는 성남시 수성구 태평동에서 거주하며 굿법을 배우고자 하는 이들에게 자신의 기예능을 전수하고 있다. 10여 년은 간판을 걸고 하다가 외방으로 바빠서 당골네들의 요구를 다 들어주지 못하여 간판은 내린 상태이다.

법당에는 관세음보살님 한 분과 부처님 탱화가 1점 있으며 화분은 단군 1분이며, 그리고 글발로 적혀 있는 일곱 분이 있다. 천지신명, 칠원성군 등의 글발이 목각으로 새겨져 있으며 글발 일곱 분 중에 여섯 분은 작은 명두를 글목에 걸려 있다. 나채옥이 새남굿과의 인연은 김유감 만신이 살아있을 때 부터였으며, 새남굿 이수자가 되어 지금까지 서울새남굿과 관련한 공연 등의 활동을 활발하게 하고 있다.

⑨ 박재균

박재균은 안굿에서 성주거리를 연행했다. 박재균은 1957년 11월 10일 경기도 성남시 태평동에서 아버지 박**과 어머니 정** 사이에서 태어났다. 내림굿은 1983년에 서울 정선생에게 받았으며 서울굿은 한남동에 사셨던 기생박수 함**한테 배웠다. 지금은 80대인 이분은 창부거리를 잘했다고 전한다.

박재균의 몸주신은 장군으로 신당은 안양에 있다. 그의 신당 안에는 부처님상, 산신(나무 목각으로)옥수그릇 5개, 화분 5분을 모시고 있으며 서울새남굿과의 인연은 남다르다. 박재균은 2002년 서울새남굿 창립회원이고 정동극장 1회 새남굿 자료에서 등장하였던 인물이다. 새남굿에 대한 각별한 인연과 함께 애정을 가지고 있다.

2. 전악

부정청배에서의 전악(허용업 김재용 이선호)과 만신

① 허용업

　전악은 피리에 허용업, 대금은 김재용, 해금은 이선호가 담당했다. 이날 피리를 담당한 허용업은 1953년생 경기도 양주군 구리면 수택리에서 아버지 허상천과 어머니 김옥례 사이에서 4남 1녀 중 둘째 아들로 태어났으며, '담터'(경기도 양주군 구리면 갈매리)에서 주로 성장하였다. 처음 굿판의 경험은 16세였으며 업으로 본격적으로 굿판에서 일은 군대 전역 후였다고 한다.

　허용업은 육군본부 군악대에서 국악대 근무하다가 전역했다. 허용업은 전역 후에 28세 정도에 돈암동 도서방집이라고 하는 큰 만신인 박은순과 같이 일을 시작했다. 박은순만신은 서울굿을 잘했고 장춘당으로 불렸다.

　허용업은 4대째 민속악 연주자인 부친 허상천씨와 해방 전후 민속악 연주의 대가로 이름 날렸던 백부 허상복씨 등 전통 민속연주자 집안에서 성장했다. 허용업은 이충선씨에게 삼현악곡의 기본곡과 무악전반을 배웠으며, 피리 명인 강학수씨, 염불타령의 겹튀김 주법을 이일선씨에게 사사해 당대 명인들의 주법을 섭렵했다. 허용업은 피리, 해금, 대금, 호적을 잘 다루어서 〈민속음악 기악 독주집〉을 내기도 했다.

② 이선호

　해금의 이선호는 1953년생으로 아버지인 이종업과 어머니인 김임희 가운데 3남 2녀중에 아들로 태어났다. 외할아버지는 김광윤, 작은외할아버지는 김갑용인데, 중풍이 와서 일찍 돌아가셨다. 친할아버지 이여간은 궁중악사였다고 한다. 이선호는 16세부터 할아버지에게 피리를 배웠다. 이선호는 양악을 먼저 배우고 나서 국악기를 배워서 국악기전반을 모두 다루는 재능을 가졌다.

이날의 굿에서는 해금을 켰지만, 피리, 대금, 호적도 잘 분다. 국가중요무형문화재 104호의 전수교육보조자로 새남굿에 몸담고 있다. 집안의 대물림 기예능을 가지고 있으며, 굿에서 우러난 많은 경험을 가지고 있어서 이들의 전통적인 것들이 중요한 기능을 하면서 굿판의 전통을 잘 익힌 끝에 우러난 것을 잘 갖추고 있다고 해도 과언이 아니다. 이선호가 굿판에 다니기 시작한 것은 군대 전역 후였다. 군대는 군악대로 근무했다.

③ 김재용

대금을 분 김재용은 무악으로 유명한 김점석의 아들이다. 김재용은 1971년생으로 아버지 김점석과 살던 왕십리 행당동에 살고 있다. 김재용은 증조모가 안씨성을 가진 무당이었으며 신당동 불사방할머니, 불사방(急煞房)할머니로 불렸다고 한다. 불사방은 영험해서 붙여진 이름이고 급살방은 성격이 급해서 급살방이었다고 한다. 김유감의 신어머니가 '왔소집할어니'인데 그 왔소집할머니의 신어머니가 바로 김재용의 증조모인 안씨할머니이다.

김재용의 아버지 김점석은 안씨할머니 손자로서 어린 시절부터 할머니의 굿판에서 무악피리를 불던 아버지와 함께 따라 다녔다고 한다. 그러나 김재용은 뒤늦게 30세가 되면서 무악을 시작하게 되었다. 그의 부친 김점석이 자신의 아들 3형제에게는 무악과 거리를 두게 하려고 했기에 그의 아버지 김점석처럼 이른 나이부터 무악을 시작하지 않았다. 그러나 결국 김재용은 3대에 걸쳐서 무악을 연주하는 무악의 적통성을 가지고 있다고 하겠다.

망자 김유감 서울새남굿 연행의 의의

　김유감 망자 서울새남굿은 연행의 측면에서 여러 가지 문제를 생각하게 하는 굿이었다. 남산한옥마을이라고 하는 전통적인 한옥에서 굿을 하였기 때문에 이 굿의 실제적인 연행의 조건이 외견상 잘 갖추어졌다. 특히 한옥의 대청에서 벌어진 안당사경치기는 굿에 부합하는 특성을 잘 갖추고 있었으며, 안당사경치기 상이 차려진 가운데 안굿이 비교적 선명하게 이해되는 공간 구조를 제시하였다. 그리고 둘째 날에 벌어진 천근새남굿은 마당에서 진행되는 특성을 갖추고 있었기에 천근새남굿의 구성 요소를 명확하게 하는 점이 사실적으로 밝혀졌다.
　망자김유감의 서울새남굿은 기본적으로 격식과 우아함을 가진 장엄한 굿이었다. 요즘 전통적인 것이 퇴화하고 이들이 점차로 없어지는 추세가 있어서 좀처럼 보기 어려운 굿이 연행되면서 망자김유감이 극락으로 간다고 하는 것을 실현한 점에서 서울새남굿의 본보기로 삼을 만한 것이다. 이 굿을 하는 만신의 연행도 각별한 의미를 가지게 되었으며 연행 구성원도 원만한 기량을 갖춘 이들이어서 가장 소중한 의미를 가지고 있었다.

더욱 중요한 것은 천근새남굿에서 중요한 재부침이 행하여지지 않았다. 재받이 승려들을 초빙되지 않고 안정사라고 하는 절에서 간략하게 유가족만 참여하여 49재의 형태로 진행된 점이 각별한 점이었다. 49재를 일반에 공개하지 않고 재받이 승려들의 재부침을 달리 한 것에 이유가 있었을 것인데 다만 우리는 이러한 요인에 대하여 짐작만 하고 있을 뿐이다. 그렇지만 재받이 승려들이 와서 재부침을 하는 것이 중요하며, 이들이 굿과 어떻게 조화를 이룰 것인가 하는 점에 있어서 많은 아쉬움을 준다고 하겠다. 그러함에도 불구하고 이 굿에서 이룩된 결과는 현장의 연행에 의해서 연구가 진행되었던 점에서 남다른 연행의 결과를 산출한 것이라고 자평할 수 있을 것이다.

김유감새남굿은 일차적으로 새남굿의 주역이 사라지고 새남굿의 보유를 대상으로 하는 망자김유감의 새남굿 연행이라고 하는 점에서 소박한 의미를 부여할 수 있다. 결국 새남굿은 탁월한 만신 한 사람이 모두 진행하는 일인의 연희는 아니다. 어차피 굿은 혼자 할 수도 없으며, 혼자 해서는 의미가 없는 것이라고 해도 과언이 아니다. 굿은 여럿이 하는 것이고 함께 해야만 가치가 있는 것이라고 하겠다. 서울새남굿 보존회원들이 함께 굿을 하면서 이들의 내력과 학습 정도로 굿을 해야만 하는 것이 가장 중요한 문제이다. 정도와 질적 차이를 가지면서 이들에게 의미를 부여하는 것이 망자김유감 서울새남굿에서 확연하게 드러난다. 김유감 새남굿이 일차적으로 회원 모두가 동원해서 벌어진 것이기 때문에 굿의 구성원 여하에 따라서 굿거리를 달성하는 결과가 다르게 나왔음을 인정할 필요가 있을 것으로 보인다.

김유감새남굿에서 더욱 중요한 것이 있다. 그것은 연행에 있어서 입체적인 것들을 드러내는 굿의 형태를 드러내고 있었기 때문에 서울새남굿의 노래, 춤, 음악, 놀이 등을 선명하게 잘 보여주고 있는 굿이라고 하는 점에서 이 굿은 남다른 의미를 가지는 것이다. 굿에서 보이는 일면이 아니라 어떻게 굿을 짜고 전개해나가는가 하는 점을 여실하게 보여주는 굿이었다. 각 굿거리에서 등장하는 여러 신격의 다양한 변화와 이를 감당하는 만신의 적절한 조화가 결국 이 굿을 굿답게 하는 것이라고 하지 않을 수 없을 것이다. 굿의 입체적 성격을 부여하면서 새남굿을 가장 선명하게 보여주는 사례라는 점에서 이 굿에 의미를 부여해도 잘못은 아닐 것으로 보인다.

한 사람의 탁월한 예인이 모든 굿을 할 수 없음에도 주된 거리를 이상순, 이성재, 이옥선, 강민정(강옥님), 고춧가루 한부전 만신이 맡아서 했으므로 이 굿은 의미를 가진다. 서울새남굿의 구대인들이 많이 사라지고 있는 형편에서 이 굿을 전담하고 이를 활동할 수 있는 사람들이 최선의 경쟁을 하고 협력해서 이 굿을 연행한 점은 다른 것과 달리 중요한 의미를 가지고 있는 것이라고 하지 않을 수 없을 것이다. 그리고 새남굿의 길을 가고 있는 사람들이 굿을 하면서 새록새록 새롭게 계승하는 여지를 보여준 점에서도 이 굿의 연행은 각별하게 의미를 가지고 있는 것이라고 하지 않을 수 없다.

과거에 이루어졌던 굿과 달리 이 굿이 생명력을 가진 것은 그러한 점에서 의미를 가진다고 하겠다. 다른 굿에서는 대체로 공연용의 굿을 한 경우가 허다하고 동시에 촬영된 전량의 자료를 대상으로 할 수 없었던 것이 사실이다. 그러한 자료는 새남굿의 역사적 기록이며 변화의 과정을 보여주는 증거로서는 매우 주목할 만한 의의를 갖는 것이라고 말할 수 있으나 본질적인 것이 아니었다고 하는 점에서 김유감 새남굿에 특별한 의미와 역사적 기록이라고 하는 점에서 의의를 부여해도 될 것으로 추정된다.

　김유감 새남굿을 보게 되면 우리는 하나의 무속지적 접근의 의미를 부여해도 될 것으로 본다. 이 논문에서 현장의 연행성에 주목하면서 이 굿이 지니는 의미를 보강하여 서술하면서 이를 드러내는 작업을 행하였다. 특히 힘주어서 정리한 것은 연행의 전체를 모두 차지하고 있는 구전신가의 과정을 그대로 드러내면서 이들이 지니는 가치와 의미를 굿거리별로 세분하여 보여주려는 노력을 한 점이다. 이에 김유감 새남굿을 통한 한국의 무속에 대한 굿거리 이해에 일정한 기여를 한 것이다. 굿의 세부적 절차와 방법을 중심으로 하면서 이 새남굿의 구성이 서울 한양굿의 전통적인 것과 어떠한 관련이 있는지 가급적 선명하게 도표로 정리하면서 이 굿거리의 진행을 도모하였다고 할 수 있다.

　서울굿의 연행 가운데서도 새남굿의 연행은 남다른 특징을 그대로 드러내는데 일단 복수신의 관념에 의해서 입체적인 굿을 하는 점이 확인된다. 한 굿거리를 쉽게 하나의 단일한 신격을 모시고 굿을 한다고 하는 점을 우리는 거부해야 할 것으로 본다. 하나의 굿거리에 여러 신격이 중첩되고 병렬되면서 굿을 진행하는 점에서 이 굿의 연행에 의미를 부여해도 될 것으로 보인다. 하나의 굿거리를 액면 그대로 단일한 하나의 신격으로 볼 수 없다고 하는 것이 연행에서 분명하게 드러난다. 그렇기 때문에 서울굿은 거리마다 열두 거리라고 하는 관념이 이 굿을 통해서 매우 유효하게 파악하게 되었다고 하는 사실이다.

　김유감새남굿에서 더욱 중요한 점은 안에서 하는 안당사경치기의 굿과 마당에서 하는 천근새남굿의 경우가 명확하게 나누어져 있어서 굿이 겹굿이고 안안팎굿의 구체적 확대의 성격을 가지고 있다. 안굿과 밖굿이 이중적으로 구성되는 굿은 서울굿을 비롯한 강신무권의 굿에서

만 유효하게 등장한다. 특히 서울새남굿에서만 이러한 굿이 우월하게 등장하기 때문에 김유감 새남굿을 통해서 안안팎굿의 확대판임을 알게 되는 것은 한국 굿 이해의 새로운 경지를 보여주는 굿이었다고 하겠다. 김유감 새남굿은 안안팎굿의 확대이며, 굿의 규모를 늘리고 굿의 양상을 확대하면서 이룩된 것이라고 함을 절실하게 파악하게 되었다.

김유감새남굿은 굿과 불교의 의례가 합쳐져서 하는 굿임이 전통적인 평가 속에서 이루어진다. 만신과 재받이 승려들이 함께 하는 전통을 우리는 이와 같은 각도에서 마련할 수 있으며, 만신과 승려가 하나 되는 굿이라고 하는 점에서 이 굿은 각별한 의미를 지니고 있다. 김유감 새남굿에서도 이 점이 강조될 수 있었는데 이 굿의 구체적인 모습은 일반에 공개되지 않았다. 그러한 점에서 연행을 평가하는데 매우 불만족한 대목이 있다. 그러함에도 김유감새남굿은 전적으로 의미 부여를 할 수 있으며, 이 굿을 통해서 새로운 이해와 함께 높은 연행성을 안정사의 재받이 승려들과 이룩한 점에 의의를 두고 평가할 수 있다. 다만 전모를 알 수 없으며, 이 굿을 매개로 새로운 연구 분위기를 진작하는 가능성의 모색에 주목해야 할 것으로 보인다.

서울새남굿의 연행에 의한 새로운 무속지 수립이 연행의 과정을 이해하고 이것으로 의미를 부여할 수 있다고 하는 점에서 이 굿은 중요한 전범을 이룩한 것이다. 이미 『넋굿』이라고 하는 저작에서 이 문제를 다루었지만 결과적으로 전체적인 정리는 아니고 전체를 대상으로 한 것도 더구나 아니다. 그렇기 때문에 미흡한 점을 자료 전체를 대상으로 하면서 정리하게 된 것은 매우 주목할 만한 것이며, 안굿과 밖굿, 49재 등을 온당하게 한 것은 여러 모로 값진 의미를 부여해도 될 것으로 보인다.

정확한 이해와 근거를 가지고 있는 점에서 이 굿을 보여주고 정리한 점에서 이 굿의 의미를 부여해도 될 것으로 보인다. 서울새남굿의 실체가 드러나지 않았던 시점에서 이 굿의 구체적 경로와 의미를 파악하는 것은 무리가 있었던 대목이다. 그렇지만 일단 안당사경치기에서 하는 것과 하지 않는 것의 실체를 어느 정도 파악하게 된 것은 소중한 자료가 말해주는 것이라고 하겠다. 천궁불사거리를 소략하게 하는 것과 함께 어느 정도 분명한 산바라기를 12거리로 행하는 것을 말해주는 점은 소중한 자료의 성격을 보여주는 것이다.

서울새남굿을 액면 그대로 알게 되는 것은 흔한 일은 아니다. 여러 자료가 많았지만 우리는 비교적 최근의 자료 작업을 통해서 이 굿의 실상을 어느 정도 파악할 수 있었다고 보인다. 그러한 점에서 서울새남굿의 전체적 모습과 의미를 이 굿을 통해서 가늠하고 더 중요한 자료를 비교 검토하면서 이 연구를 완성하는 것이 필요하다고 생각한다. 그러한 점에서 서울새남굿의 가치와 의미를 보여주는 김유감새남굿은 마땅하게 연행한 결과물임을 다시 강조해 둔다.

서울새남굿은 49재와 병행되면서 재수굿의 성격을 일부 드러내지만 굿의 전반적 속성에서 이 굿의 결과물을 가지고 우리는 새로운 접근이 가능하게 되는 점을 파악하게 된다. 서울새남굿이 가지고 있는 무궁한 가치를 전통적인 가옥에서 보여주면서 어느 정도 서울새남굿의 실체를 알 수 있었다고 하는 점에서 이 굿거리와 굿의 의의를 십분 강조해야 할 것으로 보인다. 단순한 진진오기굿과 다르고, 굿의 형태와 의미를 달리하고 있다는 점에서 서울새남굿의 가치와 의의를 연행에서 찾아서 정리하게 되었으며, 서울새남굿의 연행에 각별한 의미를 부여해도 될 것으로 보인다. 서울새남굿은 결과적으로 본다면 연행의 총체이고, 서울식의 한옥, 한복, 한식 등이 집약된 문화적 관념의 대표적인 사례임을 강조할 필요가 있다. 의식주의 총체가 곧 서울새남굿이고, 그것으로 오롯하게 보여주는 것이 망자김유감 서울새남굿이다.

Ⅰ. 안굿-안당사경치기

안당사경치기 굿상차림

	굿거리 안당사경치기	연행자	세부절차	특징
1	주당물림	이상순 · 이옥선	앉아서 장구와 제금	장구와 제금만으로 주당을 물림. 사람들은 모두 밖으로 나감
2	안당사경부정	이상순 · 강옥님	앉은 굿	망자의 정보를 제공하고 부정 신을 늘어세운 후 물과 불로 부정을 물린다.(고추물, 잿물, 청수, 소지종이)

3	가망청배		가족	앉은 굿	망자의 정보와 기주의 정보를 제공하고 가망, 조상, 안당제석 후, 노랫가락으로 신을 청한다.
4	진적	이상순	가족		가족이 제단에 술을 올리고 절은 9번 한다.
5	천신불사거리	이상순	선굿, 12거리의 형식		불사거리를 할 때 옆에 있는 육찬은 백지로 덮어 놓는다. 만수받이로 시작한다. 하늘천신, 日月, 칠성, 삼태육성, 조상, 전안, 높은산, 도당, 시준 순으로 섬겨나감
6	대신말명거리	이상순	선굿		만신의 평복에 누란몽두리 입고 무업을 하다가 돌아가신 신령이 오셨다고 말한다. 대신타령, 대신술타령
7	산바라기	이옥선	12거리의 형식		홍철릭, 흑갓 오른손 부채와 산지 왼손은 방울과 산지 들고 사방에 인사하고 밖을 향하여 서서 먼저 청배하고 사방 청배한다. 재단을 향해서는 제일 마지막에 하고 부채방울 내리고 산지만 들고 춤을 춘다.
8	본향바라기	윤복녀	선굿, 본향, 가망, 대신말명, 조상		청치마, 홍철릭, 큰머리 왼손부채, 오른손방울과 산지, 들어숙배 내숙배 하다가 밖을 향하여 부채와 방울 산지를 곤추세워서 청배를 시작으로 반시계방향으로 사방청배를 한다. 대신말명조상옷을 7벌 입고 13벌 들었다.
9	초영실	윤복녀	망자 넋두리		망자의 옷을 입은 만신이 망자넋으로 가족과 못 다한 이야기를 하며 죽음을 서러워하고 아쉬운 이별을 한다.
10	전안거양)	유효숙	선굿 12거리형식		남철릭에 큰머리를 얹고 흑갓을 올리고 거성춤으로 굿거리를 시작하여 홍철릭, 쾌자를 입는 순으로 진행해 간다. 의대와 머리위의 그것으로 신격이 변화된다.
11	조상거리	한부전	선굿		만수받이로 열두대신할머니, 만신말명을 청하여 노란 몽두리를 차례로 갈아입는다. 망자의 일반조상도 같이 들어 왔다. 악사들과도 알은체를 한다. 망자 살아생전에 같이한 동료만신망자들도 등장함.
12	안당제석	나채옥	선굿		흰 고깔에 흰 장삼에 홍띠 두르고 만수받이로 시작한다. 만신몸주 대신제석과 제석중타령 후 안당호구거리 연행.

13	성주군웅거리	박재균	선굿	남치마, 홍철릭, 흑갓에 만수받이로 시작한다. 오른손부채 왼손은 소지종이 들고 군웅, 왕신, 장군, 성주노랫가락, 소지사름
14	창부거리	강옥님	선굿	창부의대입고 만수받이로 시작. 오른손부채 창부만수받이, 대신창부, 창부공수, 창부타령으로 마무리.
15	계면거리	강옥님	선굿	만신은 평복으로 계면대신할머니공수, 떡타령, 계면공수, 계면노랫가락으로 마무리.
16	안당사경뒷전	강옥님	선굿, 뒷전 12거리형식의 신격	만신은 평복으로 만수받이로 시작하지만, 밖을 향하여 서서 걸립, 터주, 터주대감타령, 지신, 맹인, 서낭, 영산, 상문, 수비치기

1. 주당물림 - 이상순(은하엄마), 제금 이옥선(창덕엄마)

무가 사설 없이 장구와 제금을 쳐서 주당을 물린다. 사람들은 주당살을 피해서 모두 밖으로 나간다.

2. 안당사경부정청배

영정가망에 부정가망 시위들 하소사
신령님안전에 조라영정은 전물도 부정이요
날리도 영정에 들리도 부정이요
외상문 부정에 내상문 영정이면
은하수 곡성소리 나던 부정 머리끝에

---

1) 전안거양은 상산거리 또는 '대안주거리'라고도 말하는데, 여기서는 전안거양 또는 상산거리라고 병용하여 말하기로 한다.

백나비 부정에 시나비 영정이요
날묵고 해묵은 부정 산에 올라 산너구리 들로 나리면 들너구리
기다서는 너구리 땅너구리 길이 짐승 날버러지 길짐승 날버러지 살생도
　　부정이면
두엄도 영정에 수많은 인간이 산 넘어 물 건너오던 오든부정
옷자락 입자락 따라든 부정에 묻어든 영정이요
눈으로 보던 부정 귀로 듣던 부정 입으로 옮긴 부정
소죽어 우마부정 말죽어 대마영정 상마도 부정이요
이웃근방 목판기장반기 익은 음식 따라들던 부정 묻어들던 부정이면
재수위에 끓인 부정 산 이승 몸 부정 이 무엇이 래산도 부정이요
길아래 열부정 길 위에 뜬부정 오늘은 열부정 뜬부정
물부정 불부정 선후부정 다 젖혀 주소사

햇삼년 년후로 기우시면
기축년 해후년 오월에 날삭과 좋은예로
거주와 지접은 한성부 오부장네 나라터전
오늘은 해동조선국 왕십리 살아를 가옵니다.
전씨에 가중에 올습니다 김씨에 상서라
부모자손 신령님 모시고 살어를 가옵니다.
다름이 아니오라 빛없는 정성에 낮 없는 정성이요
오늘은 사경맞이 정성이고 만신령님 우춘하고
만조상 대위하고 선망후망에 여러 망제님
안당에 물고지게 벗으시고 사경덕 입히어 주시고 상인상주 복인 복쟁이
오늘은 일가문중 동네방석 각인각성 헌신하고 넘나도 들었어도
망제님 원망 없이 도와주고 광산김씨 아홉혼신 여망제님
해운에 시절인가 불가에 천술인지 이승 한명엔지 저승에 채살런지

안당에 우벌인지 허공에 진벌인지 시왕영금이요 하직 없는 길을 여워
가신망제 사람 죽어 고혼 되면 초단에 선황자 절에 올라 답다나리 받으시고
이단법신은 자리걷이 넋걷이 받으시고 삼단법식 천근새남 받고
밝고 새는 날이면 가시문 쇠문벗고 난양벌초감 염불 받고
바리공주 말미 받고 십대왕 위로하고 극락으로 연화대로 산하여 주소사
시위들 하소사 내우 재산은 공수하시다
안당사경 전물기도 대감 왕래영정

호구청배

시위들 하소사
사외로 상단호구 궁니로 제당호구 그연은 상산호구 얼띠 중디호구
문수천왕 성인호구 가진 간장 전을 호구 재산동반 칠기명천
만신에 대신호구 상단에 중단호구 상하단 성인호구
백옥남산에 불사호구 오늘은 선바위 국사당 정전은 대전호구
왕십리 수풀당 애기씨 열네애기에 당자호구 두 되련님 서자호구
알군당에 부군호구 우리호구 진퍼리살군당은 당마누라 당호구씨
오늘은 안당은 삼신호구 물 건너 하주당 매달왕신 산할호구
송씨부인 나씨부인 산할호구
강화도 금성왕신 대신호구 시흥반장 전안호구
아랫동 뒷동호구 업이 성주호구 오방지신호구 대문천수 문장대전호구
오늘은 낮없는 정성에 빛없는 정성에 망제천도하는 정성이니
각인 각성은 열에 열명 남상주 남복인 여상주 여복인
전씨에 여상주님 오늘은 전씨에 남상주 김씨에도 사위있어라
손주방석은 복인 복쟁니다.
앉아서 걱정하고 서서도 동바르고 귀설수 관재수 거리엔 호응액수

막아주고 산 요물 죽은 요물 내쳐주고 꿈자리 몽사 없이 도와주고
몸수 건강허구 누명 없고 귀설 없게 도와주고
오늘은 신에 아드님 이씨에 기자 여러 기자 둘러나고
초상법열에 넘나허고 연시네서도 신에 물쌈도 제쳐주고 불쌈도 제쳐주고
앉아서 걱정없고 서서도 발 다 젖히고 천인에 꽃이 되고 만인에 잎이 되고
망제님 원망 없고 원책 없고 석달이 편안하고 삼년이 곱게 나게 도와주고
초하루 보름상망 칠칠이 사십구제 절에다가 불였으니 곱게 나게 도와주고
산수에 꽃이 피고 전씨 기주는 쉰다섯 살 몸수 건강하고
운수태평하구 천인에 꽃이 되고 만인에 잎이 되고
구설 없이 도와주고 삼남매 자손들 잘 돼서 높이 되고 귀이 되게 점지해
　　주시고
신에 자손들도 잘되게 도와주고 사경덕 입히어 주소사

불사축원

시위들 하소사
옥황천존 하늘천존 보화천존 사불천존
해 돋아 일광불사 달이 돋아 월광불사
일광월광은 양 일광에
억만 미륵은 팔만신선 구만불사님 수이해서
봉두칠성 남두서두 북두칠성 삼태육성은 칠원성군
일곱 칠성님 수위런지
사외 삼당불사 궁미가 제당불사
그 연은 상산불사 각처에 석가여래 시준불사
아미타불 관세음보살님 여러 부처님 수위해서 망제천도
산이 성불 점지해 주시고

대함제석 제인제석 제불제천 천지공골
일월요왕 황사제불 불사제석
영골 뼛골 십이골에 힘에 힘줄 골육을 점지해
삼신천왕 시준불사님 수위에서 무당불사 산간으로 처사불사
중불사 승불사 신불사 신할머니 업불사 복불사 육천 전안은 전안불사
무당살륭은 부군 불사님 수위해서 맛없는 정성에 사경맞이 덕 입히어 주
　시고
상인상주 복인 복쟁이 일가문중 동네방석 망제님 원망 없이 도와주고
짜른명 길게 잇고 긴명은 서려담고 동박삭에 대를 메고
무쇠목숨에 쇠끈달어 점지해 주시고 명 길고 복 많고
전씨에 망일은 상주가 애 많이 썼으니
눈물 끝에 명을 주고 곡성 끝에 복을 늘려
제청삼년 곱게나고 아침상식 저녁졸곡 곱게나게 도와주고
사경덕 입히어 망제님 원망 없고 불사님 천륜지게를 벗으시고
연화대 산하여 주소사

말명축원

시위들 하소사
사외 삼단말명 궁니로 제당말명 그연 상산말명 얼띠 중디말명
양화도 금성왕신은 대신말명 육천전안은 전안말명
선대다라 이대다라 후대다로
천하대신은 지하대신 우레주뢰 벼락대신
김씨에도 대신할머니 반씨에 어머니 대신할머니
작은언니에 대신할머니 오라버니 창부씨
무엇이라고 청장하리

삼대다로 우대다로 우산다로
할아버지 할머니가 오시어
아버지 업제장 어머니 복말명
남동기 남말명 여동기 여말명
서모말명 이모말명 계모말명
오늘은 친정에도 할아버지 할머니
아버지 업제장 어머니 복 말명
오늘은 안당은 사경맞이 대우하니
밝고 새는 날이면 천근새남 한답니다.
따님을 인도하고 가시고 연화대로 인도하고
신망제님 길가리켜 도와주고

조상축원

시위들 하소사
청춘기 소년기 보는기 하는기
본주말명 집주말명 오늘은 한옥마을에 나와서
산따라 물따라 경치따라 나와서
사경맞이 천근새남 만근대도령을 한답니다.
신망제님은 길가리켜 선망후망 조상망제를 대우하니
오를반 열두반에 내릴반도 열두반에
나비앉은 꽃반위요 새앉은 잎반이요
잔상에 노래받고 공상에다 좌정하고 한잔술 열스물이 입망하고
오실 적에는 명을 주시고 가실 적에는 복을 주고
여기오신 여러 손님들 몸수도 건강하고 대한민국도 태평하게 점지해 주소사

시위들 하소사 내우 재산요 안당 사경 전물 기도 대감 왕래 영정

상산부군축원

시위들 하소사
우청룡은 좌백호라 좌청룡 우백호 청룡백호는 나린줄기
왕십리 지접에 남부군은 여부군에 행수부군 도우부군님 수위런지
오늘은 이 정성 낮없는 정성에 빛없는 정성이올습니다.
우청룡은 인왕산은 좌청룡은 낙산재라
흘리주어 한강수는 만년수 남산은 천년산 무가 관산이요
관속은 본향에 오부장네 나라님 터전은
오늘은 남산 한옥마을에 이 정성을 대우하니
전씨가족 안당사경 덕 입혀주고 관제수 구설수도 제쳐주고
밤이되면 외올탄가족 낮이 되면 내난가족
아침이면 휘어내고 저녁이면 휘어들여
밤 일곱시 불 밝히고 낮 일곱시 물 맑히고 물과 불이 수화청명
갖은 명과 갖은 복 점지해 주소사

군웅축원

시위들 하소사
외살륭 내살륭 남군웅 여군웅 도당군웅은 산신군웅 감찰군웅 제찰군웅
밤이 되면 매사냥 낮이 되면 꿩 사냥 안으로 인 사냥 밖으로 천식물
다 젖혀 주시고 악한인간 모진인간 독한인간도 제쳐주고
서울 새남굿 여러 기자들 칭찬 나게 도와주고
한마음 한뜻 되게 도와주고 외국으로 타국으로 이름나게 도와주고
명나게 도와주고 전씨에 기주 몸수 건강하고

어머니를 잊어버리고 부모님 문상입고 산밭에 들어서니
눈물 끝에 명을 주고 곡성 끝에다 복을 주고 산소에 꽃이 피게 점지해 주시고
웃음에 연락하게 갖은 명 갖은 복 점지해 주소사
시위들 하소사
전충무가 이상순이 한테다 잘하게 도와주고
사경 덕 입히고 이수자들도 잘하게 도와주고
한마음 한 뜻 되게만 점지해 주소사

용신축원

시위들 하소사
동해바다 남해바다 서해바다 북해바다
사해로 용대주 용녀부인 용장군님
밀물에 오르시고 썰물에 내리시다
은자라 천마리요 금자라도 천마리요
수많은 송사리 그 많은 곤쟁이 높으심 받으시고
잉어가 뛰는 듯 숭어가 뛰는 듯
밀물에도 파동 없고 풍파 없고 재수 열어 점지해 주시고
오유월 세 삼복이 곱게 나게 점지해 주소사
묶은놈 발끈놈 가위도둑 쇠도둑 좀 도둑 제쳐주고 바늘도둑도 제쳐주고 화재부사 바쳐주고
물에도 수액 없고 홍수 없이 도와주고 사경덕 입히어 주소사
시위들 하소사
내우 재산 공수하시다

상산장군축원

안산 여드레 밧산은 열세위
칠국지 명산은 제불제천
선덕물 마누라 후덕물마누라
그연 상산은 송악은 상대에
넙수어신 최영장군님 수위해서
앉어 삼천리 서서도 구만리
명경지처 유리같이 굽어시고
오늘은 도당군웅 산신군웅 하위받고
오늘은 나라충신 임장군님
제주 한라산 여장군
황해도 평산에는 신장군님
어마 신령은 백마장군 백마신령은 어마장군
선바위에 장군님께 반산을 들었다가
금잔듸 들여밟고 은잔듸 내려밟고
상지문 칠웅에 나다리 모다리
붉은화상 검은머리 음성대령했습니다 화상대령했습니다
사외 삼당을 돌아다가 이 정성은 사경맞이
낯없는 정성에 광산김씨 아홉권신 여망제님
상산에 물고지게 벗으시고 극락세계 연화대로 점지해 주시고
산이는 성불해서 하는 일마다 잘되고 하는 상업에 실수 없고
이리천대 불러 옆도 자손 밀어 도와주고
천인 만인이 부치로 우러러 보게만
상인 상주들 재수 열어들 주시고
새남굿도 재수열고 새남굿에 들어 온 기자들 재수 열어 주시고

초상법열에 댕겨간 기자들 형제님
원망 없이 점지해 재수 열어 석달이 편안하고 삼년이 곱게나고
늦은중북 배른대사 사재진 상문진 삼성진을 제쳐주고
삼제팔란 손재신 물은 나는 삼재
뱀띠삼제 곱게 나게 점지들 하소사
신쌈 물쌈을 제쳐주고 불쌈을 제쳐주고 한맘 되고 한뜻 되게
오백리 아니 걷고 장류수 물결같이 점지해 주소사

별상축원

시위들 하소사
경복궁 쇠대궐 경덕궁 창덕궁 창해궁에
오늘은 종묘사직 위패받어 휘우시고
수목은 대목안에 뒤주대왕 양전은 대별상 마누라
물기 많은 신령님 화기 많은 신령님
망자천도 산이성불 점지해 주소사
사경덕 입혀주고 상덕물어 주소사

신장축원

사위들 하소사
오방신장 육갑신장 동갑신장 팔만신장
전안신장님 백사위신장님 신중신장님 수위해서
오늘은 제십전 천륭대왕 가신망제 흑암지옥을 면하시고
극락세계 연화대로 신장님 물고지게를 벗겨주고
오방신장님 수위해서 재수열고
오늘은 사제진 삼성진 다 젖혀주소사

갑을동방 사팔목에 청제신장 남방녹의 ~~이 칠하야 적제신장
북방 경시를 사극음 백제신장 북방녹의 일육수 흑제신장
중앙으로 오십토는 황제신장
황금열사 금와 신장님 메인 신장님
김씨에 기자님 말문 신장님 전안신장
산따라 물따라 나와서
천근새남 만근 대도령 안당 사경맞이 받으시고
상문진 사재진도 제쳐주고 연안대진 제쳐주고 몸수일수 건강하고
우환가환도 제쳐주고 관재수 구설수도 제쳐주고
재수열고 운수틔이게 점지해 주소사

대감축원

만신몸주 대신대감
오늘은 어전법전 시위안전
육천전안 전안대감 신장대감님 별상대감
전안대감님 좌우로 지장대감 의술대감
임씨변천 시편에 군웅대감
학자할아버지 양반대감님
조상대감님 수위해서
오늘은 낯없는 정성이나 망제는 대감님 헙수지게 벗겨주고
산이는 성불하야 사경덕 입히어 주소사

하직 대감 축원

남상주 남복인 여상주 여복인
몸주대감 직성대감 우물대감 철량대감 커피향에 식신대감

재물대감 영업대감 논뜰 받뜰 호텔 웃대감님
말썽없이 도와주고 재수열어 주시고
왕십리 황학동 남터주 남대감 여터주 여대감님
도깨비 천신대감 아래층 윗층 대감님
앞뜰대감은 뒤뜰대감 어살강에 술력대감
수문장 패정대감 수위해서
앞문에 시준대감 뒷문엔 하존대감
안걸립 여걸립대감님 천신대감님
하늘천신 보아천신 천신대감님 수위해서
욕심 많은 대감님 탐심 많은 대감님
우불섭수 빛난쾌자 안울린 벙거지 받으시고
우영문추대 가격문 수위약수로 받으시고
왼시루 독반에 좌시루 거안으로 받으시고
날이 산적에 앞다리 성각에 뒷다리 후각으로 받으시고
동이약초 고기 꿰어 받으시고 대양푼에 갈비찜
소양푼에는 엥겨찜을 받으시고
다리산적은 대운으로 양지머리는 걸안주에
안고 돌으시고 짚고 돌으시고
욕심 많은 대감님 탐심 많은 대감님
전씨기주 김씨대주 여러 대주들 상인상주
몸주대감님 망제님 광산 김씨는 아홉혼신 여망제님
하직대감님 말문대감 만신말명은 대신대감
안풍욕은 안으로 받으시고 사경덕 입혀주고
대감님 헙수지게 벗겨주고 극락세계 연화대로 산하여 주소사
여러 상인 상주들 남상인 상인상주
나갈제 빈바리 들어올제는 참바리요

금산에다는 금을 뜨고 은산에다는 은을 뜨고
천량 산에는 천량뜨고 보물산에는 보물뜨고
은바리 금바리 돈바리 수레바리 안고도 보시고
우마차 대마차 자가용으로 수표바리를 생겨주고
늘고 불게 도와주고 땅문서 집문서 빌딩문서 잡어주시고
전씨기주 기분 좋게 도와주고 말분 좋게 도와주고
몸수 건강하게만 점지해 주소사

성주군웅축원

시위들 하소사
살안전 오신 군웅 상살받아서 오신 군웅
은마군웅 백마군웅 하루뱃길 흑간군웅
남성주는 국디성주 여성주는 부인성주
성주로 대도감 아홉아들 한딸애기
일곱손주를 거느리고 살어를 가오시나
성주차지는 신령님 차지신데
물따라 산따라 경치따라 나와서
한옥마을 성주님과 흘림 성주로 받으시고
밤 일곱시 불 밝히고 낮 일곱시 물 맑히고
물과 불이 수화청명 갖은 명 갖은 복 점지해 주시고
망제는 천도하고 산이 성불하게 점지해 주소사

창부축원

만신몸주 대신창부
사외에 삼당창부 궁니로 제당창부

그연 상산창부 오늘은 안산광대 밧산 챙겨
수분시 너터리 주줄이 떼광대
소녀출신 차일광대 일년은 홍수 창부
기축년 열 석 달 삼백은 오십오일
시시때때 드는 홍수 산진홍수 수진홍수 낙망홍수 비슬홍수
뱀띠삼제 나는홍수 거주월광 거님하고
춘하추동 산 시절 오뉴월 세 삼복이 곱게 나고
동삼석이 편안하게 점지해 주소사
앞으로는 생길장부 뒤로 돌아 도울 광대
우산은 홍수대안 까저치고 재수열고 망제천도
사경덕 입히어 주소사

걸립축원

시위들 하소사
만신몸주는 대신걸립 사외로는 상삼당걸립
궁니가 제당걸립 그연으로 상산걸립
육천전안 원당 안에 신당걸립 기차여차 무인걸립
말목구비 부자바 걸립은 오늘은 기차여차는 무인걸립
휘어달어 성주걸립 내려밀어 지신걸립 수문장 패전걸립
남 걸립은 져들이고 여 걸립은 여다주고
먹고남고 쓰고남고 부자장자되고 여러기자 재수있고
이씨기자 애 많이 썼으니 신아드님 재수있게 도와주고
여러기자들 초상범열에 댕겼으니
재수열어 도와주고 꿈자리 별 몽사도 제쳐주고

터주축원

시위들 하소사
내우 재산이요
안 터주는 여터주 색시터주는 보령터주
김양수 참봉터주 은주저리 받든 터주 금주저리 받든 터주
왕십리 황학동에 텃 대감님 웃테 웃대감님 재수열고 운수 틔고 그 터에서
    늘고 불어
사경덕 입히어 주소사

지신축원

동해지신 남해지신
서해지신은 북해지신
사방천하 오방지신
천년지덕 만년유택 늘려주고
웃음에 열락하고 남녀자손 효자 되서
전씨에 여상주가 기분 좋게 도와주고
말분 좋게 도와주고 사경덕 입히어 주소사

맹인축원

시위들 하소사
만신몸주 대신서낭 대신맹인 사외로 삼당맹인
궁니로 제당맹인 그연 상산맹인 얼띠 중디요
곽곽선생 이순풍이 상통천문 하달지리
열맹인 뜬 맹인 제쳐주고

외다락지 쌍다락지
돌아가는 서간먹고
감은 눈 뜬듯하게
일월이 명랑하게 점지해 주소사

서낭축원

만신에 대신서낭
남경 북경은 남경그물은 북경서낭
북경그물 남경서낭 외국서낭은 타국서낭
중국서낭은 사신서낭 동두길진 우수재
미대미서낭 누가 남두길진은 남산은
노인성 서낭님 서두길진은 무악재고개 사신서낭
북두길진은 삼청동 동락당
형제우물서낭님 물아래는 용신서낭
물우에는 뗏목서낭 길준명천 시배서낭
청색무색 따라들던 서낭이요
가윗밥 실밥서낭 높은 추녀 얕은 하방
만지고 다룬 동법 동법날이 난듯하고
방춘날이 번듯하게 점지해 주소사
사경덕 입히고 사대문 방 붙이고
망제천도 산이 성불하고 관재수 구설수 자동차 가지고
동서사방 상인상주가 댕겨도 거리에 낙루없고
높은댓돌 얕은댓돌
눈길에 실수 없고 빗길에 사고 없이
운전대에 실수 없고 앞바퀴에 실수 없고

뒷바퀴에 사고 없이 점지해 주소사

영산축원

시위들 하소사
만신몸주는 대신영산
전씨편에 가던 영산 김씨편에 가던 영산
아자침차 산수월수 가던 영산
산에올라서 호영산 들로내려 객사영산
만경청파에 뜬 영산 물에 빠져서 수살영산
약을 먹고 가던 영산 암병에 가던 영산
위장병에 백혈병에도 가던 영산
낳고 배고 아탈 영산 허리아파서 돌아간 영산요
만신말명 대신영산
오늘은 동유포에 가던 영산
난리 통에 가던 영산 들로 가고 머무러서
거지 죽고 땅꾼 죽어 가던 영산
뒤에 뒷전 고픈 배 불려가고
쓰린 가슴 멎추고 물함박에 대수받고
해함박에도 대수받아
남명산은 질빵걸어 지고가고
여영산은 또아리바쳐 이고가고
상간데 하으련 하간데 중으련
오늘은 원산말뚝에 대수받고
말 못하는 날계란에 대수받고
미나리 채소에 오늘은 수많은 조밥이요

상문축원

외상문 내상문 신상문 구상문
백호상문 주작상문 청춘상문은 동자상문
관머리 널 머리가 마주치고
날상가 진초상 왕래하고
젖은시체 날시체 만지고 다루고
운명종시 임종시에 보던 상문
날상시에 보던 상문 염습시에 보던 상문
입관시에 보던 상문 발인시에 보던 상문
오늘은 길제 노제 시에 보던 상문
황토 시에 보던 상문 하관시에 보던 상문
영토 시에 반혼 시에 보던 상문
상문진 다 제쳐주시고 망제님 원망 없이 도와주고
상문각시 상문도령 수많은 위 오늘은
양고비 조밥에 반나귀 받으시고 인정받어 나전 받고
나전 받어 인정받고 미나리 채소에
오늘은 말 못하는 날계란에 대수대명을 받아다가
의주 월강 본향에 전임하고
안산은 여드레 밧산은 열세위
칠국지 명산은 제불 제천에 협수하신 최영장군님 수위해서
영정일랑은 불리어 주시고
부정일랑은 다 젖혀 주시면 대화리 영정~

부정풀이[휘몰이 장단]

영정가망 놀아나오 부정가망 놀아나오

날리영정 놀아나오 들리부정 놀아나오
산이슬 부정이요 피무실 영정이
끓인부정 물러가나오 맑은 청수 놀아나오
소지당당 놀아나오

부정노랫가락

사외소천 명월이 하외본 듯~~

[물부정을 둘러내고 불부정은 흰 소지종이에 불을 붙여서 재단을 휘휘 둘러서 밖으로 내간다.]

내상문부정이요
외상문 부정이요
해묵은 부정 달묵은 부정 철묵은 부정 따라든 부정
손만진부정 따라든부정
상인상주에 몸엔 제수에 끓이고 몸수에 끓이고
열부정 뜬부정들 다제쳐 주시고
석달이 편안하고 삼년이 곱게나게
점지해 줍소사

[상주들 촛불켜고 향불도 사르고 잔을 올린다. 한 가득씩 따뤄진 막걸리잔을 떡시루 5개에 한 가운데 올려둔다.]

3. 안당사경가망청배

초가망 이가망 삼가망이요
조라는 전물가망 말께받아 오신가망 소께받아 오신가망
말께는 소께요 조선마평 구레등석
걷는 말 체를 붙여 닫는 말 석을 잡고
돌아오시다 복리로 제당가망 사외 삼당가망
그연은 상산가망 목마른 물사가망
사부른 칠성가망 백옥남산 전내가망
반구비 조상가망 안당 사경가망
육천전안가망은 오천은 소본향
육천은 육본향은 성주신 본향은 시주신양 산을
십일은 대천왕 마누라요
이 정성 낯없는 정성에 빛 없는 정성
망제천도하고 산이 성불하게
점지해 주소사

조상축원

상계다로 양운말명 위대다로 양운말명
할아버지 할머니 양운말명
아버지 업제장 어머니 복말명요
삼사촌 가신말명 오륙촌 가신말명
칠팔촌에 고모말명 이모말명
서모말명 서자말명
가문안에 들던말명 가문밖에 나던말명

반구비 조상말명
광산김씨 아홉혼신 여망제님
해운에 시절인가 불가에 천술런지
이승에 한명인지 저승에 채살런지
시왕영금이요 하직 없는 길을 열어
나랑 죽어서 고혼 되니
말 없는 공사되고 글 없는 채사 되니
시왕영금은 하직 없는 길을 여워
가신망제 오늘은 안당에 하직하고
밝고 새는 날이면 가시문 쇠문 벗고
낙양벌초감 염불 받고 극락세계 연화대로
신망제님 길 가르쳐 물고지게를 벗겨주고
사경지게를 벗기어 주소서
남상주 남복인 여상주 여복인 복인는 복쟁이 상인 상주들이
오늘은 이별을 하고 삼밭에 들었어도 업 삼년 복 삼년 곱게 나게
점지해 주소사
시위들 하소사 내우재산 공수하시다
안당사경 전물기도 한게 대강기도 영정

안당제석축원

시위들하소사
대함제석 제인제석
제불제천 천지곤건
일월용왕 황사제불은 불사제석
백항아리 용왕제석

아들애기 길러지다
백항아리 용왕제석
따님애기 길러지다
바가지로 넌출 제석
석자세치 후대제석 자세치 고깔제석
오늘은 안에안당 삼신천왕
영골뼷골 십이골에 일천매디 골육을 점지하신
삼신천왕 시준제석 낮없는 정성에 빛 없는 정성이나
상인 상주들 짧은 명 길게 잇고
긴 명은 서려 담고 동박삭에 대를 빌고
무쇠목숨 쇠끈달어내 여든 남의 여든
일백육십 대를 내게 점지해 주시고
망제님 석 달이 편안하고
삼년이 곱게 나고 망제천도 산이성불
마누라 사경 덕 입히고
한국 덕 입히어 마누라
칠월상덕을 입히어소사

안당사경가망노래가락

(1) 백사천리 소하오 사경가망 산에 올라
　　거염은 단심인데 구비설산에 돌아드니
　　설산에 매화진 꽃 나비 본 듯

(2) 사경가망에 오시는 길에 가야금 줄 다리놓소
　　가야금 열 두 줄에 어느 줄로만 나리워서

줄 아래 덩기덩 소리 노니라고

(3) 사경가망 잡수어신 잔에 잔 마다 이슬을 맺어
어 잔도 저 잔이요 지성이라고 쌍계오니
월광에 시 없는 잔을 스서라고

(4) 이내 하위를 하소이니다 상인 상주야 본향하위
너조차도 하위를 하오 양산 본향에 하위오나
마누라 본향을 하위나 본 듯

(5) 천만년 수를 빌러를 왔소 부모 자손이 만년수
천년산 수호를 빌고 만년산에다 복을 빌어
삼천년 한 오백하니 자손이 창성

(6) 재수소망 생겨를 주오 상인 상주가 외방이 성안
외방도 소망이오나 성안 성밖에 춤 재수오나
파도에 흩어진 선량문 한데 몰까

(7) 전라홍수 젖혀를 주오 상인 상주가 임한 홍수
근하년에 임한 홍수 섣달에 홍수 오나
마누라 전라 대홍수 다 젖힐까

(8) 사재삼문 젖혀를 주오 망자의 삼년 시왕대진
다 젖히고 삼성진 연화대 왕 진을 젖히라고
마누라 사재 삼성진 다 젖힐까

(9) 왕덕일랑 입소와지요 김씨에 여망제 지은 덕이요
　　날빛도 왕 덕인데 진말미 오고 진덕오나
　　마누라 왕에 왕덕만 다 입힐까

(10) 알고도 장난을 하오 몰라 어서 젖은 죄목
　　알거나 모르시거나 젖은 죄만이 허사로다
　　백만사를 풀어 놓으시며 대화린가

(11) 산하여 산주소사 김씨에 여망제 산하요
　　극락을 바라보시고 시왕세계 북망산하요
　　천수경 법화경으로 다 산하라~

4. 진적-[술잔을 올리지 않고 절을 한다. 상주들이 제단 앞으로 나온다. 상주와 관계되는 모든 사람들(이성재 등 15~6명)이 장구소리를 신호로 절을 올린다. (9번 절을 올린다.)음악은 삼현육각을 느리게 연주하며 중간 중간 장구를 친다. 9번의 절이 끝나면 상주들은 밖으로 나가고 삼현육각의 가락은 좀 더 빠르게 연주한다. 제금도 친다.]

5. 상산노랫가락

(1) 산간데 그늘이 졌소 용가신데 수이로다
　　수이라 깊솟건만 동해바다에 해수로다
　　마누라 영검자취를 깊이 몰라

(2) 국만은 국이련만은 제마다에 전이로다.
    시절도 시절이오나 양전별상님 시절이오나
    성신이 오동잎하니 갈 길 몰라

(3) 나라로 안녕을 하오 국이여 태평이 만만세
    나라도 안녕을 하오 국가원당이 태평이요나
    소인에 임금백성이 태평성대

(4) 어이하여 못 오르시나 무삼 연고로 못 오시는가
    산이 높아 못 오르시나 물이어 깊어서 못 오시나
    춘추가 만사 택하니 산물이 겨워

(5) 녹수영상산 오시는 길에 비수와 창검 다리를 놓소
    비수가 창검이오나 날로 아니며 세계에서
    줄 아래 덩기덩 소리가 노늬라고

(6) 창검 영산님 잡수신 잔에 황소주로 이슬을 맺어
    황소주 천년주요 일년주로만 이슬을 맺어
    여자에 시 없는 잔을 스스라고

(7) 인에 하위를 허손이다 전씨에 상인 상주에 상산하외
    왼갓잡풀 하외를 하고 협수하신 부처님 하외오나
    마누라 임신네 하외를 하외나 본 듯

(8) 장수 명일랑 빌러를 왔소 상인 상주 수명장수
    장수에다 명을 빌고 부귀에 공명에다 복을 빌어

식신에 수명장수 요내가 빌까

(9) 가내진중을 안위를 하오 부모 자손 내위명당
  내위도 명당이오나 가내홍문 진주오나
  마누라 안팎진주만 다 살필까

(10) 재수소망 생거를 주오 상인상주 외방소망
  외방에도 소망이오나 성안 성밖에 재수오나
  사도에 흩어진 선량은 한데 몰까

(11) 관재귀설 젖혀를 주오 상인상주 오늘 죽어
  오늘하루 저물이오나 입성 관재를 젖히어 가오
  마누라 관재 귀설수 다 젖힐까

(12) 삼재팔난 젖혀를 주오 전씨에 귀주 뱀띠 삼제
  관재수 팔란이오나 손재 잃을 실물오나
  마누라 삼재팔란을 다 젖힐까

(13) 터주 성산 거둬를 주어 전씨에 귀주가 왼 몸일세
  어연히 거두시다오 어연필단이 거두라고
  마누라 청수약수만 다 거둘까

(14) 정성덕일랑 입소하지요 상인 상주 사경덕을
  사경에도 덕이 오나 재수염원 발원 덕이오나
  마누라 지으신 상덕을 다 입힐까

(15) 산하여 산하 주소사 김씨에 여망재 산하요
    극락을 바라보시고 시왕세계로만 산하요
    천수경 법화경으로 다 산할까

6. 안당사경불사거리

불사만수받이

아 불사	달이돋아
아~불사	하산명월
만신몸주	하산명월
만신몸주	일광월광
설명도라	일광월광
설명도라	양일광이요
대신불사	양일광이요
대신불사	억만미륵
하늘천존	억만미륵
하늘천존	팔만신선
보아천존	팔만신선
보아천존	구만불사
해가돋아	구만불사
해가돋아	놀구나서
일월광명	놀구나서
일월광명	동두칠성
달이돋아	동두칠성

남두칠성
        남두칠성
서두칠성
        서두칠성
북두칠성
        북두칠성
삼태육성
        삼태육성
칠월성군
        칠월성군
하위받아
        하위받아
놀구나서
        놀구나서
이씨가중
        이씨가중
조상불사
        조상불사
전안불사
        전안불사
상단으로
        상단으로
청사불사
        청사불사
신불사요
        신불사요

높은산요
        높은산요
구불사니
        구불사니
하외받고
        하외받고
도당불사
        도당불사
굽은불사
        굽은불사
부모자손
        부모자손
안에안당
        안에안당
영골뺏골
        영골뺏골
일곱골에
        일곱골에
골육을 점지허여
        골육을 점지허여
만신전안
        만신전안
시준불사
        시준불사
하위받아
        하위받아

열고나서
　　　　열고나서
부모자손
　　　　부모자손
짜른명을
　　　　짜른명을
길게 잇고
　　　　길게 잇고
기나긴 명
　　　　기나긴 명
서리어 담고
　　　　서리어 담고
동박삭에
　　　　동박삭에
대를잇고
　　　　대를잇고

무쇠목숨
　　　　무쇠목숨
쇠끈달어
　　　　쇠끈달어
은하성은
　　　　은하성은
오복팔복
　　　　오복팔복
무량대복
　　　　무량대복
망제천도
　　　　망제천도
산이성불
　　　　산이성불
하위받아 놀구나오

아 불사님~

불사축원

어 굿자
광산김씨 아홉혼신 여망제님
안당사경맞이 받으시고
북쟁이
복을 주고 명과 재수주사

[공수를 하고나서 방울을 재단위에 올려놓고 장삼속으로 손을 감추고 춤을 춘다. 춤은 서서 야옆으로 팔자를 그리며 두 왕복하고 나서 제자리에서 한바퀴 돌고 그 자리에 공손하게 앉아서 제단에 절을 한번올리고 일어나지 않고 앉은 자세로 두 손을 모아 비비며 축원한다. 한 번 더 엎드려 절을 하고 일어난다.]

상인상주들에게 사경덕 입히시고
전씨기주 거둬주시고

불사공수

휘~이~
어 굿자
신령님안전 아니시냐
너 전씨에 가중이라 어느 전씨에 내귀주야
너 김씨네도 대주야
좌우정성 울고 부신이 낮 없는 정성
어휴 빛도 없는 정성이로구나
망자는 천도하는 안당은 사경맞이
애 많이 쓰고 힘 많이 들이고 말도 많고 탈도 많고
오냐~잘도 했지
어머니를 맘껏 해드리고 한껏 해드리고 잘해 드릴려고
어느 또 생각하고 또 궁리를 하고
오냐~
하늘천존 아니시냐
보아천존 아니시냐
사불천존 옥황천존에서

너 해도다울 일광불사
달도다울 월광불사
일광월광은 양일광
억만위력에 팔만신선 구만불사
우리에 전씨귀주 속 타는 건 아무도 몰른다
어느 안태 복중에 타는 거는 아무도 모른다
그저 뭐든지 외로 안가고 바로 갈라고
어머니 하시래는 대로
어머니 말씀대로 어머니 명령대로
이렇게 했으니 잘도 했지
너 남산이 여기가 어디냐?
이렇게 남산은 한옥마을에 와서
아휴 또 이렇게 안채를 빌려줘서
어느 어느 정승같이 받으시고
아휴 이씨네도 내기자도 애 많이 썼지
심 많이 드렸지
전상지상에 인연이 져서
아휴 우리 손주들 삼남매
잊어라 못잊어라고 아들이래면 벌벌떨고
그래시더는 망제님 아니시냐
아드님은 안왔소?
오냐
어느 미런한게 사위는 설안이라
남상주 남복인 여상주 여복인이니라
복인는 복쟁이 아니시냐
어머니 갖다가 산소를 썼어도

오냐 잊어라 못잊어라
전안에 계시고 반공중에 계시고
허공에 계신다[제금을 치고 악기가 울린다, 굿거리 장단에 무녀는 뜀 춤을 4번 한 바퀴 돌고 춘다.]

칠성공수

어 굿자
너 동두칠성에 남두칠성
서두칠성에 북두칠성 아니시냐
삼태육성에 칠월속에
애 많이 썼지
아휴 신령님이 이뻐하셔 그래도[이상순은 이성재에게로 다가가서 장삼으로 가려진 오른손으로 이성재의 머리를 쓰다듬는다.]
오냐 애 많이 쓰고 힘 많이 들였다.
너 인에도 하위주고 신에도 하위주고
너 부모자손 짧른명 길게 잇고 긴명 서려담고
동방석아 태를 메고[이상순은 이성재에게서 다른 사람에게로 옮겨가서 공수 한다.]
죽지 않는다.[딸 전경혜에게 공수]
아휴 그래도 피놀음 자놀음이래도
약덕입혀주께 약덕입혀주께
없어서 못쓰지 자꾸 쓰니까 명을 잇는 거야
너는 없어서 못쓰지 돈만 보이면 보이기 전에 먼저 써 놨어 벌써
그것도 갚아야해
오냐 네가 그렇게 에헤헤에

그러니 너희 자손들 삼남매 잘 되게 해 주마
명예주마 수여주마
너 불이불사 신에불사 중불사 승불사 산간처사불
서가여래 시준불사 아미타불 관세음보살님

오냐
산을 봐도 절을 하시던 망제님
물을 봐도 절을 하고
장안가도 불리시고 시계가도 불려
나랏만신이 돌아가서 국상이 난 심으로

아휴
만장을 해서 이렇게 호사스럽게 해 드려서 너무 고맙다고 그러셔
오느 너무 어머니가 고맙다고 그러시는구나
어느 아들만 아시더니 어늘 잘 불려주고

오냐
아들만 알았잖우 이 아들만 알았지[이성재를 가리키며 하는 말이다.]
수많은 자손들이 다 왔다가도 다 미끄러져 다나고
그래도 끝을 보고 임종 시키고 어느 애 많이 썼지
그럼 솔직한 말로 애 많이 썼다 힘 많이 들였다 이렇게 안 썼으면 금년에
　　수가 죽을 수야 그걸 모면한 거야 지금
그러하니 어느 안태복중이시는 하고
피놀음 자놀음 그저 더하지 않고 당뇨가 정상되게 도와주고
어느 손주래면 벌벌 떨고 손녀딸이래면 어떻게 알았냐
어머니가 공부들을 잘해서 자랑허시고 그러시던 손주딸들 아니시냐

망제님 석달이 편안하고 삼년이 곱게 나고
눈물 끝에 명을 주고 곡성 끝에 복을 주마
초하루 상망에 너 덕을 주고
망제님 석달이 편안하고 삼년이 곱게 나고
오냐
산소에 꽃이 피고 명당자리 앉으셨으니 걱정마라
자손들 후대가 편안하고 먹고남고 쓰고남게 도와줄께
쓰고 남고 먹고 남게 도와줄게
어머니가 돌아가시고 어머니가 없으니까 집에 들어가도 한 발이 떨어진 것 같애
세상에 부르시는 것 같고 찾는 것 같고 '옥수드려라'
그러는 것 같아서 깜짝 놀라고 안그랬어?
오냐~
어머니가 어떤 정성이냐
티끌모아 태산이로 알뜰로 사시던 어머니시다
어느 춤으로 사시던 어머니
어느 따님을 돈을 해주지를 못하고
전서방네다가만 갖다 퍼부었어
속으로 마음이 많이 아프셨다 말씀 안하셔서 그렇지
따님이 돈 때문에 할 노릇을 못하고 할 말을 못하고 그래서 어머니가 한이 많고 원이 많어
한이 많고 원이 많으시다

천왕중공수

어 굿자

천왕천왕 삼신천왕 시준천왕
천왕중상에서 문안 들어가고 절 들어갔소
중일안에 울너머 핑계중인지 알지 말고
돌 밑에 가재 중으로 알지 말우
월 옥동 같은 아드님 왼달 같은 따님애기
연골뺏골 십이골에 신에 신줄에 일천매디 골육을 점지하신
삼신천왕 중상에서 그냥 가시기는 미미하니
바라 시주 하고

바라중상타령

어떤 중상이 나려왔나 어떤 중상이 나려왔나
옥천 대사 나려왔소 무학대사도 나려왔소
육지마사 육환대사여 나려 왔소
바라 시주를 나려왔소
가사장삼을 걸쳐 입고 세모시 고깔을 숙여 쓰고
백팔염주 목에다 걸구어 신에 단주를 손에 걸고
육비주비 바리때를 손수건에다가 바쳐 들고
바라를 사오 바라를 사오
밤이 되면 인간제도
낮이 되면 곡석마련
이바라 시주를 거둬다가
높은 데는 법당을 짓고 옅은 데다는 초막치고
이리열칸은 저리열칸이여 사방열칸은 판도방 짓고
금부처님을 모셔놓고 은부처님을 모셔놓고
먼저 부처님을 모셔놓고 나무아미타불

염불나무 소지권산이요
남산나 허구는 목숨바라
서산명산에서 바라시주합쇼
있는 자손은 수명장수 없는 자손은 생길자손
오흘망 비구실 바랑사고
이 바라 시주 하셨으니 백배 천수를 하시리다
만대유렴도 하시리다
나무아미타불
아침재미를 돌아다가 저녁불공을 올리시고
저녁재미를 돌아다가 아침불공을 올리시고
백설기 세설기 받으시고 쟁편 삼장도 받으시고
바라를사오 바라를사오
명바라 복바라 상하석줄에가
십리경에는 젓대소리 오기경에는 관수소리
개곡성에는 해금소리 나무아미는 타불
바라시주를 하셨으니
자손 창성은 부귀공명
나무아미타불
바라를 사오 바라를 사오
명바라 복바라를 사가시오
노인네가 사시며는 근력바라
젊은이가 사시면 재수바라
환자가 사시면 약 바라구려
바랑 시주를 다녀왔소
나무아미는 타불
십리전에는 젓대소리는

비천에도 영산 에헤~ 저헤~육비소리요
영남사찰은 육비소리 해남사찰은 목탁소리
은근삼천이 들려오네

중상공수

어~굿자
헌바라 갈아내고 새바라 전임하고
망제천도하고 산이성불하고
거저~광산김씨야 아홉혼신여망제님
오늘은 불사님 천륜지게 벗겨주시마
안당사경지게 벗겨주마
어머니가 안돌아 갔으면 무척 언짢아
그런데 남의 어머니래도 어머니가 돌아가
수액이 불길해도 다 거둬 주고
거저~액운이 불길해도 다 거둬주고
어머니 몽상이고 삼밭에 들었어도
석달이 편안하고 삼년곱게 나게 도와주고
일년이 되거덜랑 어머니 탈상일랑 좀 잘해드려
일년제사 하지 말고 탈상일랑 잘해드려
백일에는 거저 금년 치식으로 해
너무 애쓰지 말어
어머니가 사실만큼 사시다가 당신 명에 가셨다
그래도 우리가 잘 받들어서 오래 사셨지
오냐~
어머니가 돌아가서도 신이 되셔서 혼이래도 도와주고

넋이래도 도와주고 그저 신의 자손들 다 잘되게 해 주고
울군불군 하지 말고 의이하게 좋게 그저 조용조용 의좋게 잘 살아라
기분 좋게 잘 잘아라 어느 암만 잘난 척 해도 가면 그만이다 어느
망제천도야 도와주마

염불축원

일세동방 경도량 이세남방 득천량
삼세서방 구정토 재수 수명 발원이요
수명발원 명발원 복발원이 발원이오
상덕물어 명사실 국사 신라여중시마
인하위하소이다
부모자손님

불사맞이 노랫가락

하웨오나
마누라 불사님
하외나본듯
일광보살 산이오
월광보살 산이요
일광월광 양일광
부모자손 명산복산
그린 듯 도상문을 주소서
(도상문 주소)-장구
도상문을 주소사

[밤으로 산을 준다.]
망제 천도하고
-거저 이씨에도 우리기자
니가 수액이 불길하고 죽을 수가 돼서
어머니 문상 입었으니까
그것으로 수를 떼고
그저~웃어 웃어야 되 너는 너는~
너는 웃어 웃기만하고 살어
화내지 말어 화 내는거 보기싫어
오냐~니가 너도 할 노릇을 못하고 이렇게 와서 했으니
상문주시고 인연지고 시운졌다
우리애기들 잘 되게 해 준다 너
할머니가 너를 잊어라 못 잊어라
오냐~할머니가 돌아가니 고만이지? 오냐~ 살았을 때 좀 자주오지
살았을 때 자주오지
우리 사당지기 봉사지기 성받이 씨받이야 그저 착하고 귀여운 자손 넌 참
　　잘돼 걱정마라
할머니가 혼이라도 도와주마 상덕물어주시마

호구만수받이

아 호구
　　　아 호구
만신몸주
　　　만신몸주

대신호구
　　　대신호구
재산동반
　　　재산동반
칠기명천
　　　칠기명천
상단에 중단호구
　　　상하단에 성인호구

[이때 장구쪽으로 가서 장삼고깔을 벗는다. 안에 입은 홍치마를 벗은 후 방울 부채에 홍치마를 얹어서 춤을 추면서 머리위로 들어올린다. 상주를 마주보고 공수한다.]

호구공수 1

워 굿자
사외 상단호구 궁니 제당호구 아니시냐
그연은 상산호구 아니시리
너 월디중디 호구아니시냐
문수천왕 성인호구
오냐~ 안당은 삼신호구 업이로 성도호구
너 좌우정성 굽어시니
물건너 하주당에 매달왕신 사날하구
송씨부인 나씨부인 사날하구
왕십리 수풀당에는 진퍼리 살군당에
당마누라 아니시냐
당애기씨 아니시리

너 오냐~ 열네애기 당자호구 두되련님 서자호구
각산마을 부군 호구라
너 칠보단장을 하고 오셨으나
낯이 없는 정성이고 빛이 없는 정성이라
산요물을 제쳐주고 죽은 요물을 제쳐주고
웃을 일만 나게 해 주고 그저~좋은 일만 나게 해 주고
104백사호 새남 잘 되고
우리 전씨기주 몸수 건강하고
산요물 죽은 요물 하리제사 다 제쳐 도와주고
어느 수산 없고 액산한거
다물려서 일월이 명랑하게 밝거나 방울같이 도와주시자
[방울과 부채에 걸쳐서 위로 올렸던 치마를 내린다.]

부인공수 (왼손은 방울〈홍치마로 덮음〉을 흔들고 오른손은 부채를 펴서 돈을 받으며)

워 굿자
부리신에 호구 아니시냐[아유 돈은 줄래 다가 또 안주고 집어넣는 거 같애 아무래도]
그 봐 어느~ 그 웃으니까는 얼마나 이쁘냐[이상순은 이성재앞에서 하는 말이다.]
웃기만 해라 속에 석탄 백탄이 타거나 말거나 어느 신에 신에 몸주니 어떡허냐 할 수 없지~?
어느~그러니까 누가 내리랬어.
오냐~그러니까는 웃기만 하고 살어라.
아유~너희는 또 무슨 돈이 있니?

칠보단장 화관 쪽도리 얼마나 어느 호구씨 씌여서
밤이면 오푼두께 낮이 되면 깊은 두께
안안팎으로~~
어느 도화분이 피는 듯이 연지분이 피는 듯이
면경 체경 값 화경값 민빗값 참빗값
어리새 값도 받으시고
그저 화경같이 물 맑히고 잘 불리고
오냐~새남덕 입혀주고 사경덕 입혀주고
망자천도하고 산이성불하게 도와주시자니
[뜀춤]

[홍치마는 벗어서 방울에 씌워 들고 오른 손에는 부채]

호구공수 2

워~굿자
부리호구 신에 호구 아니시냐
안당에는 삼신호구 어비로 성수호구
오방엔 지신호구 아니시냐
수문장에 패장호구
어느 도당살륭에 부군호구
시준호구가 함지기 호구에 농지기 호구
손호구 손각시
넘어보는 요물 없고 숨어보는 요물 없고
산 요물 죽은 요물 하리제사
언짢은 말들은 한 개들도 하지 말고

좋은 말만 하고 살어라.
좋은 말만하고 살래도 얼마 안 남았어.
그려~ 언짢은 말은 싹 덮어
언짢은 말은 싹 덮고 좋은 말만 하고 살어
어저께 얘기 그저께 얘기 또 들춰 가지고 그냥
귀신 보따리 제(諸)풀어놓지 말고
오냐~ 얘는 그냥 빈 깡깽이로다가 그냥 그래도 정성이 지극해
그냥 꼭 그래도 의리를 지켰어
그 머나먼데서 온단 말이야
그러니 아유 너도 그래도 미련 속에도 너도 갈롱이 들어서 이름 좀 날까
 하고
이름나게 해 줄게[예]
흐흐 오냐~너는 뭐 오는 놈은 괜히 오니?
미련 속에 갈롱이 들고 떡 국이 농간을 하고
그래서 그저~김유감씨 그냥 이름 좀 얻어서 좀.
좀 덕을 볼까~하고
짧은 목은 길게 빼고 긴 목은 뻐기게 되고 하는 구나
요물사물 다 제쳐서 망제천도하고 사경덕 입혀 주시자니~~

[두바퀴 돌고 제단에 절하고 물러난다. 빨간 치마를 건네주고 노란 두루마기를
 입는다.]
하나 더 줘야지 그럼 이거 하나밖에 없수?

[오른손 부채는 펴서들고 왼손에 방울 들고 제단 앞에서 사뿐사뿐 춤을 추다가
 상주들 앞으로 간다.]

7. 대신말명거리

[반씨할머니신령 등 무업을 하다가 돌아가신 신령]

대신말명공수

나 반씨 할머니야 반씨할머니[섭혀있넌 부재를 활싹펴서 무지면서]
아니 신이 하자는 데로 다 하면 어떡해 그래[야단을 친다.] [예]
아유 좀 인제는 몇십년 됐으니까 눙글지도 알아야지[이성재에게 하는 말]
오냐~ 신이 하자는 데로 다 하면 큰일 난다. 미치고 환장한다.[이성재가 부
　채위에다 수표를 올려준다.]
어느~나 반씨 할머니야 야 야야[이성재가 밖으로 나가니 두어 발짝 따라 나서
　다가 돌아온다.]
어느~~내가 천하대신 지하대신 송파 할머니다
송파 할머니다
내가~ 앞서거니 오셨구나
뒷 서거니 오셨구나 왕십리 오토바이도 왔소
왕십리 오도바이도 왔다구요[장구치는 한부전에게 가서 하는 말이다.]
왕십리 오도바이[장구잽이 앞에서]
왕십리 오도바이도 오고 영덕이네도 오고
아유~세상에 장안장안이 김 유개미(감이) 모르는 사람이 어디 있소
어~만장하는 그날로다가 장안가득 불리고 세계라도 불렸지
오냐~ 오냐 천하대신 지하대신
여기가 가만히 보니까는 그냥 신가물이 있는 이들이 제 왔구래[문밖을 내다
　보며]
오느~노란 노란 부채끈이 제 오고

오냐~ 돌아 도와주마 [부채바람을 일으켜 상주들에게 분다.]

덩덩덩 덩덩덩덩 덩덩

대신타령

어떤 대신이 내 대신이냐
천하궁에는 천왕대신 지하궁에는 지황대신 억사만경불 박사대신
김유감씨 아는 양반 있으면 나 손들어요[밖을 보고 말한다.]
김유감씨 아는 사람은 여기 돈 하나씩 제 주는 건데 안 주나[부채를 펴서
    밖을 향한다.]
좋다.
선혜야 가서 제 거둬와[밖에가 서 돈을 거두어 오라고 시킨다.]
은자천~생겨를 주어
상주님 주작은 호영산이다.
주지주정은 광야수로다
노인에 주정은 @@@@
아기의 주정은 뭣을 따리요
영감의 주정은 노는대감
아이의 주정은 강림도령
늙은이 주정은 태상왕요
대천해주정 대천이로구나
이렇게 노시고 생겨주마
사망이야
은산에 가서 은도 뜨고
금산에 가서는 금도 뜨고

춘하추동은 사시절긴데 아니나 노시지 못하리라

제일왕초 [제단에 놓인 잔대(술)를 들고 나간다.] 왕초들이 제 앉았으니 [잔을 준다. 서있는 상주 젊은이를 살짝 건드리며] 너희들은 가서 술 한 잔씩 가져와 가서. 저기 갖다 다 갖다 돌려. 좋다 [두 명이 제단에 술잔을 밖으로 나른다.] 좋다~!!

대신술타령

청유리 병에는 청새주라
황유리 병에는 황새주냐
석달 열흘에는 백일주요
뚝떨어 졌다고 낙화주냐 다거둬 들여
이태백이 막걸리에다
아니나 잡숫지는 못하리라
덩덩덩덩덩 빨리와요. 이제 안 쓰면 언제 쓰나
[청중에 술을 나르며] 오는 길에는 오는주
[거기 신해 할머니 술 좀 가져와요 술. 아이 이리 술 좀 가져와 인테리들이 제
    앉았어]
생겨를 주리다 생겨주리[노놔 잡숴]
온유월 신삼복 돌아와도
왼 여름이 곱게 나고 찬 여름이 곱게 나고[잘 왔다.]
재수나 소망을 생겨주고 어떻게 좋으신지 모르겠다
윤달이라 잘 왔지 윤달에는 세 군데 절을 간다는데 굿 구경을 하고 갔으니
    재수와 소망을 생겨 막걸리 잡수실 분들은 이리로 오셔
을 주고 생겨준다

천냥을 쓰시면 만냥 생겨
새남굿을 하니까는 알 먹고 꿩 먹는 거야.
오늘은 산 사람을 위해서 하는 거고
내일은 망제를 위해서 하는 거고
아 오늘은 산 사람을 위해서 대감놀이를 하고
내일은 망제를 위해서 새남을 하고
덩덩덩 떡덩 아 누가 세워줬는지 잘도 세워줬구랴.
덩덩덩덩덩덩 흠향좋다.
열돈 닷돈 생겨주리다 이거 내 그냥 안 받어
내 꼭 재수있게 해주지 생겨 주리다
술 좀 빨리빨리 막걸리래도 한잔씩 드려라
막걸리 한잔씩 잡숫고 가면 재수있어요
요기 한 잔씩 해서 다 드려 하 생겨주마
만원짜리가 없으면 천원자리라도 주지 걱정마라
일전짜리는 부침이감이요
이전짜리는 고추장딱지
삼전짜리는 호박잎이요
오백환 오천원 소전수라
석탄부터는 물맹전쏘냐
삼십전 이십전 일전인데
안다리 돈으로만 생겨주마
어떡해 좋으신지 모르겠어
술이야 재수야 이거 좋다
천원씩만 줘요
만원짜리 다 주면 어떡해 자꾸 이거 미안해서 큰일 났네 이거
좋다 도와 주게

천냥을 쓰시면 만냥이 생기고
만냥을 쓰시면 억심만금
새남 대신이 나라대신
이렇게 좋으신지
저 뒤에 근사하게 생긴 양반들 제 갓다드려라
덩덩덩 돈은 안 줘도 괜찮아
주구 싶으면 천원씩 주든지
덩덩덕궁
여기도 좀 드려 여기. 야 상궁시녀들아. 다 여기 저쪽에. 정종, 정종

다 생겨준다
청유리 병에는 청새주라
황유리 병에는 황새주냐
석달 열흘에 백일주더냐
뚝떨어 졌다고 낙화주냐[이리 내놔]
얼기설기 봉선 [이리 가져와 여기 떡 여기 떡 좀 가져가요. 뚝뚝 띄어서 한 말씩
　　　제 드려 그냥. 비니루 종이 갖다가 떡들 띄어서 하나씩 다 드려 명떡 복떡이야]
재수 떡일랑 사가시오
이 떡일랑은 사시며는
재수나 소망을 생기리다[여보 거기 쪽진 무당 챙겨와]
하 덩덕꿍 덩덕꿍 덩덕궁
은자천 금천냥 천길이요
나라천 천하천 생겨 주고
내가 오늘 오복팔복하게
무량대복하게 상덕물어 도와 주리다.

대신마무리 공수
사망이야. 어수나 재수야
그저 사진 찍는 이들 박사님들 교수님들
그저 벼슬공명 돋아주고 대한민국에 이름나고 명나게 도와주고

[(안줘?- 밖에서 술을 안준다고 항의 들어온 것 같음 -) 청중을 향하여 부채를 부치다가 획 돌아 제단 쪽으로 간다. 제단 앞에 놓인 정종병을 들고 밖으로 나가서 건네주고 안으로 들어와서 가볍게 뜀 춤을 추고 마무리 한다.]
감사합니다. 여러분들

8. 안당사경도당거리-산바라기

[흑갓을 쓰고 오른손은 부채와 산지, 왼손에 방울과 흰 산지를 들고 다홍치마 입고 홍철릭 차림이다. 들어숙배 나숙배하다가 밖을 향하여 두 팔을 벌려 들고 구연한다.]
-삼현육각, 장구, 제금-

산신공수

굽어보소사
우청룡 좌백호 좌청룡 우백호
청룡백호 내린 줄기 팔도명산의 산신령님
온산에는 부군산 대산은 살륭에 산신토신은 후토신령님
도당살륭 부군신령 좌로는 열두 군웅
기축년 해우년에 달삭과 오늘에는 윤오월 초 아흐레

남산 한옥마을에 이정성을 하여 비는구나
왕십리지접에 거주하옵시던 광산김씨 아홉혼신 여망제님
만신말명 대신말명 아니시리
해운에 시절인지 불가에 천술인지 허궁에 진벌인지
이승에 한명인지 시왕영검 하직 없는 길을 여워 가신망제
마른 경화 진 부정 당중재 받으시고
오늘은 칠칠이 49제 안당 사경맞이 정성
밝고 새는 날에 천근새남하고 만근 대도령해서
망제천도 산이 성불하고 망자삼년 곱게 나고 도와주십사
이 정성 드리오니 상덕 물어 도와주소사

쉬~이[부채와 방울은 내려놓고 양손에 산지를 하나씩 들고 들어숙배 나숙배 길
게 하다가 뜀춤 후 상주를 마주보고 서서 구연한다.]

산신공수

어허~ 어 굿자
너 마누라 수이라
신령님 안전이 아니시냐
산마누라 수이가 아니시리
우청룡 좌백호 좌청룡 우백호아니신가
청룡백호가 나린 줄기에 팔도명산에 산신령님 아니시리
먼산은 부군에 대산은 살륭이라 산신토신은 후토신령님 아니신가
삼각산 신령님 북한산 신령님 인왕산 신령님 아니시리
관악산 신령님 아니신가 좌우정성이 굽어시니
너 전씨에 가중이 아니시랴

왕십리 거주지접인데
기축년 해후년은 윤오월은 초아흐렛날
너 망제님이 춘추시력이 연만해 가셨어도
빛없는 정성이로구랴 낯없는 정성이로구랴
사실만큼 사시다가 가셨다고 해도 서러워 가엾어
여 모두 한평생을 어느 모두 신령님을 뜻으로 법으로 외길 인생을 걸어 오셨거늘
오늘 이 정성은 장군님 물고를 받아다가
어느 안당은 사경맞이인데
오늘 광산김씨 아홉혼신은 여망제
만신말명은 대신망제님 아니시리
안당 사경맞이 허고 밝고도 새는 날은
천근새남하고 만근 대도령해서 왕생극락 산하여 도와주고
남상주는 여복인 여상주는 남복인 아니시리
상인은 상주는 복인은 복쟁이 아니신가
진초상은 날상가 날상은 진초상
초상은 범절에 날 시체를 만지고 다루고
여 모두 풀밭에 들어서 누워 망제 삼년이 곱게 나게 도와주리다
아침은 졸곡에 저녁은 석대라
초하루 보름 삭망 석대가 되돌아 갈지래도
상청 밑에 꽃이 피게 도와주고
곡성 끝에 영화들 나고 어느 상복 끝에 경사가 나서
석삼년 아홉해 곱게 나게 도와주리다
가지로 안당 사경맞이 덕 입히어서

[삼현육각 울리고-제단으로 돌아와 단위에 술 1잔을 마시고 1잔은 퇴주한다. 뜀

춤 하다가 한 바퀴 돌고 월도 오른손 삼지창은 왼손 집어 든다. 제단 앞으로 가서 뜀춤을 춘다. 한바퀴 돌고 상주들과 마주보고 서서 공수한다.]

도당공수

쉬이~
여~ 굿자
도당님 아니시냐
웃도당 할아버지 아랫도당 할머니 아니시리
남부군은 여부군이 아니시리
외살륭이 내살륭이라 안개도당은 수풀도당 아니신가
왕십리 지접이 아니시리 망제님이 살아가는 도당부군이고
전씨가중은 상인상주가 모두 원근 어울려 사옵는 거주지접
도당님이 오셨구나
좌우정성 굽으시니 내 도당에 살아가며
너 명이어도 도와주고 수 늘려도 도와 주셨구나
산도 내산 물도 내 물 낭구(나무)도 내 낭구 아니시리
내 도당에 살아가는 검은 땅에 허나 백성 마누라 백성들 아니시리
어느 백성도 허구 어느 백성을 마다허랴
오늘 이 정성은 어~대한민국에서
중요무형문화재 104호 서울새남굿보유자 역임을 맡으시고
오늘 모두 한 평생을 사시면서 남을 위해 공덕도 많이 허시고
생전에 착하신 망제 싹싹하고 인정이 많으신 망제님
오늘은 상산에 물고 받고 본향에 세를 놓고
안당에 물고지게 불사에 천륭지게 객사지게 벗어시고
여~ 모두 상인은 상주님들

마음 안에 잡순대로 뜻 안 에들 잡순대로
해후년이 불길하고 시절이 분분해도
아침에들 잘들 나가고 저녁에 잘들 들어오고
내 도당에 사는 날까지 인명깔축 없이 도와주리다
가내진중 평안하고 밤 일곱시 불 밝히고 낮 일곱시 물이 맑아
수화천명하게 도와 주마

군웅공수

어허~굿자
군웅 할아버지 아니시리
남군웅 아니시냐 여군웅 아니시랴
외살륭 군웅은 내살륭 군웅이라
산군웅 들군웅 사해용신군웅
어사군웅은 감찰군웅 아니시리
벼슬군웅아니신가 거리에는 거리군웅이라
전씨의 가중에 빛없는 정성 낯없는 정성이래도
안당은 사경맞이 받으시고 빛나게 도와주리다 낯나게 도와주리다
살아생전에 망제님이 어~모두 104호에 서울 새남굿
여러 모두 전수이수자 식구들 이끌고
전수를 많이 하시고 빛나고 낯났거니
저승에 가셨어도 망제님 잊어라 못 잊어라
해해년년 무탈하기를 바라고
거 모두 회원들이 많이 늘어나고 전수 이수생이 많이 늘어나기를
고대하고 기다리고 원하는바 아니시리
관재에 귀설 없고 모략에 중상 없이 들 내 도와 주리다

군웅에서 군웅바람 제치고 외국은 타국이라
비행기를 타고서 왕래를 하고 넘나를 할지라도
공전에 실수 없고 육전 수전에도 실수 없고
상인상주 복쟁이 아니시리
너~모두 가진 명들 이어주고 복들이 생겨서
해해년년 식구 늘고 천량 늘게 도와주고
석삼년 아홉해가 곱게 나고
험한여물 악한여물 다 물리어서
가지로 상덕물어 주리다. 위~~이[뜀충하다 한바퀴 돌고 마무리한다.]

용신공수-[오른손 부채 왼손은 월도]

어~굿짜
또~ 어느~~
산신님이 계시면 용신님은 아니계시는가
동해바다 청용용왕 용신님 아니시랴
남해바다는 홍용용왕 용신님
서해바다 백용용왕 아니시리
북해바다 흑용용왕 용신님 아니신가
중앙으로 황용용왕 용신님 아니시리
오대양 육대주 수륙만리에 주름을 잡으시고
은하수 물결위에 어부심을 받으시고
조밥방생 거북방생 잉어방생을 받으시고
수많은 곤쟁이에 떼 많은 송사리라
너 모두 상인상주님 망제천도하고 산이 성불할 때
밀물도 제쳐주리다

썰물도 물리어 도와주리다
험난한 시국을 살아를 갈적에
가는 태풍도 막우어 도와주고
오는 태풍도 다 제쳐서
상인상주 마음 안에 잡순대로 뜻 안에 잡순대로
백만사가 물풀린 듯 실풀린 듯
희고 성성하게 받들어서
잉어가 뛰는 듯 숭어가 뛰는 듯
맘대로 뜻대로 상덕이나 물어 주마 위~
[뜀춤, 들어숙배 나숙배]

※ 삼현육각

사실세움 축원

일곱서산~
우청룡 좌백호 좌청룡 우백호
청룡백호 내린 줄기 팔도명산에 산신령님
범 같은 신령님 초록같은 임신네요
해쌍년 기축년 윤오월 초아흐레
남산은 한옥마을에서 왕십리 거주지접인데
전씨의 가중인데 광산김씨 아홉혼신은
만신은 대신망제님이 오늘은 더 가서 허공에 진벌인지
이승에 한 명이 그뿐인지
살아순풍 하직 없는 길 여워 가신망제
오늘은 안당사경 맞이하고
어느 산제도 하고 수륙재도 하고

밝고도 새는 날은 천근새남 만근 대도령해서
망제천도 산이성불 남상주여상주 복인 복쟁이들
망제 삼년이 곱게들 나고 망제님 원망 없고 원구원책 없이 도와주고
석삼년 아홉해가 곱게들 나게 도와주고
중요무형문화재 제104호 서울새남굿
년년히 번창해서 저 모두 다른 단체보다 으뜸으로
명예 돋고 공명 돋게 상덕물어 도와주시마
우청룡 좌백호 좌청룡 우백호 청룡백호 내린 줄기
웃도당 할아버지 아랫도당 할머니 남부군 여부군
외살륭 내살륭 어느 백성은 오랴하고 어느 백성은 마다하랴
망제극락 산이성불 업삼년이 곱게나시고
복삼년이 곱게 나시게 상덕물어 도와주리다.

[세우기를 성공하고 술잔을 들어 한 모금 마신다.]

[장구를 잡은 무당(강옥님)이 장구를 치며 노랫가락을 한다.]

태산이 업소나 해야지 엇수나~ 엇수나~

[홍철륙을 벗고 안에 입은 다홍치마를 벗어서 '만신은 평복이 된다' 왼손 부채 오른손 방울을 쥐고 다홍치마로 덮어서 위로 올린다. 가벼운 뜀 춤을 뛰다가 한 바퀴 돌고 상주들과 마주하고 선다.]

산신도당호구공수

위~~~이

어 굿자
팔도명산에 산신호구 아니시리
양산은 본향호구 아니시냐
도당 살륭은 부군호구 아니시리
너~ 이 정성 모두 망제극락하고 산이성불 받재할래는 정성
안당은 사경맞이라
밝고도 새는 날은 천근새남하고 만근 대도령해서
망제는 극락가시고 상인상주님들
부모님 거상을 입고 풀밭에 들었어도
곡성 끝에 영화들 나고
산고 끝에 경사들 나고
꿈자리에 별몽 없고 별몽에 사몽 없고
만인에 입새 귀설 모략중상 없고[다홍치마를 내려서 모아 쥐고 상주들 머리위로 넘긴다.]
벌떡년 날 일들 없고
험한요물 악한요물 다 할 일 없다

어~굿짜
골목귀가 이말 저 탈 아니 잡고
훌떡 벗고 사외 삼당에 훤한 물찬제비 같고
웃당을 쳐다보니 상주님이 좌정을 하시고
작거나 방울 같고 비 오다가 개인 날 같소
상인 상주님들 모두 사경맞이하고
내일 천근새남하고 망제님 극락가시며는
부모자손 모두 동기는 우려니들
초상 끝에 왕래한 각성받이 여러 이수전수생 여러분들

전부다 속 시원하고 기고성성하게시리
상덕물어 주마

[부채와 방울로 홍치마를 받혀서 뜀춤을 뛰다가 한 바퀴 돌고]

도당말명공수-만신은 평복 홍치마는 부채위에 들고 방울 흔들며

어 굿짜
도당말명 아니시리 부군말명 아니시랴
살륭말명 아니신가 삼당말명은 제당말명 아니시랴
강화도 금성왕 신은 대신말명 아니시리
여~ 물건너 하주당이라
어느 송씨나씨부인 산을 하여 말명
또 왕십리는 답십리라
수풀당에 애기씨는 당 말명 아니시리
용신말명 하리는 채사 말명아니신가
이승에 하리말명 저승에 채사말명
너 모두 인간에 요물없고 하리는 채사 같고
숨어보던 말명 엿보고 비꼬던 말명들이
사경맞이 하고
오늘 여기들 댕겨 가신 여러 모두 각성받이
오늘 손님들 상인 상주님이 일일이 하나하나
모두 이렇게 인사를 안 해도
인사 받고 명예 돋고 공명받게시리
상덕물어 주시마

다홍치마는 걷어내고 오른손에 부채를 활짝 편다

도당말명공수-평복-오른손 부채들고 부치며

어~굿짜
도당말명 아니시냐 살륭말명 아니시랴
어느 모두 도당살륭은 부군제장 아니시랴
산제장은 들제장에서
오늘 모두 이 정성
광산김씨 아홉혼신의 여망제
만신말명은 대신망제님
잊어랴 못잊어랴
너 모두 베게 다툼에 자리 다툼에
우리 상주님들이 모두 내일이 49제인데도
아직도 모두 어느 바람에 문만 흔들려도 이상하게
앉았다가 섰다가 가슴이 벌렁대고
들어오시는 것만 같고 앉았다 일어나시는 것만 같애
좋은 음식에 어느 이상한 소리만 나도 가슴이 모두 덜컹하고
어머니가 모두 살아생전에 계신 것만 같고
신령님 전에 옥수를 올리고 아침저녁으로 우리 모두
전씨에도 상주님이 들어갔다 나갔다 할 적에도
가슴이 괜히 두근거리고 어느 모두 이르는 정 다 물리주리다
오냐 모두 삼년이 편안하고 석달이 무고하게시리
가지로 상덕물어 제장바람 물려주마
산제장 군웅바람 다 물려 도와주마

엇쑤나 하~[들어숙배 나숙배]
허이허[소매가 다홍으로 된 연두 협수를 입고 위에 청색 쾌자를 입는다. 청색
    띠로 가슴을 묶는다 안울림벙거지를 쓴다.]
어~허 재수냐~

신장도당공수-삼현육각, 제금, 장구-처음에는 늘어지게

망제극락 산이성불 오늘은 사경맞이 이고
밝고도 새는 날은 천근새남하고 만근대도령해서
망제님 극락가시게 산이성불하게 도와주리다
남상주 여상주 복인은 복쟁이
이말 저 소리를 해도 구설수 없게 도와주리다 [오방신장기를 들고 뛰기 시작
    한다.]
험한요물 악한요물 다물려서 허~!하~!아~~하~![기압소리를 내며 오방기
    를 현란하게 돌린다. 상주들 머리위로 오방기를 넘긴다.]

산신도당 신장공수-※ 삼현육각가락 빠르게-

구살군왕 실살륭 일각살륭 월각살륭
사재군웅 영험하고 내가 상토금전 청개홍개
또 민부락 숙이고 또 아니 권토방장이
왕래하고 출입하고 넘나들고 따라들고 묻어들고
양복을 귀퉁에 얼러고 보체든
오늘모두 영산으로 상문으로 남상주 여상주 복인 복쟁이
어~전수생 유시에 회원 여러분들이 국태민안 민중 군사사건 끝에 왕래를
    했드래도
아무데서 상이 다 돌아가셔도 이런 일도

내 말없이 다 도와 주리다.
이끝 저끝 망제극락가고 산이성불하게시리 상덕물어 주리다

[허~!하~!아~~하~!기압소리를 내고]

가족들 위로, 공수, 기뿝기 -※ 삼현육각 느리게-

걱정하지마라
기왕지사 가신망제님은 사실만큼 사시다가 가셨으니
너무도 애처롭게 생각해서 마음 졸이지 말어
사람은 한번 났다가 가는 것은 인간의 정한 이치인데
그렇게 생각하면 불쌍한 어머니 나날이 나날이 더 못 잊을 것 같애
어디에 한 구석에 남아 있어서 앉아도 계속 연걸리듯 하듯하고
어느~싹싹하고 여바르든 망제님
살아생전에 지은 죄라고는 마무 것도 없어
어느~그러 상산에 물고 받아서 만신대신 망제
오늘 극락 가시고 내일 천근 새남해서
산이는 성불하게 도와드릴게
어느~무탈하게 도와드릴게
그만 여우라 어유 자나깨나 돌아가신 망제님이
잊어라 못잊어라야 자식들 보다도 그 백성
자나깨나 앉으나 서나
그래도 맑은 정신이 돌오며는 그게 궁금하고 가고 싶고
또 정신이 쪼끔 흐리면 이것도 저것도 모두 생각이 없고 그래
사람이 돌아가실래면 다 그러시는 거지
그래서 그래도 얼마나 성불을 하셨으면 자손이 자손노릇을 잘 했수

어머니 소망을 너무 잘 알고 남이야 어떻게 무슨 소리를 하든 간에
휠체에 앉혀서 그냥 모시고 가고
어머니가~돌아가시는 그날까지
그냥 모두 장구들 치시고 안그랬수?
그냥~에이구 몰골이 내가 보기에도 조금 초라한거 같아서
생각을 많이 하고 앞서거니 뒷서거니
안아보시고 업어 모시고
이제는 이러지도 못하고 저러지도 못하고
그런거 저런거 생각하면 눈에 밟혀 그랬거나 불쌍한 망제님
오늘 산이 성불해서 오늘은 내가~에이구
우리 막내며느리 생각하며는 굽이굽이 매디매디 한이 많으셔
만주애비 앞에서
하실말씀이 있고 못하실 말씀이 있고
자식 앞에도 안해야 되는 말씀은 안해야 하는데다
아무리 신령이래도 안그래?
오늘 상인 상주님들 명꿰드리고 복꿰 드리고
상체 상문 물려주고 상덕입혀 도와주고
오늘~ 여기오신 모두
아니 살아생전에 보유자시고
김유감도 보유자 선생님을
오늘 안당사경해서내일 천근새남 한 대니까
오늘~ 귀경차 또 보유를 위해서 명복을 빌어 드리리
오늘 댕겨들 가서 좋은 일들 나게 도와주리다
재수들 있게 도와 드리리다
업삼년 곱게나게 도와드리다
여기 돈좀 주세요[깃발을 두 손으로 벌려서 상주들 앞에 들이민다.]

오늘~
안당사경이래도 도당 신장 부군신장 살륭신장님~
아 구경들만 하지 말고 나 좀 망제님 극락 가시는데 와이로 좀 많이 쓰구랴
아~빌고 싶어도 못 빌어 오늘은 마지막이다
내일이~내일들도 좀 와서 돈들 많이 써
어~허 아유~먼데서 천리 만리에서 왔구랴[예]
내가 명예에 빌다
모두 모략중상 관재귀설은 다 물려 주리다
가진명들 늘려주고 가진복들 생겨서
상덕물어 사경덕 입혀 주리다

어~허허허[오른손에 오방기를 곤추세워들고 상주들을 마주보고서서]
아유~세상에 큰 신장님 오신거 같어
나는 도당신장님이셔 팔도명산에

산신도당신장공수

오느~
강원도는 금강산 또~함경도는 묘향산 또 백두산은 구월산
지리산 태백산 계룡산에 산신신장님 삼각산 신령님 모두
어느네 신장에서 아유~
하늘같이 잘 불리고 태산같이도 잘 불리고
저 영한 소리도 모두 한마디 하며는 척받아 들어맞고
남을 위해 봉사정신으로 세상 흑심이 없고 욕심이 없던 망제님이시니까
어느 두말 나위가 없이 극락가셔 걱정하지말어 상주님들
명이어 도와 주리다[네 도와 주세요.]

수느려서 도와주고[악사 앞에 가서 물을 마신다.]
업삼년이 곱게나 아유 복삼년이 곱게나게 도와주고
104호 잘 그저 모두 무탈하게 그래야 망제님이 대대손손 백년 천년이 가도
명예가 모두 이렇게 되지[왼쪽 엄지손가락을 세워서 위로 든다.]
그러므로 해서 잘해 잘 하소 잘해 아유 다 착해 법 없어도 살거니
살아 나가는 데는 모두 필요한 것들이 많아서
잠깐에 앉았다가 섰다가 이말 귀설이 들었지만
그런 거 없으면 산 사람이 아니유 걱정하지 말우
산절로 수절로 내가 들어 도와주마

산신도당신장타령

우청룡하고는 좌백호요 좌청룡하고 우백호요 청용백호가 나린 줄기
팔도명산에 산신신장 도당 살륭은 부군신장 우리 신장 가득을 바라
오늘도 접시에 빛난쾌자 안울림 벙거지에 미락하여
도당신 식사를 높이 들고 물 우에는 우천 백마
길 아래는 삼천군사 어마 작대 길을 허리고
상덕물어 왕래하고
넓은 골에 발이 달리듯 좁은 골에는 벼락 치듯
산이 서게만 도와를 주리다
우리에 매겟당 도와주리다
재수야~[신장기로 상주를 향하여 쓸어주는 모양을 한다.]
후르르르르
팔도명산에 산신장 우청룡 좌백호 좌청룡 우백호
상인상주복쟁이들
우르르르르

재수야 동해재수 남해재수
은자재수 안당은 천량이야
우르르르르르르
참 좋다
망제극락 가는구나[오방기를 휘휘말아서 시봉에게 건넨다.]
도당신장 부군신장 살륭신장에서
하리로 상덕빌어주랴[입었던 쾌자를 벗으니 흰 한복 차림이고 그 위에 청 쾌자
 만 다시 입는다. 우족을 왼손에 들고 오른 손은 막걸리대접을 들고 밖으로
 나간다.]

산신도당 텃대감 공수

도당말명은 부군대감아니시리
안대감 텃대감님
오늘 상인 상주 복인 복쟁이들
울음 끝에 영화나고
만재수 우리모두 &&&& 하여서
먹고남게 도와주고 쓰고남게 도와주고
업삼년이 곱게나고 복삼년이 곱게나게시리
상덕물어주리라[청쾌지의 양자락을 손으로 잡아벌려 춤을 춘다.]

산신대감공수

어 굿자
팔도명산에 산신대감님 오셨지[상주들앞에 서서한다.]
양산 본향 대감님 오셨지
웃도당 산 대감님 외살륭대감 내살륭대감님

부군대감 내대감 군웅대감
어휴 우척도 어쨌든 망제는 극락가시고 인제
춘추가 연만하시고 시력이 연만해서 가셨어도
상주님들은 마음이 언짢고 아프시지만
내 신장님은 어쨌던 나는 이렇게 받고 춤추고 노시니까
좋기는 하구랴
안당사경맞이에 내 대감이 잘 받고 잘 놀고
어~헤 허
왕십리에 사는 날까지
어느 년년이 늘어나고 불어나고
자손들은 가정에 업힌복록 입혀보고
재물이 늘어나 부자되고 장자되게 도와서
사경맞이덕 입혀주마

[벙거지를 벗는다 쾌자도 벗는다 다홍에 색동소매가 있는 원삼(창부의대)을 입었다.]

산신도당 창부공수

어 굿자
나는 상인상주 복인복쟁이 아니시리
양산은 모두 본향 창부에 왕십리도당살륭은 부군창부 아니신가
상인상주는 복쟁이니
어머니 극락가시고 산이는 성불하고
그냥 모두 일년에 산진홍수 수진홍수
병살홍수 거리에 낙매홍수 직매홍수 관재홍수 망세홍수 우세홍수

너 모두 삼재팔난 직성행렬 다 막우어서
망제극락하야 사경맞이덕입혀 가구나

[창부옷을 벗어 시봉에 건낸다. 제단 위에 올려져 있는 부체와 방울을 들고 오른
 손 부채 왼손 방울을 들고 뜀춤 한바퀴 돌고]

산신도당서낭공수-평복-

어 굿짜
도당서낭아니시리 살륭서낭아니시냐
양산은 본향에 또 팔도명산에 산서낭 들서낭
이번에는 광산김씨 아홉혼신 여망제님이
오늘모두 매장을 잡수실적에
나무를 베어내고 돌도 케어내고
모두 흙을 만지고 다루고
황토시에는 토신 오늘 모두 수산에 나온 동복은 동태
모두 상복 염문한 수의 어느~ 청계홍게 공포만장
왕래하고 넘나들 적에 숨어보고 얏보고 빗보고 올래고 보체고
따라오던 서낭님 오늘도 헌재목 새재목 나무달고 목신동복 돌달아서
성신동법 섭을달아 토신동복
동복은 동태를 다 제치고 사경맞이에
남상주는 여복인 여상주는 남복인
복인은 복쟁이 상인은 상주님
꿈자리에 별몽없고 별몽에 사몽없고
꿈은 모두 공전 육전 수전에 실 수 없고
아침에 잘들 나가고 저녁에 잘들 들어오고

인명에 깔축없고 석삼년 아홉해가 곱게 나게시리
상덕물어 도와주마

[삼현육각-부채를 펴서 들어숙배 나숙배 한바퀴 돌고]

산신도당뒷전

어 굿자
팔도명산에
산 영산아니시냐 들 영산아니시냐
양산은 본향영산 도당 살륭은 부군영산아니시냐
산색도 신색도 모두 얏보고 빗보고
어느 운명시 임종시
염습시 입관시 하관식 길제 노제
오늘 모두 매장 시에 보고
오늘 모두 숨어보든 영산 엿보던 영산
남영산 여영산 고혈압에 중풍에 가던 영산
간암 위암 폐암에 가던 영산
그러~못다먹고 못다입고
억지로 가고 지옥으로 말라 시들어져 가던 영산이고
만신말명은 대신영산아니시리
오늘 모두 아흔아홉 영산
낳고가고 배고가도 하탈영산
오늘 모두 문영산 해영산
[여기서부터 삼현육각 빠르게 치고 제금, 장구]
소에 바쳐 말에 치어

개에물려 가서 뱀에 물려가도
몰라서 못먹었고 못들어서 못먹었네 뒤에 뒀다 못 먹었네
원을 말고 한을 말고 남영산은 지고가고
여영산은 또아리를 바쳐 여고가고
산으로 갈 것은 산으로 가고 들로 갈 것은 들로 가고
물로 갈 것은 물로 가고 사경맞이덕 입혀주고
원망없이 속가천리 썩~워~

9. 본향바라기

[남색치마 홍천릭 큰머리 올린다. 오른손 부채와 산지 왼손에는 방울과 산지 든다. 부채는 펴서 들어숙배 내숙배 좌로 우로 한 바퀴 돌고 밖을 향해 선다.]

본향바라기축원

어타~
소본향 소천왕 육본향 육천왕
성주신 본향에 시준양 산을 호구하고
사는 육칸을 굽어시고
어타
오늘~ 슬프시다
광산김씨하고 아홉혼신에 여망제
육본향에 소천왕 소본향에 한을 하고
오늘 성주신 본향에 씨주신 상을 입으시니
오늘 진오기덕 입혀 주시고 새남덕 입혀주시고

부모 자손이 엉커러져 살아가듯
수산하고 액산하고 다 물려 도와 줍소니다

[부채와 방울 내려 놓고 들어숙배 날 숙배 뜀춤 후부채와 방울 내려놓고 양손에 산지만 들고 구연]

본향공수

어 굿자
전씨의 가중아니시랴
상인은 상주에 복인은 복쟁이들 아니시리
오느~ 소본향 아니시냐
육사는 육본향 아니시리
성주신 본향에 시준양 산하는 신이시며
너가 모두 전씨 가중에
두 걸음 놓고 줄이 어디 있고
가지 없는 무리가 어디 있으랴
오늘 모두 이 정성이
낯없는 정성에 빛 없는 정성아니시냐
슬프시다
광산은 김씨에도 아홉혼신 여망제가
춘추가 높아 가신 듯해도
오늘모두 세 살에 가신 것 같고
열 살에 가신 것 같아서
오늘 진오기 천근 새남에 만근 대도령을 받으시고
오늘 이렇게 이 정성 받으시고

상인은 상주들 복인은 복쟁이들
너가 삼밭에 들었어도 울음 속에 복을 주고
곡성소리 명을 줘서
오늘 이 정성 끝에 영화가 나고 경사가 난 듯이 도와주시고
지금은 안당사경이고
오늘 모두 또 내일은 천근새남에 만근 대도령을 받으시고
금은전 돈전을 받으시고 맨칼을 풀어 쓴칼을 벗으시고
천지옥경에 문을 열어 이 정성 받으시고
너 모두 상인 사주들 삼밭에 들었어도
곡성소리 명을 주시고 울음 속에 복을 줘서
망제 삼년이 원망 없고 원착 없이 도와주시고
오늘 이렇게 물고가망 받으시고 오냐 도와 주시마

[뜀춤 홍철릭을 벗는다. 청치마에 연두색 협수를 입었다.]

어수야~[뜀춤]
가망공수
어구자~[상주들 앞에 와서 선다.]
초가망 이가망아니시리
말께받아 오신가망 솔께받아 오신가망
받는 말체를 치고 굽는 말에 석을 붙여
만신은 대신가망 사외삼당가망
궁니로 제당가망 아니시냐
어느 도당가망은 살륭가망
산신은 토신가망 아니시리
왕십리 수풀당에 열네애기 당자가망

두 도련님 서자가망 오늘 시험은 반장에 숫돌가게 전할가망
앞마루리 밤마루리 물마누라 용신가망
오늘 물고가망 받으시고 슬프시다 광산은 김씨에도
아홉혼신은 여망제님 사람죽어 고혼되니
초단에 선황자 이단에 법식에 마른개화
칠칠이 사십구제 내일 받으시고
오늘 천근새남을 받으시고 만근 대도령을 받으셔셔
맨칼을 풀러 쓴 칼을 벗으시고
천지옥경에 문을 열어 이구 동락에 극락세계 연화대
산천지게 녹수지게 벗으시고
어느 안으로 들어 불사에 천륭지게 벗으시고
맨칼 풀러 쓴 칼을 벗으시고 극락세계 연화대 가시며는
상인상주들 울음 끝에 복을 주시마

[제단 앞에 있던 부채를 든다.] 오른손에 부채와 산지, 왼손에 방울과 산지 워시야[뜀춤 한바퀴 돌고 부채 펴고]

대신말명공수

어 굿자
대신말명 조상말명
어느 사외삼당 궁니제당
부리말명은 신의 말명아니시랴
어느 천추말명 부추말명
어느 하리하고 물건너 하주당 매대왕신 산할말명
남산은 아니시냐 와룡당

어느 모두 전안 말명 아리하시고
왕십리에 모두 김씨에도 기자님
살아생전에 모두 불리시던 대신말명
이렇게 받으시고 동가남 남가남
성전은 신장말명
어느 모두 양화도 들머리 금성말명
오늘 모두 이렇게 받으시고 오냐 애동 초목에 가신 말명
오냐~김씨망제님이 이렇게 모두 춘추 높아 가신 듯해도
설리설리 가셨으니까 이 정성 받으시고
험한수 없고 악한수 없고
너 상인상주들 복인은 복쟁이들
삼밭에 들었어도 울음소리에 복을 주고
곡성소리에 명을 주고
오냐 칠칠제 사십구제 곱게 나시고
망제님 가시고 어느 영화 나고 경사 난 듯 도와주시고
오냐 삼년탈상 곱게 나시고
오냐~소상 대상 곱게 나게 도와 주께
말썽 없이 도와주마
오냐 이렇게 받으시고 아침 졸곡 저녁상식
오냐 절에서 모두 부처님 앞에 받으셔도
너 모두 울음 속에 복을 주시마
초상범절에 넘나들고 왕래 했어도
오냐 귀설 없이 도와주고 험한수 악한수 물리고
상인상주들 복인은 복쟁이들 너 삼밭에 들었어도
망제님 원망없고 원책없이 도와주며
어느 귀설없고 몸수 일수들 거두시고

편안하게 도와서 받들어 도와주리다

[큰 머리를 벗어서 내려놓고 연두색 협수도 벗는다. 상주부인에게 건네준다. 준비된 대신할머니들의 옷을 입는다(이게 누구 몫이야?)엄마대신은 어떤거야 노란 두루막 7벌을 껴입고 13벌 들었다. 오른손부채, 왼손 방울 든다.]
좋다 재수야
[들이숙배 나숙배하고 산주들에게 부채를 부쳐서]

대신할머니공수

좋다~
제수야~
초상 끝에 복 주께 가물없이 도와주마
오냐~ 가기도 오기도 도와주고 잘 불리게 도와주마.
우리 제자들 다 잘 불리게 도와주께
오냐 왔다가서 다들
왔다가는 제자들마다 잘 불려주마
이름나게 도와서 놀란 것도 내가
약사대신 할매가 잘 풀리게 도와주께[예 도와 주세요.]
엇수야 [부채를 부치며 여기저기 다닌다 한 바퀴 돌고 상주 앞에 서서]
우리 대신할매 같이 오냐 어수야 다 잘되게 해 주마
카메라맨들도 다 잘되게 도와주고
좋다! 어수야
엄마는 돌아가셔도 대신할매는 다 계시다
오냐
어~허

잘불려 도와주마 이름나게 도와서
오냐[시봉무당이 노란색 옷을 추려서 왼 팔에 잔뜩 걸쳐준다.]
내 대신할머니가 어휴~세상에 대신할매가 많기도 많어 산데미로 많어 세
    상에
어느~
어머니 할머니 웃대 시어머니 친정어머니
오냐 이렇게 어구 같은 내 대신들
또 이모 대신들 모두
오냐~
이렇게 모두 하위하고
다 오셨다 오늘.
오늘 와서 극락 보낼라고
앞서거니 오시고 뒷 서거니 오고
오냐~말 잘 듣게 해주고
오늘 너희도 신가물도 다 거둬 가시고
어느 좋은 일만 생겨 도와서 내가 이렇게 받어주리다
아휴~
크게 되고 널리 되고 탈 없고 말썽 없이 도와주께
어느~~흐으
오냐~
정성덕 입혀 도와주고 우리대신 할머니가 말안해도 알고 해도알고
어느~
내가 이렇게 이 정성 발원하고
오냐~ 104백사호가 시끄럽지 않게 돕고
순서대로 모두 잘 풀려 나가고
우리 전씨에 돌아는 기주

오냐~
역성들고 편들어서
내가 이렇게 받들어 도와주고
생겨다 주마

본향대신타령

얼씨구나 절씨구 내 대신장 [팔에 들었던 노란 옷을 제단 한 옆에 내려놓는다.]
어떤 대신이 내 대신이냐
억사말명은 박사대신
전안대신 할머니가 주워다가 주마
얼씨구나 절씨구나 내 대신아
신가물에 액가물을 다 젖혀주마
가물없이 내수사가 도와주고
일상에도 좋은 거 주어 덩더궁이구
평상에도 좋으신 것은 닐띠리리리
띠띠리리리 띠띠리리리리
어떻게도 좋으신줄 모르겠다 아유~ 좋다 제수야
액가물 신가물 막아서 주고
물풀리고 신 풀리게 도와주고
오는 길 가는 길 막우아 주마
104호가 이름이 나고 명도 나게 생겨주고
험한 일 악한일 다 제쳐주리다.

['&&가 화 나셨대요' 하면서 이성재가 수표 한 장을 부채위에 올려주니 이게 뭔 지 몰라 하면서 추던 춤을 더 진행하다가 악사들 앞에다 '다 갖다 주고'하며

'놀고'내려 놓는다.]

[7벌의 노랑 두루막을 벗는다. 벗은 옷을 들고 흔들며 뜀춤을 추다가 제단한쪽 옆에 뜀춤을 추면서 손뼉을 두어번 치다가 자신의 가슴을 두드린다. 상주들 앞으로 가서 잡았다가 제금있는 쪽으로 가니 이상순이 제금을 친다. 윤복녀는 손뼉을 몇 번 더 친다.]

10. 초영실

아 제금 주고 와 제금 주고 나오라고-윤복녀가 이상순에게 하는 말[시봉하는 사람이 옥색 한복을 찾아 입힌다. 망자몫의 옷이다. 분홍 두루막도 입는다. 몸을 흔들고 춤을 추다가]

[상주앞으로 가서 껴 안고 흐느낀다. 가슴을 퍽퍽 두드린다. 이리 다 와 하면서 앉으라고해서 모두 앉아서 울음바다를 이룬다. 자손 중에 딸이 엄마~하면서 울고 만신도 흐느낀다. 이성재 '예 걱정마세요 아무 걱정 마세요']

[상주들과 안고 울다가]

내가 갔느냐 내가 갔느냐[울지 마세요.]

엊그제 같아도 산거 같더니

아유~김유감이가 갔느냐[울음 흐느낌-엄마~]

뭘로 말로 표현을 다 못해

아유~건강하게 잘 살아[걱정마세요 아무걱정 마세요.]

춘추 높아 간 듯해도 내가

한이 많은 나고 원이 많은 내명허고[그러시죠 네. 그럼요.]

오냐~

김유감이는 죽지 않을지 알았어[네. 그럼요. 네]

천년 살 것 같고 만년 살 것 같더니만

나 건강하다 봐야돼
건강하다가 죽어지니 고만이야
다 소용없어 죽어지니까
그저 건강하고 애 많이 쓰고
애쓴 것도 알고 힘든 것도 알고
어떤 죄는 알면서도 모르는체하고
정신이 나간 듯 하고
아이고 우리 손녀딸 아이고 이새끼
어디를 가서 그렇게 할머니가
보고 싶어도 맘대로 못 보고
찾아도 어딜 가서 나갔느냐
천금 같은 내 손녀 내 손주
이제 할머니가 없으니까
업고 다니는 것도 없고 고생 하는 것도[흐느끼고 울음]
착한 내 손주 내 손녀들
이것들 영화나 보고 경사나 보고 갔으면 얼마나 좋았니
내 욕심에는 이것들[그르게요 네]
영화래도 보고 내가 경사래도 좀 보고 갔으며는
내가 그래도 원이나 없겠다.
우리손주 할머니가 계신 듯 하고
있는 듯 하고 얼마나 고생 많이 했나
찾는 이 냉수같이 우리 한조를 찾았고
부르는 이 어머니 같이 너를 기다리고 찾아서
이때나 저때나 천금 같은 내 손녀들 내 손주들
아이구 애썼다 기다렸어 내가
이게 그래도 어짜고 저짜고 저짜고 저짜고

오냐 이래서 많이 기다렸어 오냐 너도 이름만 걸어놓고
고생 많이 했다 애 많이 썼다 우리 새끼들
수건 좀 줘[수건 좀 드려요.]
아니 수건이 여깄어 내가~아이유[울음]
그래도 아퍼도 남편겸사 딸겸사 아들겸사
너를 우리경혜 어디로 갔니? 우리경혜
나이 어려서 팔자가 사나워서
어느[착해서 좋은 데로 가셔][신도가 와서 하는 소리]
건강해야 돼
내가 착하지는 않아도 경우가 밝아서
남한테 요만큼도 나는 내가 때 안 묻이고
헛소리 안하고 내가 이러던 나야[곱게 살다 가셨어요 형님. 형님 같은 사람 1세기에 한사람 나올까 말까]
사람이 나며는 [코를 푼다.] 못 먹어서 너 나 안 먹는다고 그랬지만
넘어가야 먹지 어떻게 먹니
나도 살고 싶고 내가 나도 살고 싶고
때로는 딸이래도 내가 어린애 같이 어린애 모양으로 기다리고 젖 갓 땐 모양으로 기다리고
우리아들은 왜 안 온거야? 우리 아들은 골골이 냉기고(남기고) 팔도 세계 가득 냉겨서(남겨서)
김유감이는 이름은 그래도 나는 몸은 갔지만 다 남기고 갔어[그럼요 네]
명예도 남기고 다 남겼어 내가
엄마가 돈 벌러 댕길 때 칭찬만 받고 댕겼겠나 응 칭찬만 받고 댕겼갔니?
칭찬만 받고 댕겼겠니[서러워 마시고 잘 놀다 가세요.]
추우나 더우나 밤낮으로 내가 사주가시고 팔자가 시서 그랬지만 그래도 나는 호강을 하고 갔어 백살은 넘을 줄 알았어 천하에 김유감이가 죽나

안 죽을 줄 알았어[생전 사실 줄 알았지요.]생전 살 줄 알았어
너무 애썼어[이성재 : 어머니 좋은데 가세요. 대단히 죄송합니다.]
아무것도 서로서로 섭섭한게 있더래도 이해하고 양보하고[그럼요. 그럼요
  당연하지요.]
서로서로 의논하고 타협해 가면서 살아야 된다
잘들 살어 지난 역사를 생각하면 내가 한편의 드라마같이 산 사람이야
내가 사연도 많고 이름도 남겼지만 그 대신에 사연도 많고
폭폭이 쌓인 한을 생각하면 너무너무 기막힌 것도 많고
우리 딸 잘들 살어 우리 한조야
자다가도 한조. 졸다가도 한조야
나는 다리가 붓고 아퍼서 내 문질할 하는 거야
오냐 우리 손녀딸 언제 박사 따는 거니 응
이것들아 너희생각을 해도 내가 정신이 없는 것 같아도
걱정이 많고 기가 막히고 내가 내 소원이 그거야 잘 불려 줄게
잘들 불려주마
아 보유자 말 잘 듣고 잘 있어?[예]
알았지 다들 알았지
[한부전 : 형님 오셨어요.]
아유~ 살아서도 기다려도 안오구
[한부전 : 저도 이제 형님 뒤 따라 갈라고 그래요.]
자네는 안 죽나
[그러니까 형님 뒤 따라 갈라고 비실비실하고 그래요.]
건강해 죽으면서도 기다리고 바랬지
건강해 건강들해 다들 다들 애썼으니까 다들
아유 이렇게 와 줬으니까 건강해야 돼
자손 때문에 속상한 것도 맘으로 알았어 맘 아픈거 알았어

잘들살어. 잘들 다 용비들 주고[좋은데 가세요.]
잘 불리게 도와주게 [아쉬워서 못 떠나셔. 좋은데 가세요. 울지 말고]
보유자 말 잘 들어[네] 그저 잘 듣는게 목적이야
보유자 말 잘 듣는 게 목적이야
우리104백사호는 백사호를 틀고 나갈래면 보유자 말 잘 들어
내 잘 듣게 해 주게
잘 잘[이상순 : 어머니 생전에는 보유자래면 벌벌 떨었는데 이제는 보유자를 개 똥으로 알어]
아이 안그래 안그래 무슨 그런 개똥으로 아는 얘기를 해 그건 아니야. 셋이서 합심하고 나 바라는게 그거야 은하 어멈아[예]
나 바라는게 그거야 이루와[이상순 :어머니가 의리를 띄어 놓고 가나봐]
아니야[이상순 : 샘이나서]
아냐아냐[이상순 : 샘이 나서 여기서 좋아지내니까 샘이 나서]
아니야 좋아야지 내가 가만히 있지[이상순 : 의리를 딱 떼어 놓고 홀까닥 뒤집어 씌워가지고서는 정신을 확 나가게 해 가지구서 의리도 못 지키고 어머니가 보통 샘이야~ 어이구]
내가 나 물 좀 줘~!! 그래도 내 좋아하는 거는 좋다[이상순 : 무척 샘나 샘 많은 사람이야]
나 물줘[이상순 : 작은마누라 얻어 가지고 그래 가지고 샘을 부리고]
그건 또 왜 얘기를 여기서 하니[이상순 : 딸 까지 사위까지 샘을 부리구 어이구 내가 모를 줄 알어]
아이구 그거…[좋은데 가셔요 오늘 좀 놀다가 가셔요.]
내가 그 말 못 했다.
천하에 이름나게 도와다 주마

얼씨구나 절씨구루렁덩이다

어떤 대신이 내 대신이야
억사는 말명은 박사대신
장안 가득히 불려
야~! 너도 돈 갖고 와
절씨구나 덩덕꿍이다.
잘 불려라 잘불려주마
세계 가득히 잘 불려주마
이렇게 받으시고 잘 불려주께
더 달라고 그러면 또 우리엄마가 거지냐고 그러겠다[더드려요?]
아냐[더 드려야지 그러면 어머니 좋은데 가세요.]
우리 대구야 너도 잘 불려 인제[어머니 어차피 어머니]
어딜 믿고 오니 법당애기들도 엄마가 계셔[울음]
[어머니 어머니 돈 좋아 하시잖아]
나는 돈이 너무 좋아 내가 돈이 너희가 뭐가 있어서 돈이 자꾸와
내가 돈이 너무 좋아~쓰지도 못하고 가는 거
내가 이렇게 누가 주면 만원 벌어도 얘가 다 갖고 가서 쓰고 요리조리 해 가지고[다 주네 다 줘]
맨날 돈만 시어 나는 돈만 시다가~시기만 하면 뭘해
누구 주고 가면[몽땅] 언제 없어졌는지 뭐가 없어 졌는지 어떻게 없어졌는지 그것도 몰라~ 죽어지면 고만인데 이까짓 돈이 뭐라구[어머니 다른 분들도 다 드렸는데 여기]
저기 하나씩 줘 버리께[막 드리세요.]
에구~ 여기 고생 하니까 주라고 팁 받은 거야 내가
오늘 애 썼으니까 다~골고루도 하나씩 주마
이거 모자라 그런데 자 하나 둘 셋 넷 다섯 여섯
또 아니 숫자가 모자라 이거 어떡허냐 [카메라 맨도] 응

또또또 대 누구누구야?[아 엄마가 살아생전에 죽은 사람 생각하고 주셔]
줬잖아 많이 제일 많이 줬잖아 저 뒤에 키 큰 사람[뵙기만 하면 막 드려]
우리 전경회 회 종회 때 응[신 나게 쓰시네요.]
아 신나게 쓰야돼 똑바로 다 온 사람들 다 받어.
그런데 모자라. 이거 모자라. 모자라. 어떡해. 응[만원씩 드리세요.]
아이 만원씩은 너무 적어 받아버려. 얼런얼런 받어. 내가 이때나 쓰 보지
  언제 쓰냐 야 야 또또 더줘 더줘 어미 여기 숫자가 너무 많아 누구누군
  지 난 몰라 정신이 없어 가지고 빨리 내놔
내놔 어디 또 있어? 어 어메어메 저쪽에 도 있네. 시작을 하니깨[한꺼번에
  드립니다.]
오메오메 가만있어봐 어메 어메 어메 카메라 또 어딨어. [카메라]
응 앞으로 우리 전경회 잘해 줘야 돼 야[엄마 왜 이 양반은 안 드리우]
어딨어? 어머 여기두 있네.[이 양반은 한 번도 그냥 보낸 적이 없는데]
가만있어 시다가 잊어 버렸네[시다 잊어 먹었디야 말 시키지 말어]
어 여깄어 여길 쳐다봐. 야얼런 받으라우[고맙습니다 하고]
가만 있어봐 좀 골고루 줘야지 안 받은 사람 손 들어 누구누구 줬니 다섯
  개씩 열 개씩 주니까 않되네. 또또또 대 받았어 안 받았어[안 받았어요.]
야 또 저 뒤엔 뭐냐[여기 이 뒤에 서서 고생하는 분 드려야죠]
줬어[드렸어 응]
또 대 너흰 뭐냐[선생님 여기][저기 두 번째 앉아 계신분도 드려야 해요.]
어디어디 여기? 아~! 이박사? 왜 못 본척해 자네[네? 아뇨]
그럼 어떤 박사야 대[저기 밖같에]
어디? 아~ 일로와 골고루 주께 아니 지팽이만 봐도 카메라 같애.[돈을 세어
  서 주면 받은 사람은 고개 숙여 인사한다.]
아이구[저기 최박사님도 저기 있는데]
어딨어 최박사 [저기]

으 최박사~님[뛰어서 오고 돈을 세어서 준다.]
또 누구야 또 대[요기요 요기][저도 하나 주세요 저도 하나 주세요.]
아까 많이 썼어 내가 봤어[아니에요 저도 하나 주세요.]
다들 애 썼어 많이 쓴거 알어 응[이따 또 드리께]
다 나갔어 다 뿌려버렸어 그냥 다
덜 받아 섭섭한 사람 있으면 대 빨리 응
애 오늘 좋다.[이선재 : 어머니 내돈 다 나갔어]
아차피 맨날 쓰는거[잘 하셨어요.]
내가 돈만 주면 맨날 앉아서 다 쓰는 거야 [응 지금 다 주고 싶은 거야]
다 주고 싶어[만원씩이래도 다 줘야지]
나 그거 돈 공연하면 내가 다~ 돈 가져 오라고 그래
'돈 가져와' '돈 가져와'해서 놓고
나 내가 그냥 안 가져 다 노나 줬어 나
우리 악사들도 좀 더 줘라.
내가 악사를 얼마나 위하는 사람이냐 응
이따가 대감 놀 때 또 주겠지 응
내가 이렇게 받고 애 많이 썼다 우리 딸
손주~ 언제 장가 가냐?
내 우리 손주를 돈을 좀 줘야 되는데
돈이 어디 하나도 없네[새할머니]
돈 좀 줄라고 그랬더니 돈이 다 떨어 졌어
너 중국 가서 돈 많이 벌어 가지고 왔니?
이누무새끼야 응
애 중국 가서 돈 많이 벌어 왔니?
그러니까 억지로 안돼
할머니가 얼마나 공부시키고 기다리고 찾았니 응

내가 이렇게 받고 이따 인제 또 내일은 새남 받고

내가 뒷영실 또 내일 진탕 받아야 되니까 오늘 이렇게 받고[이성재 : 내일 돈 많이 받으면 내일은 나도 주나요?]

알았어 내일 나눠줄 새도 없지. 내일은 뭐 오늘은 새남 받고 나 원 풀었어 근데 내 저기 아~휴 안 줘도 괜찮은데.아휴~ 내가 나 옷도 이쁘게 잘 했다. 이 옷 버리지 마라[예 옷 좋으네요.]

알았지? 이거 같다가[한부전 : 내가 진실하다고 내 자랑은 해도 남에 숭은 생전 안봐]

생전 안봐 경우 틀리면 악은 쓰두[한부전 : 형 요원네 주유사업에서 맨날 같이 앉아서 떠들던 생각 안나요?]

왜 안나 아까 여기 누구야 그[조카딸?] 키 큰 박사하나 왔잖아 우리 같이 한 클럽으로 들어 왔잖아 내가 이런데

내가 가요 내가 이따가 또 와요
아니 있다 오는게 아니라
내일 와요 내가 여태 놀고
내가 다 거둬 가지고 가시고
인제 울지 마라 울지 말어[딸 전경혜에게 하는말]
걸어놓고 댕겨
엄마 새남 받고
엄마 전안에 앉어가지고 내가 다
뒷 마무리하고 도와주시마

[남색치마를 벗어서 상주들 머리 위로 휘둘렀다가 들고 들어 숙배 날 숙배 한 바퀴 돌고 제단에 인사하고 일어나서]

다들 수고 하셨습니다.

11. 전안거양

[남치마에 남천릭을 입고 큰머리를 올리고 그 위에 흑 갓을 썼다 가슴은 주머니가 달린 홍띠로 묶고 남천릭의 소매 끝은 흰 색이고 그 안으로 손을 감춘 채 거성춤으로 들어숙배 내숙배를 하면서 춤을 추며 시작하는데, 시작 음악이 무겁고 장중하다.]

휘~이 하면서 소매 밖으로 손을 빼며 한 바퀴 돌고 왼손에 노란 끈 달린 부채를 펴 들고 오른손은 다홍 고름을 잡고 들어숙배 내숙배 한바퀴 돌고 부채 접어 정리하고
남철릭에 앞에 있는 다홍 끈을 양손으로 잡아 가슴 양 옆으로 펴고 들어숙배 내숙배 한다. 월도와 삼지창을 든다.
   이때부터 오른손월도와 왼손삼지창을 들고 다시 들어숙배 내숙배를 하다가 월도를 들어 소갈비와 우족, 육고기에 순서대로 약간 거만스러운 자태로 찌르는 듯 하여 들고 흠향하고 다시 들어숙배 내숙배 하다가 한 바퀴 돌고 휘~~워~!!

[가볍게 띔춤하고 오른손은 월도를 들고 왼손은 삼지창을 들고 상주들을 마주보고 서서 구연한다.]

상산공수

어 굿자~
마누라 수위 아니시냐
안산을 여덟 밧산은 열세위 아니시리
일곱지 명산은 제불은 제천이라

너~선덕물 마누라 후덕물 마누라
송악은 상대에 거염은 상산마누라 아니시리
어느 좌우 정성을 굽어시니
낯없는 정성에 빛없는 정성이라
우여 슬프시다
광산김씨에 아홉혼전은 여망제
엊그제 살아생전 같더니
살아 시왕영검 하직 없는 길을 가시고
초단에 서낭자 마른경화
이단에 자리걷이 넋걷이 천근새남 받으시고
망제님 극락세계연화대 산이성불시키어 도와주고
남상주 남복인 여상주 여복인 아니시냐
복인은 복쟁이 아니시리
울음 끝에 경사나고
너~어 상청 밑에 꽃이 펴서
오늘 망제 삼년 곱게 넘기게 도와주시고
어느~장군님 상산물고 받으셔서
망제님 극락세계 연화대로 산하여 가소라
어찌나

장군공수

어 굿자
마누라 수위시라
만고충신 임장군 아니시냐
제주 할라산 여장군 마누라

파주 파평산의 윤씨대왕 아니시리
황해도 평산의 신장군 마누라 아니시리
좌우 정성을 굽어시니
너~낯없는 정성에 빛없는 정성이라
후여 슬프시다
광산김씨에 아홉혼전은 여망제님이
어느 초단에 서낭제 마른경화
이단에 자리걷이 받으시고
어느 천근새남 받고 상산에 물고지게 벗어시고
오냐 이구등락 승화재천 극락세계 연화대로 가시고
어느~ 남상주 남복인 여상주 여복인 복인은 복쟁이
너 오늘 이렇게 망제님 몸상을 입으셔서
어느 조문을 하시고 연신을 하셔서
어느 상문진 거둬주고 사재진 물리어들 도와주고
어느 망제 원고원책없이 도와서
오냐~
너희 마음 안에 먹은 데로 기구 안에 먹은 데로
어느 소원들 이루어 도와주고
거리에 흉악없고 거리에 낙성없고
수사나고 액사난일 물리어 도와 주시마
오느 망제님은 어느 이 정성 구여라 받들어서
저승에도 반길 같고 이승에도 반길 같고
망제님은 어느 육신은 가셨어도 혼백은 또 이렇게 왕래를 해서
아드님 따님 또 손자 손녀 외손 친손
어느 이렇게 낮이면 새가 되어 왕래하고 밤이면 쥐가 되어 왕래를 하셔서
너희 오냐 모쪼록 망제님들이 낮나게 도와주고 수사난일 거두어 주께

험한 일 없고 악한일 물리어 너희 화가 복이 되게 도와주고
어느 험한 일 없이 받들어 도와서 어느 상덕물어 도와주시마.

돌아서서 제단 앞으로

엇다 [뜀춤 한 바퀴 돌고 들어숙배 나숙배 1번하고 제단 옆에 월도와 삼지창 내려놓는다.]
엇수다
[남철릭을 벗고 흑갓도 벗으니 큰머리가 남고 검정 쾌자와 그 속에는 노랑협수 이가있다 검정쾌자 안감은 다홍색이고 양손으로 쾌자 앞자락을 들고 들어숙배 내 숙배 춤추다가 안울림 벙거지를 건네받아 들어숙배 나 숙배하고 머리 위에 올린다. 올린 후에도 들어숙배 내숙배 춤사위를 하고 오른손에 부채를 착~활짝 펴고 들어숙배 내숙배 한바퀴 돌고 휘~이~!! 부채를 접고 왼손으로 삼지창을 집어 들고 다시 부채 펴고 뜀춤을 한다. 상주들 앞으로 가서 마주하고 선다.]

별상축원

어 굿자
너 이나라 이씨 별성에 저나라 홍씨 별성에
강남은 대한국 사신별성님아니시냐
창덕궁 마누라 경북궁 마누라
어느 왕래 하시던 만장안에 후구 별성님 아니시리
어느 후여 슬프시다.
광산김씨는 아홉혼신은 여망제님
어느 낯도 없는 정성 빛도 없는 정성 같고
오냐~ 망제님은

살아 순풍 하직 없는 길을 가셨어도
남상주 남복인 여상주 여복인 복인은 복쟁이들
오냐~ 부모의 몽상을 입어 삼밭에 둘렀어도
너희 수산하고 액산한일
거만이라 거님 불리어 화가 복이 되게 도와주고
망제님은 편안하게 삼년이 곱게나게 도와주시고
어느 주문시게 연안시게 어느~ 이렇게 왕래를 하셔도
너희 오냐
따라들고 묻어드는 사재증 상혼증도 거두어주고
어느 모쪼록 각성받이 천성받이
어느 조문하고 왔다들 갔어도
망제님 원고원책 없이 도와주시고
어느 수사난일 물리어서
오냐 편안하게들 도와주마
어느 이 정성 받으시고
에요~
세상에 어느 김씨에 또 아홉혼신은 여망제님
어느 세계일대 한번이 나올까 말까 하는 우리 망제다
어느 그렇게 아깝고 어느 대단하신 우리 기자가 가셔서
내 신령님도 너무 서위 없고 섭섭하시고
아까운 인제를 놓쳤구나 하는 마음에
어느 우리 신령님도 너무 서위하고 섭섭하시다
어느 누가 우리 기자를 따르리
오냐 어느 모쪼록 각성받이에 우리 자손들
또 오늘 이렇게 조문을 하시고 왔다들 가셨어도
내 편안하게 도와주고 망제 원고원칙 도와 주게 연고 없이 험한 일 없고 악한일 물려서 너희 편안하게 받들어 도와주리다.

[제단 앞으로 간다. 어구자~벙거지와 큰머리를 내려놓고 삼지창을 들고 제단 앞으로 가서 앉는다 제단위에 술잔들은 정리한다. 삼지창세우기를 하려고]

사실세우기 - 월도만 세운다

어러 굽어봅소사
안산을 여덟이요 밧산은 열세위요
일곱지 명산은 제불 제천이라
오늘은 후여 슬프시다
광산김씨 오냐 오늘은 아홉혼신은 여망제님
오늘은 장군님 상산 물고지게 벗으시고
오늘은 왕생극락 연화대로 가시고
오늘은 다 우리 자손들 오냐 다 이 정성 구여라
받들어서 망제님 극락세계 가시고
산이 성불시키어 도와주시고 어느 슬하는 자손이라
오냐 또
동기는 일신들 오냐 다 왔다들 가는 길에
어느 조문하고 연신하셔 나도 따라들고 묻어든 상문들 없이 거둬주고
망제님 시왕천도 연화대다 어느 극락세계 가시고
편안하게 받들어들 주소사[월도가 잘 세워 졌다. 한부전이 옆으로 와서 이야기를 한다.]
오늘은
설안은 자손들 나마음잡게 도와주고 뜻 잡게 도와주소니다
[유효숙 : 족발만 세우세요.][한부전 : 족발만 세운다고?][예]

[강옥님이 우족을 두 개 가져오고 이를 삼지창에 올리고 흰 창호지(덕물산 도장 찍힌-국사당에서 찍어온다.)를 그 위에 올리고 세우기를 시도하며 다음과 같은 거리를 한다.]

별성공수-삼지창에 오족 두 개와 물고가망끼워 세운다.

어느 구여라 봅소사
오늘은 잉꼬리 징꼬리 치룽은 상짐에
어느 장군님 물고를 받으셔서
오늘은 다 이렇게 신 하위 받으시고
이 나라 이씨 별성님 저나라 홍씨 별성님
강남은 대한국 사신별성님
오늘은 다 김포통진은 장수 별성님
오냐 다 구여라 받들어 도와주시고
오늘은 남상주 남복인 여상주 여복인 복인은 복쟁이들
오늘은 다 울음 끝에 명도 내리어 도와주고
오냐 거성 끝에 영화도 나게 도와주시고
오늘은 다 맘 안에 먹은 데로 기구안에 먹은 데로
오냐 다 명사슬 내리시고 복사슬 내리어 도와 주손니다
오냐 자손도 할복하게 도와주시고
오늘은 다 수산하고 액산한일
오냐 다 험한 일 악한 일 거둬 주선이다
오늘은 다 맘 안에 먹은 데로 기구안에 먹은 데로
슬하 자손들 다 수사나고 꿈자리 몽사는 비몽사몽
액운 싹 거둬 주고
오늘은 다 사재중 상문중 무섬증[돈 더 줘 응][상주가 돈을 가져다 세우는 곳

에 준다.]
오냐 어느~수사나고 액사는 일 험한 일 악한 일 다 물리어 주손니다[없
  잖아]
오늘은 태산 같은 정성 올습니다
구여라 받들어 도와주시고
망제님은 어느 왕생극락 연화대 산하여 가시고
오냐 오늘은 다 자손들 마다 할복하고
오늘은 험한 일 없고

재수라~오호[장면이 바뀌고]
엇쑤[뜀춤] 어찌나~ 후루루루루루루 엇찌나~엇쑤
엇찌나 어~허허
엇찌나 [오방기를 집어든다.]
엇찌나
후루루루루루루 00:20:03[사방을 향하여 오방기를 현란하게 흔들며 알 수 없
  는 소리를 낸다.]
엇찌나 여러 소망이야 야~~~
어찌나 [뜀춤 후 한바퀴 돌고 들어숙배 나숙배]

기 뽑기-신장축원공수

오냐~
여루대 상산신장님
여러 오방신장 육갑신장
여러 백마신장님 여러 육천의 전안신장
아 어느 불릴 신장님 위길 신장님

여러 전씨 거두가중아
여러 우리 김씨거두 우리 아홉혼신은 여망제님
여러 상산물고 받으시고
너희 산이성불 시키어 도와주고
어느 천근새남 만근 대도령
너 진오기 받으시고 맘 잡게 도와주고
너~너에 부모에 몽상을 입어 너 이렇게 삼밭에 둘렀어도
너 수사난 일도 거두어 도와주고
너 거리에 홍액없고 거리에 낙성없고
여러 수사난 일도 거두어 도와주마
여러 남상주 여복이 여상주 남복이
어느 복인은 복쟁이들 아니시냐
너 울음 끝에 꽃이 피고 상청 밑에 꽃이 나서
너 어느 정성덕 입히어 도와주고
오냐
너 어떻게 법문을 깨우치고 신문을 깨우쳐서
망자가 이런데서 하는 걸 엄청이라도 좋아했다
어느 옛날에 어느 아주 윤판서 윤대감님
김대감님 하주 상 대들보야 이렇게~에
오냐~
여러 아주 삼현육각을 놓고 이렇게 하던 우리 망제님이셨다
어느 너 이렇게
수사나고 액사난일 거두어 도와주마[상주들에게 오방기 뽑기 한다.]
어느 내 상산 신장님 오방신장 육갑신장
너희 그래도 우리 망제님 가셨어도 너희 집안 편안하게 해 주고
여느 구설없고 입설없고 여느 화가 복이 되게 도와주께

오냐
여느 모쪼록 맘 잡게 도와주고 여느 뜻 잡게 도와주고
오냐 모쪼록 너 수사하고 액산한일 물려서
너 그래도 산이성불 시켜서 받들어 도와주마
엇쑤[뜀춤 한바퀴 돌고 오방기를 현란하게]
후루루루루루루 엇쑤나~하 여러 소망이야
여러 재수야[오방기를 흔들어 부친다.]
엇쑤나~하[뜀춤 한바퀴 돌고 허허허허허]

신장축원

우여 슬프시다
광산김씨 아홉혼신은 여망제
어느 살아생전 같이 이렇게 오셔서
어느 따님 방석 손자 손녀 방석들
너희 오늘 편안하게 도와 줄라고
오냐 오늘은 다 이렇게
천근새남 받으시고 오냐 오늘 누가 나를 따르리
오늘은 내 이렇게 만장에 오신 분들
그래도 왔다 가는 길에
오냐 이러니 원고없고 저러니 원책없고
우리 망제님 구설 없고 욕 안 먹히고
정말이야
원고원책 없이 도와주고
내 이렇게 왔다가는 길에 재수들 열어 드리리다[밖을 향하여 공수 하니 청중
  에서 박수가 나온다.]

그럼 오냐 어느 내신장님
그래도 우리 망제님 덕택에 이렇게
오냐 여기에서 이 정성을 받으시고
운수도 열어 도와주고 재수도 열어 도와주고 그럼
오냐 내 신장님 이정성 받들어 도와 주시고
수사난일 거두어 도와주리다

신장타령

어떤 신장이 내신장 었따[뜀춤]
상산신장 오방신장이 육방신장이 동갑신장
여섯신장도 내신장이구나 동갑신장도 내신장
여수신장 여수을 바꾸시고 동갑신장에 동갑도령 좋다
영동을 나리시든 내신장이구나
가굴부리시도 내신장님
웃불사수 빛난 쾌자에 어울림 벙거지 띠라바야
잇짜~ 소매 끈 현안으로
이렇게도 노시고 전씨가중 좋다
여러 재수 실려주구 어느 소망 생겨주마
우루루루루루 하~아하
엿수나 엿수나[쾌자자락으로 쓸어주는 시늉을 한다.]
어떤신장이 내신장님 갑을동방에 삼팔복이요
청자신장도 내신장님 남박도기 이치라하예
주자신장도 내신장님 엇씨구야 해[돈을 받아 벙거지 쓴 이마에 꽂는다.]
아주 옛날에 이런데서 이렇게 하던 어머니 좋다
우리망자가 이런데를 좋아했어 엇쑤 좋다

어떤 신장이 내신장아 갑을동방에 삼팔복이다
내 신장님 거둥봐라 서방경시 아 더줘[신장 폭 안에 놓인 돈을 세고 더 요구
   한다.]
백자 신장도 내 신장님
웃박도기는 인륙소후에
흑제 신장도 내신장님[양팔을 살짝 벌리고 절름발이 시늉을 하며 논다.]
아하~신장 쾌자 거둥을 봐라
굽을 섭수에 빛난 쾌자 어울림 벙거지
뛰어 봐야 기자에 소매 끝 연안으로
이렇게 노시고 도와주마 갖은 재수 생겨주마 좋다
오른 손만도 다 생겨 주리다 얼씨구 절씨구 정말 좋다[관중들이 벙거지에
   돈을 꽂아 준다.]
육천에 전안에 어머니가 내가 잘하는 거 뽐내는 거 좋아하고 내가 최고야
내 우상에 아무도 없어 정말이야 좋다
어떻게 좋으신지 모르겠다 이승에도 없다슨
덩더쿵이구나
천상에 좋은 것은 끼강까강
따따따 까까까강 까강까가가강
띠띠리 띠띠리리띠리 얼씨구야 엿수[관중들이 벙거지에 돈을 꽂아 준다.]
내신장님 거둥봐라 이따구어[청중이와서 가슴 옷고름에 돈을 꽂아준다.]
어느새 [관중이 돈을 주니-복 받을겨]
오월은 산달에 점에 전씨게 오싸가진상에
아니나 노시지 못하리라 좋다
엇쑤어 엇쑤어[오방기로 쓸 듯이 바람을 부쳐준다.]
후루루루루루후 다들 재수들 다 생겨주고 없던 재수도 생겨주고
수사난일 다 제쳐 주리라 얼씨구 절씨구 정말 좋다

어떤 신장이 내[여보 재수있어 박수치지 말고 잔돈치라도 좀 줘봐 엇타~우리 신장님이 거두러 가?]
어떻게 좋으신지 모르겠구나 얼씨구 절씨구 정말 좋다
오셨다 가시는 길 재수 열어 도와주리다 내 신장님 거둥바라 좋다 엇쑤
내 오셨다 가는 길에 내 재수들도 많이 주고
여느 그려 내 수사난 일도 거둬 주고
대한민국에 이름나게 도와주고 정말이야 좋다
어떻게 좋으신지 모르겠다.
내 신장님 거둥을 봐라[마당에 있는 청중에게 돈을 거두러 다닌다.]
거리에 봉화 같고 거리에 낙성수 없고 수사나고 액사난일 거둬주마
어떤일 악한일 다 제쳐 주리다 왔다가 가는 길에도 재수 주고
내 신장~봐라 어떻게 좋으신지 모르겠다[관중에서 돈을 거둬오며(여보 내가 이렇게 많이 벌어왔어 어허허허허) 이상순이 제단에 있던 떡 쟁반을 들고 나간다.]
오냐 내신장님 정성 받으시고 재수열어 도와주고 가는 소망생겨서 오는 소망 생겨서 마음안에 먹은데로
엇쑤야 육천은 전안이라

[벙거지에 껴 두었던 돈을 빼서 제단에다 던져둔다. 밖에 걸어 두었던 홍철륙을 입는다 뜀춤을 추고 한바퀴 돌고 사방에다 소매부리를 헛 뿌린다. 다시 들어 숙배 내숙배 뛰고 한바퀴 돌고 우족 두 개를 집어 든다.]
[우족을 한손에 하나씩 들고 사방을 향하여 흔들며 절을 한다.]

대감공수

내 재수 있게 도와주고 내 상산대감님

우루루루루루우 여느 내 군웅대감
내 학자할아버지 판사대감님
여느 내 한밭대감 우루루루루루우
오냐 너 오늘 이정성 받으시고[받어][상부측에다 우족 두 개를 건네주고 제단 앞으로 가서 뜀춤을 한다.]
너 오냐
엇쭈~[뜀춤 한바퀴 돌고 이상한 소리를 반복해서 내며 춤을 춘다.] 여느 어허 허허허 [아하 엿찌나~하 후루루루루루우 엿타 하]

대감축원

어느 대양푼에 갈비찜이며[제단위에 소 갈비짝을 손으로 친다.]
어느 소양푼에 잉어찜이다
여느 가지산적 걸 안주 좋다[아하하하]
오냐~내 원래 이렇게 삼현육각을 좋아하고
여느~무척이라도 좋다 너 가는 재수도 휘어주고
야~ 오냐~내 상산대감님 군웅대감님
내 학자 할아버지 판사대감님 어느 양반 대감님
엄청이라도 좋다 내 재수 있게 도와주께
구설없이 거두어 도와주고
국태민안 시화연풍해서 너희 벼슬공명 높이 사고
어느 낯나게도 도와주시고 빛나게 도와서 받들어 도와주마[뜀춤 한바퀴 돌고 밖을 향하여 서서 허허허허]
상산대감 군웅대감님 어느 학자할아버지 판사대감
내 양반대감 벼슬대감님 영의정 좌의정 삼정승 육판서
어느 궁 안에 왕래하던 내 대감님

아유 세상에 어느 우리 망제님 소 잃고 외양간 고치는 것 같고
오냐 망제가 더더는 말고 오년만 더 살아 있으면 얼마나 좋았나
낯없는 정성 빛없는 정성이래도 어느 우리 대감님은 이렇게 받으니까 그래도 좋아
국태민안 시와연풍 벼슬하게 해주께 너희 편안하게 해주께
어느 망제님 편안하고 시왕천도 연화대 가시고
어느 산이성불 시켜서 맘 잡게 거두어 도와 드리리다

대감타령

어떤 대감이 내대감님 상산대감 군웅대감님
학자 할아버지 판사대감 내 대감님 거둥을 봐라
어정 더정은 시위안전 삼정승 육판서 내 대감님
우리 대감님 거둥 봐라 관비를 입고 곽띠를 두르고
사모를 쓰시고 목화신고 길아래는 사천두수에
길우에는 오천병마 우마젓대 길을 늘이시고
경복궁 새 대궐이 지접이라 윗타~
엇쑤 우루루루루루루어 엇타 여리 사망이야 엿타 여 허허허허허 엿씨

대감 술 타령

욕심도 많으신 내 대감이요 탐심도 많으신 내 대감님
우리 대감님 거동을 봐라[제단위에 술잔을 들어 상주들에게 하나씩 하나씩 주면서 소릴 한다.]
얼마나 좋으신지 모르겠다.
청유리병에는 청새주요 황유리병에는 황새주
뚝 떨어졌다고 낙화주냐 혼자 비져서 공방주냐

둘이 비져서는 합환주냐 석달 열흘 비져서는 백일주냐 [제일 똑똑해] 엿타~하
삼년 열 달은 천일 주로다 이태백이는 막걸린데
이술 저술은 다 권하두고 텁텁한 막걸리가 제격이다
[좋다 우리 대감님 술이다. 명짜. 엿타. 이모 복 받은 겨. 복 받은 겨. 그럼. 복
받은 겨. 복 받은 겨. 그럼. 어타 하 여허 하하하하 하 맛있다. 그럼. 여봐라
또 가져 오니라―관중에게 술을 나눠 주며 하는 소리다.]

내 대감 거둥을 봐라
어떤 안주를 드셨느냐
대양푼에는 [진짜 맛있어][관중석으로 막걸리 잔을 들고 가서 권하고 마시고
돈을 받아 낸다.]
소양푼은 잉겨찜에 가지산적에 걸안주 좋구나 우리[쪼끔만 입만 대 우리 대
감님 명잔 복잔이야. 고만 마셔. 에이구 어떡하면 좋아 막 벌컥벌컥 얼마나
맛있는지 엄청 잘 먹어]
어떻게 좋으신지 모르겠다 명잔 복잔에 재수잔이로구나[사진만 찍는척 하지
말고 이거 쪼끔만 드셔 입만 대. 그럼.]
내 대감님 거둥을 봐라[고만. 그럼 아니 쪼끔만 한 모금만 하라 했더니 뻘꺽뻘
꺽. 맛있지? 그럼. 우리 대감님의 명잔 복잔이야. 응 그렇지. 여기 인제 내가
낫게 해 주게 걱정하지 말어]
오냐~어느 재수 있게 도와주리[좋다 엇타 여봐라 얘 술 갖고 와 엿타. 아요~
무량대복 하시고 건강하시고 그럼. 그럼 건강이 최고야]
평지에 낙성 없고 어느 수사나고 액산한일
내 오냐 재수있게 거두어 도와 주리다
엇타 아니나 노시지 못하리라
이술을 드시고 재수 열어 도와 드리리다
가득 재수도 생겨주고[여보세요 우리 대감님이 모르겠어요(* 왔다가고서는 술

값내라고를 안하네. 술갑 내라고를 안하네*) 쪼끔만. 얼씨구 쪼끔만 나도 부양가족이 많아서 엿타~]
내 대감이 내 대감님 거듭 잡수도 휘어 드리리다
몸수 편안하게 해 주께요 아하하하하하
웃음도 대길하고 재수도 대길하고
다 가득 재수만 생겨주마[관중이 돈을 주니 고맙습니다.][관중에서 술값을 낸다.] [돈을 받으면서-아유 우리 부양가족이 많아서 이렇게 먹고 살아야 돼 엿타]
어떤 대감이 내 대감이냐[대감이 술 한잔 드리까? 그럼][관중에게 다가가서 말하니 고개를 흔든다.]
거둥을 봐라 가득 천량도 생겨주고
[관중 아주머니가 술잔을 받고 '나 두잔 먹을 거야'] [어쑤리엇쑤 좋다 하 엇쑤 후~고만. 고만. 어떡하면 좋아. 고만. 스톱. 다 먹었어.(*한잔 더 줘*)여봐라 어디갔냐 그렇지(*아유 나 여기오면 맛있어*)뒷꿈치로 꾹꾹눌러 그럼. (*1맛있어 달꼼한게*) 그럼. 이렇게 드셔야 돼.]
이술을 드시고 나면 명잔에 복잔이요
재수 잔이요[고만. 고만. 고만 어떻하면 좋아. 아유 세상에 이거 다 먹었어. 주까? 그럼. 당신은 꼽배기 내야돼. 고만]
얼씨구 절씨구 [단숨에 들이키는구랴 얼마나 맛있으면 아유~ 그럼. 그거 그냥 다 줘도 돼 뭘 또 그거 나눠 줄라고 그래 그냥 그럼. 재수있게 해주고 엇쑤나 하]
다들 천량도 다 생겨 주리다
오늘 재수 생겨 주고 [좋다.] 어떻게 좋은지[술 갖고와]
모르겠구나 내 대감님 거둥봐라[고만. 고만 아유 세상에 눈이 천량이야 본게 만사~허허허 돈 줘 빨리 많이 줘.]
아니나 노지를 못하리라 내 대감님 거둥을 봐라
산수탈 부자에 진사상무[또 줄라고 고만. 아유 세상에 어떻하면 좋아. 아유 네.

땡큐도 베르도 망치 네 세상에 이렇게 많이 줘. 또 줘]
우리 대감님 거둥봐라 이때 아니 노시면 언제 노시나
내 대감이 도와주구[다 드셔. 드시래는 사람은 안 드시고. 고만. 인제 고만. 고
　　만 고만 고만 아유 세성에 여보. 꼭 머리에 털더라. 응 이제 많이 줘]
아니나 노시지 못하리라[아유 왜그래 거기 있는데]
[아유 요기도 있는데 왜 그러세요. 우리 대감이 원정 나왔어. 그래 내일 쓸 거
　　야? 그래 그럼 내일 써(* 이거 천원짜리를 *)또 줘]
운수도 대길하게 도와를 주고 다른 천량도 생겨주마[아유 세상에 여보 우리
　　대감님이 술 안 돌렸으면 큰 일 날 뻔 했다. 그럼. 내 이렇게 재수도 있게
　　해 주께]
너 소원 이뤄 도와주리리다
국태민안 시화연풍 벼슬공명 높이사게 도와주고 좋다. 카~좋다 엇씨구
절씨구 아유 땡큐 베르망치 응 아유 재수 있을 꺼야. 그럼. 응 아유 못 먹었
　　어? 그럼 여보 그렇다고 우리 대감님 덩허리를 그냥 막 그렇게 (* 아니
　　저기 *)아이 네 안녕하세요 네네네네 응 아니 그저 재수있게 해드리리
　　다(* 아이거~어 *)그럼
아니나 노지를 못하리다 여보 드셨으면 얼런얼런 준비상태야 줘(* 그럼 *)
　　어허허허허(* 대감님 여기 두고도 안 낸거 아니야. 대감님 내가 뺏어서
　　드린거야 *) 예
욕심많고 탐심많은 내대감님 오냐 내가 재수있게 거두어 도와주고
어느 가는 천량 기어서 어느 맘 잡게 도와주리다
[엇타 내 이만큼 벌어 왔수. 엇타하 엇쑤-악사들 앞에다 돈을 쏟아 놓는다.]
[밖에서 곤중들에게 술을 팔고 제단 앞으로 돌아 왔다. 부채를 들고 뜀춤을 하고
　　검정 쾌자와 부채로 사방에다 부채질을 하다가 한 바퀴 돌고 밖을 향하여
　　섰다.]

전안대감공수

여느 우리 망제 대감님이
아 엊그저께 살아생전 몸주대감이
오냐~내 망제 대감입니다
육천은 전안 대감님 내 별상대감님 신장대감님
오늘은 다 육천은 전안 대감님[관중하나가 옷섶을 펼치고 복을 달라고 온다.]
그럼 그럼 재수도 많이 주고 여기 오셨다 가시는 분 다 재수 줄 거야
어느 그럼 어느 김유감씨 선생님에 어느 이렇게 새남맞이오셔서
그저 어느 육천은 전안 대감님이 다 이렇게 오셨다가
가시는 길에 재수도 많이 도와 드리리다
어느~
내 전안 대감님이다 별상대감님 신장 대감님
내가 아주 엊그저께 살았어도 내가 영원히 살은 거야
어늘은 전안에 이렇게 시나위 받으시고
이나이 받들어서 오냐 또 모쪼록 내가 그럼
우리 망제님이 엊그저께 살아생전에 몸주 대감이라도 내 오늘 하직대감[(신도 할머니 : 아니 내가 있잖아요. 내가아주머니를 얼마나 사랑하는데)응응 (얼마나 좋아서 사랑하는데)그럼 아유 나도 사랑해 그럼. 오냐 세상에 김유김씨를 이렇게 사랑하고 존경해서 박수~! 그럼. 대한민국에 이런 만신 없어]
정말
오늘은 하직대감님 오냐도 망자대감님 그럼
어느 시왕대감님
어느 이 정성 받으시고 어느 편안하게들 도와주고[이상순이 망자옷 저고리를 가져온다.]
어느 이거 입으면 실리면 나 또 미치면 어떻게 [저고리는 왼쪽 어깨위로 오른

쪽 겨드랑이 아래로 하여 묶는다.]

망자몸주대감

어늘은 그럼 내일 이렇게 하직으로 하시고
오냐~
아 내가 이렇게 이런데 노는 걸 좋아 했어요. 응 그럼
어늘은
내 신장 대감이 하직대감이고
시왕대감 또 망제대감님
어휴 그래도 여보 호랑이는 죽어서 가죽을 남기랬지
나는 그래도 대한민국에 이름나고 내 명 나고 그럼
나 대통령상까지 받은 사람이야 아 나 대통령상까지 받은 사람이유 나는
    그럼. 응
[마당에 있는 관중을 향하여 말한다. 관중은 듣고 박수친다.]
내가 싹싹할 때는 싹싹하고 내가 또 표독스럽게 아니면 아니고 기면기고
    아이 왜 이래요? 이래 가면서 수틀리면 왕 방울로 소설 같고 옌장. 난
    일 다니면서도 골라 다녔어 그럼 응 아니면 아니고 기면 기고 아 맞아요
    안 맞아요?[청중 : 맞아요 맞어]
그럼 얼씨구 나는 아주 엄청이나 좋다
아 내가 옛날에 그저 윤판서 윤대감집에 내가 대청마루에서 내가 얼씨구
    절씨구 하며는 내가 아주 나한테 박수를 치고 그저 응 아주 그냥 김대감
    네 집에서 그저 대청마루에서 내가 이렇게 그저 대감놀이 하고 아 대만
    신들 중에 나 같이 대감놀이하고 나 따라올 사람 아무도 없다 맞냐 안
    맞냐[예 맞습니다.]
그럼 오냐 아유 세상에 내 이렇게 노니까 엄청이나 좋네.

아유 어늘은 내 이렇게 가니까 우리 신령님들도 엄청 섭섭해 하시는 거야
응 그래도 어떻게 응 에혀
내가 모쪼록 젊어서는 고생도 많이 하고 한도 많고 원도 많고.
세상에 아 옛날에는 그저 어떻게 하면 인꾸리 진꾸리 치룽이 상집을 지고
　　이고지고
그저 어 아주 지게꾼을 대고 내가 이렇게 하고 굿 다녔어요.
내가 어 그래서 아주 어려서부터 내가 그저 만신이 돼서 우리 어머니 아주
뒤를 따라서 내가 이렇게 했지 그냥 그냥 에혀
세상에 내가 몇 년 전서부터 그저 고목나무에 좀 먹어 들어가듯이 그저 다
　　이렇게 꺼꾸러 지니깐두 난리들이 나고 이게 뭐냐요 이게
아유 어느 내 재수있게 도와 드리리다.
내가 아주 엄청이나 놀기도 좋고 그럼
아이 나 같은 어이 정말이야
나 같이 잘하는 만신 없어
어느 몸주대감 직성대감님
어느 시왕 대감님 망자 대감님이
이 정성 받으시고 거두어 도와주리리다.

하직대감타령

얼씨구 절씨구 정말 좋다
어찌던 옥성 대감님
시왕 대감님 하직대감[재수야~!]
망자 대감도 내대감이구나
우리 대감님 거둥 봐라
업대감 복대감 재수 대감님

가는 재수도 생겨주고 우루루루루루루우
오는 재수도 지어다 주마
몸주대감 내 대감이야
엊그저께 살아생전이 몸주 되어서
시왕대감으로 오셨구나
하직대감으로 오셨구나
우리 대감님 거동 봐라
수사난일도 다 제쳐주고
액사한일도 거둬주고 울기도 많으시던 내 대감이다
한이도 많으시던 내 대감
알아도 모르던 척에 이리도 놀러가고
저리도 놀으시던 내가 오냐
내가 수사난일 거둬서 엇쑤나
[망자옷인 저고리를 벗는다. 저고리 들고 뜀춤하고 내려 놓는다. 빨간소매에 노랑 몸체의 협수를 벗고 그 청치마 위에 입었던 검정쾌자를 다시 입는다.]
좋다 하~엇 쑤
[떡 쟁반을 들고 밖으로 나간다.]

텃대감공수

오냐
여터주 남대감 여느 남터주 여대감
여느 건물터주 식신대감님
여느 우리 망제가 없으니까
세상에 소 잃고 외양간 고치는 것 같고
여느 우리 망제는 가셨어도

어느 내 터에서 이렇게 받으니까 좋고
어비야 대감님 복 부여주실 식신대감
어느 앞 문전에 신주대감님
어느 뒷 문전에 하주대감
여느 어비야 대감
어느 보물 터주는 식신대감님이
오냐 내터에서 그저 수난하고 액사난일 없게 거두어 도와주고
오냐 내 맘 잡게 도와주고 여느 뜻 잡게 도와서[남색 치마를 벗어서 놓는다.]
내 터에서 부자 되게[검정쾌자 자락을 양손으로 쥐고 흔들며 뜀춤을 하다가
　　한 바퀴 돌고]
여허~어 허허허허허
어느 우리 망제님은 가셨어도 여느 내 터에서 받으시니[신도 한명이 만신에
　　게 와서 가슴 속으로 돈을 밀어 넣어준다.]
여터주 남대감 남터주 여대감
너 보물터주 식신대감[아유 왜 안들어가]
앞 문전에 시준대감[아유 그러다가 젖 다 찝어]
오냐~여느 뒷문전 하주대감님
업이여 대감님 내 망제 덕택에 이렇게
하직대감님을 이렇게 모시고도
또 텃대감님을 받으시고
소 잃고 외양간 고치는 것 같아서 그래 서위 섭섭하셔도
그래도 여대감 여들이고 남대감 져들이고
어느 나갈 때 빈바리고 들어올 적에는 참바리고
어구바리 그래바리 은바리 금바리 돈바리를 마바리에
수레가득실어 거두어 도와 드리리다

하직대감타령

어둠춤 춤춤 야삼경에
재수나고 명자를 짓고
청사초롱에 불밝혀라
여사를 드시던 내 대감이구나
수여를 드시던 내 대감님
앞뜰에서 저벅저벅 뒤뜰에도 뚜벅뚜벅
복이도 집어서 우루루루루
주루루루루루루루
은적을 메시던 내 대감님 엇따
물도 집어서 한잔도 먹고 모래도 집어서 던져보고
나갈 적에는 빈바리로 나가시고 들어오실 적에는 참바리 되고
내 대감님 거동을 봐라 우루루루루루루루우
뚝딱뚜 생겨주마 왼농아 참농아 찧어다가
청청 밭에 사랑차네 밑에 노적은 메 묻히고
가운데 노적도 다 지나고 은 노적에는 꽃이 피어서
뒷뜰 메미가 메문이고 금두라비가 구비치고
어떤 봉덕새가 날아들어
한 날개를 툭탁치면은 은자 보물이 쏟아지고
또한 날개를 툭탁치며는 노적가리 금시발복
어떻게 좋으신지 모르갔다 다 생겨~우루루루루루루
다 생겨 주리다. 오늘 재수들 생겨 주마
오냐 내터에서 부자 되고 어느 장자 되게 받들어서
어느 소원 이뤄 도와주리다 엇따 엿쑤

[벙거지를 벗어서 제단 앞에 놓고 검정쾌자도 벗는다. 뜀춤하며 쾌자를 들고 흔들며 뛴다. 한바퀴 돌고 고개 숙여 제단에 절하고 밖에도 절하고]
애쓰셨습니다.

12. 조상거리

[평복에 남색치마를 입고 오른손부채와 왼손방울을 들고 만수받이로 부른다.]

조상거리만수받이

사외 삼당말명
　　　삼당말명
궁니로는
　　　궁니로는
제당말명
　　　제당말명
그연으로
　　　그연으로
상산말명
　　　상산말명
시왕말명
　　　시왕말명
전씨가중
　　　전씨가중

선대달아
　　　선대달아
후대조상
　　　후대조상
후대달아
　　　후대달아
삼대조상
　　　삼대조상
아버지요
　　　아버지요
남제자에
　　　남제자에
어머니요
　　　어머니요

복말명에
        복말명에
삼사촌은
        삼사촌은
사육촌이요
        사육촌이요
칠팔촌에
        칠팔촌에
가던말명
        가던말명
김씨편에
        김씨편에
대신말명
        대신말명
길떠나고
        길떠나고 00:01:23
광산김씨
        광산김씨
신망제님
        신망제님

뜀춤으로 마무리

사당들어
        사당들어
극락길을
        극락길을
인도하고
        인도하고
상인상주
        상인상주
복인복쟁이
        복인복쟁이
일가친척
        일가친척
망제삼년
        망제삼년
탈상이오
        탈상이오
내돌아 가더라도
        내돌아 가더라도
탈상3년 곱게나게 도와주마
        탈상3년 곱게나게 도와주마

조상말명공수

어 굿자
상인 삼당말명 궁니 제당말명

그연은 상산말명 아니시냐
전씨가중에서 너희 만신몸주 대신말명
어떠한 집안이냐
산드신 가중에 물드신 가중인데
신줄기를 붙어도 훑어내며는
상산이 살육같은 가중이고
해감이 말하는 가중이고
상산준 대감님 얼마나 어려웁고 두려운 집안이냐
하건만 이번에 빚도 없는 정성이고 낯도 없는 정성이니까
신망제 극락길이나 인도해서 말씀데로 잠깐잠깐
좋은데로 가시니 그런 줄 알아라 [뜀춤 부채와 방울을 내려놓고 상주가 와서
　　노란몽두리를 입혀주며 '이거는 엄마꺼'라고 한다.]
반씨 할머니꺼 내놔 반씨할머니꺼
이거 김씨 할머니지?[네]
이건 외갓집꺼야[아니에요.]
김씨 할머니는 누구냐?[시할머니]
응 입혀[입혀준다.]
관대거명 분명하냐?
내가 안 뛰게 하며는 고만이지?[분홍생 보자기에 옷을 싸준다 한부전 들고]
더 열심히 뛰 놀게시리 신망제 극락가는 길이니까
각각 디딜 것도 없다. 각각 흔들 것도 없다
강씨할머니가 꽉 눌러 줄테니까
열두대신 할머니 이런데 나와 시간도 찾고 빽을 찾고 하니까
한꺼번에 열두대신 할머니를 제 흔들어 돌려보내고
또 이번 덕은 생길일도 없다 빚도 없는 정성이고 낯도 없는 정성이야
신망제 극락으로나 인도하고 받아라[상주에게 옷 보따리를 건네준다.]

대신할머니가 신가물이나 쫓아주고
대신가물이나 쫓아주고
염검하던 할머니 거염하던 할머니
앉아서 호랭이 같은 할머니
당신 시어머니가 시집살이를 얼마나 했어
만날 울고 살았지 그렇게 해야 집안이 되니까 어찌해
뻑하면 내가 앞을 서고 뒤를 서서
밤낮 장안가득 벌어오고 세계가득 벌어오마
애썼다 힘들었다 해가지고
그 돈을 해서 인제 신령님 돈을 묶어놓으면 너희 할아버지가
선바위 장군님 자손이나 한가지야
그래서 산을 들어가 시력정성굿을 하고
년년히 땅을 사고 그렇게 늘어줬다
그리하니까 세월이 여류하다
내 집안에만 들몽주가 다 없어지고
오냐 기자 없는 신령이 들어섰으니까
누가 앞에 서서 불릴래도 데려다 불려 먹겠니?
오늘은 가서 불쌍한 너다
김씨편은 또 수월하니 가엾은 너다
모든 것을 귀먹은체 눈어둔체 벙어리체
어머니 삼년 탈상 날 때까지 그렇게 넘어가라
내놓으라 하지 말고 오늘은 가서 섭섭하다
마지막 같고 하직 같은데 금 같은 내 새기들 응
옛날 같으면 이리 와서 빌겠지 전달을 하고 할텐데
세월을 못 만났냐 때를 못 만났냐 시절이 그러냐
귀신이 어딨느냐

이런 식으로 넘어가니까 너희도 지금 지글지글 몇들이 우환으로 넘어간다
담안으로 넘어간다. 삼년째. 삼년째 지지고 볶는다.
내가 신가물 물려 줘야지
어머니라도 오늘 안 왔으면 내일은 우리 기자가
정말 천근 새남 받아서 가니까
조상만신말명 조상들이 올 수가 없어서
어멈이라도 안 왔으면 인장할 것들
내손발에다가 휘휘하면 어떻게 할 뻔 했니? 정신들 차려라
초하루 보름 전안에 가서 약수도 바치고 진지도 올려라
우리 조상 신령은 아무래도
[며느리가 병원에 갔는데 그 아주 나쁜 거나 없이 잘 좋게 해 주세요.]
그럼 살려 줘야지[예, 네]
그거갖고 그늘에 밀 때 손주도 그늘에 밀 때 모두 그늘에 밀 때야
하니까 그런 줄 알고
모두 신에 신줄로 연줄로
이렇게 댕겨가니까 이말 저말 하면 뭘 하니
내가 삼년 곱게만 나게 해주면 제일이지[노랑 몽두리 하나를 벗는다.]
너희 자식들 시끄럽지 않도록 해 줘야지 응
너희 자식들 시끄럽지 않도록 해줘야지
막아주고 제쳐줘야지 00:08:22
사주니하고 팔자려니 하고 살아라
그래도 이번에 너희 서방이 와서 어느 결에 와서 복쟁이 노릇을 해서 잘
    했다
반은 상제고 어떻게 그게 &&&&왔니
내가 댕겨 가시고 편안하게 도와주고[입은 것은 노랑몽두리 하나만 남았다.]
이모대신 할머니 찾아놔 [이모꺼 달라고?]

그거 하나만 줘[부채와 방울을 잡는다.]
좋다[제단 앞에서 방울을 흔들며 좌우로 천천히 움직인다. 음악은 조금 느리다.]
아무거나 줘[노란색 몽두리를 하나 더 입는다.]

이모말명조상

문화동 할머니다 문화동 문화동에서 오셨다
아무거면 어떠니 대신할머니는 똑 같은데
문화동서 오셨어 응
영검하던 나다 거염하던 나다
거염하던 나를 만날 무시하고 들볶고
그래도 혈육이 어디로 가니
나는 딸 자식하나를 못 만나서
말 할 수 없는 고생 끝에 가셨지
누구꺼냐 이거는[문화동 할머니꺼]
응 이게 문화동꺼야[노란 몽두리 하나를 더 입는다.]
니가 박수냐?[네]
에이그 박순지뭔지 임병 세월을 못 만나서 무슨 뭐가 뭘 어떻게 해야 하는
　지 걱정이지
사돈사돈 겹사돈 할머니가 왔소 내가 문화동 할머닌데
이것들 불쌍한 이것들 그 하나밖에 없는 딸이라고
내가 고이고이 길렀더니
해주는 불길 없이 다해먹고
말도 못하게 모두 고생들을 하고
이말 저말 하면 뭘 하냐
삼년 곱게만 나면 제일이지

내가 문화동 할머니 응
약수동집 당골을 무시를 해서 내가 괴씸해 죽겠다 내가
내가 받들어 도와주고 험한 일 젖혀주고 액운 젖혀주고[노란 몽두리를 벗
    는다.]
기분좋게 도와주고[방울과 부채를 쥐고 제단 앞에서 가볍게 그러나 힘겹게 뛴다.]
어떻게 만신말명들이 많은지

할아버지 할머니 조상

할아버지 할머니 이제 오셨네[네, 네]
할아버지 할머니 이제 오셨네
오늘은 솔직히
이런 날이 되어서 울고불고 하는 날이 되어서
어데 흘림도 안하는 법이란다
하니까 오늘 할아버지 할머니가
어휴~ 언제우리 굿한 번 하냐?[응]
우리 굿한 번 해? 네가 무슨 권리가 있어야 하지
아들은 아휴~죽을둥 살둥 엉금엉금 기고 있으니 저걸 어떻게 하면 좋아[누
    가?]
응? 어멈 서방님 말이야
너희 아버지 엉금엉금 기고 있으니 어떻게 하면 좋으니[어서 가게 해 주세요.]
어려서부터 그거는 염라대왕이 불러야 가지[그르게 말이야]
어려서부터 잔병하고 말도 못하지 어멈이나 우리 저 제 속아서들 시집왔지
할 말을 모르니 우리 범 같은 우리 며느리 잡아가
어휴 극성도 이만저만 극성이었지 그래도 원래는 전씨네 착한 사람들이야
    [맞어]

그럼 맘들이 착한사람들이고 흉한 사람인데 웃대들이 어른 노릇한다고 말
썽이었지
내가 그늘지고 댕겨 가시고 험한 일 제쳐 도와준다.[흔들고 가벼운 춤]
왜 조상거리에 착한 며느리가 안 왔어?

할아버지 조상

할아버지꺼 내놔
담배도 한곽 내 놓고
너희 할아버지 응 전씨네 할아버지[뭘 할아버지가 해 주신게 있어야지]
밤낮 뭘 해 줘야 조상이냐 옌병[없어 할아버지꺼는]
안가져 왔어[오늘 안 가져왔어]
꺼네[그거 여기 신령님꺼만 가져 왔어. 말명, 만신말명하고만 가져왔어]
내가 내 담배 내놔[담배 안 가져 왔는데]
인병할 지겨워. 하나 어디다 꾸어다 라도 펴줘

할아버지 공수

나 하나 꺼지고 나니까 집안이 어른도 없고
송회장은 요새 어때?
하얗게 세네 머리가?[어휴 그것도 80이 넘었지요.]
머리가 하얗게 시었어 응[다 늙은이야 이제]
응 내가 동회장 아들 하나만 쳤어
다른 아들은 치지도 않았어 인병맞을 꺼
그 옛날 피리 불던 사람들 아이가 어른 되어[전악들 앞으로 가서 알은체를
한다.]
이제 늙은이가 되어가네 이거 펴라[늙은이가 됐죠 이제 한 &&& 되는데]

그래 늙은이가 되가 이것도 아는 놈도 같고 모르는 놈도 같고
아는 놈도 같고 모르는 놈도 같고 사돈도 같고 그렇다[네 사돈이에요. 사돈이
    야 사돈]
이제 사돈도 너돈도 없고 그저 너는 불고 나는 춤추고[예]
내가 그래도 평북으로 예기랄꺼 만주로 등짐을 지고 장사를 해서 벌어 땅을
    사고
우리자부 벌어오는 돈 갓고 땅 사고 땅사야 그 돈을 유지를 하지
내가 머리를 잘 못 썼어
호텔을 안 지어야 되는 걸 지은거야
그게 잘못 된거야 우리집이[네]
그때부터 아들들 고생만 시켰다
아들들 고생만 시켰다 제대로 돈을 건졌니
안 팔았으면 그냥 빨가벗을 뻔 했는데
그래도 그것을 팔아서 어음덩어리 뒷처리하고
이리저리 둘러고 나니까 응 내둘러고 나니까
우리 아들 형제들이 돈을 저 혼자 다 먹은 줄 알고
너도널름 나도널름 하고[아니야 아니야]
어느 힘들 들었지 그래도 너희 살건 다 냉겨 뒀지[남겨 준 것도 없어요.]
아니 그래도 집이라도 하나씩 남겨 줬잖냐[집이나 있지]
그럼 오막살이 집이라도 하나씩 있지 않니
호텔지은게 무지 잘못 된 거고[결국은 끄트머리 가서 저렇게]
그 땅을 뒀다가 지금 시절로 개발 되는데 그렇게 넘겼으면 서로 아웅다웅
    할 것도 없고
인심 잃을 것도 없고[그것만 가지고 있었으면 부자지 부잔지 알지 남은 부잔지
    알지]
에효 인병 빈독에 물 부은 거야 오늘 내가 혼이라도 잠을 제대로 잤겠니

넋이라도 잠을 제대로 잤겠니 그거 어서 처분해 달라고
만날 신령님께 빌었다 만날 신령님께 빌었다
오늘도 덕물산에 왔다가 간거 어멈 대를 받아서 물고 잘 받아왔지
장군님 같은 나다 금 같은 내 손녀야
너도 불쌍한 줄 아는데 전서방네서 호텔을 팔아도
귀떨어진 동전한푼 너를 안줘서 섭섭한 일이 많지만
아유 그 즉시 그래도 넌들을 해서 걱정은 조금 면해주지
신령님 앞으로라도 면해주지
우환이 저렇게 끌어서 걱정일세 걱정일세
금 같은 내 손주가 무슨 든든한 직장이 있느냐
우리 아들들이 뭐가 있어야 뭘 이러고 저러고 하지
울화통 터져 간 놈도 있고 생각하며는 한심하고 처량하다
나만큼 부모가 있는 년이 어디 있니
내가 그래도 네 집안 자식들 건강하게 하고
편안하게 하고 우리어멈 고생만 많이 하고 갔으니까
오냐~신령님 은덕으로 살게 산 절로 도와줄게
너 장군님한테 오면 내가 받는 법이다
그런데 금 같은 네 자식들 모두 하나 둘 제각기 먹을 줄이 없어서
이래도 어멈이 걱정이고 저래도 걱정이로구나
너희 어멈은 몇 년째 혼백이 다 빠져서 죽는 건지 사는 건지
지가 답답하면 악이나 한번 쓰고 오줌마려 우면 악이나 한번 쓰고
그러고만 살다 갔지 죽이 끓는지 밥이 끓는지
너 딸이 가엾다
나는 남의 자식도 소중하고 내 자식도 소중하든 그런 할아버지다
오냐 모두 가엾고 불쌍하다
애비 그늘이 있나

오냐 어떻게 하면 좋으냐 이제 제각기들 먹고 살아야 하는데
오냐 세월이 점점 맑아서 서로 잡아 먹을라고 하니
갈비짝이 맘대로 있니 아유 어떻게 하면 좋으냐
걱정이 많다 살이 살을 먹고 새가 새를 먹고
형제도 없어진 세상이다
어느[애들 재수나 잘 되고] 그럼
가엾어[할머니가 뭐] 이것들을 저 할머니가
얼고 들고 업고 길렀는데 그러면 그게 신통하고[그저 애들들이나 잘 되고]
오늘 그저~이것도 몸이 어디 성하오?[상주를 부채로 치며]
남 보기만 말짱하지 밤낮 그건 늙느라고 그런 걸로 쳐
깊은 병 없으니까 알아? 응 그렇게 해라
그러구[어떻게 하라고?] 건강들
늙느라고 이제 나이먹어가니까 늙느라고 그래
그러니까 사십 안 자식이고 오십 안 천량이래는 건데
앞뒤로 돌아봐도 돈이 없어 이리 돌아봐도 돈이 없고
저리 돌아봐도 하루하루가 걱정이야
이것들 나갈래도 돈 들어 올래도 돈[애들은 다 크고 저도 걱정마]
차비가 있어야 가지고 댕겨야 하는데
흔들리는 거를 안 줄 수도 없고 너는 철나자 망령든거 같으다 응
철나자 망령이다 돈만 보면 우라지게 집어 생키더니
만날 그럴 줄 알았지 만날 그럴 줄 알았지
오냐 그늘에서 그래도 전안에서 받들어 도와 줄테니까
그런 줄 알고 너 연극공부해서 거짓말 쇼라도 해야겠다.
탈상하고 나서 내림굿을 해야 하냐 뭘해야하냐 걱정이 많다 나
걱정이 많다
이때까지 신령님 맘만 먹어서 너 어멈이 허전해서

내어 놓지도 못하고 들여 놓지도 못하고 어머니만 가져다 모셔놓고
엄마하고 쳐다보고 가야지
아유~ 은이야 금이야 하고 길렀더니 응 그랬더니
또 우리 집에 조상 신령님들이 지금 꿈쩍도 안하고 있어서
네 맘데로도 못하지 그런데 인제 꿈쩍하실 데가 있으리
내가 이렇게 댕겨가고

시증조할머니 조상

어멈아 피 묻은 고의라도 팔아서
손주며느리 손주 딸도 저희친정은 주려죽은 물이냐? 응
저희 친정어머니랑 모두 누가 대접하는 사람이 있어
조금 울려서 조상들 좀 대접해봐 응[나는 내가 무슨 권한이 있어요?][전경혜 :
 아이구 꿈도 꾸지마셔 꿈도 꾸지마 여기서 이렇게 해 드리는 것만도 고맙습
 니다. 그러셔]
걱정이 돼서 그래[걱정은 무슨 걱정이야]
건강이 저러니까 걱정이 돼서 걱정이 돼서 건강이 저러니까 그러는 소리지
무슨 저 어멈하고 싸우던 소리를 나한테 땍~!!
내가 눈 한번 부라리면 꿈쩍을 못한다.
날 이걸 줘 거지같이 주거나 말거나[받은 돈을 제단에 우족위에 올려둔다.]
나만 잘 놀고 가면 집안 편안하다[예]
내 생부님 물고 뒤 따라와서 댕겨가고
험한 일도 젖혀서[상주가 돈을 준다.] [아니야] 내 험한 일도
제치니까 그런 줄 알고 탈상 삼년이나 곱게 나고
모두 그저 부모자손들
산절로 누가 불러서 가면 하다못해

00:23:20~~00:23:27불청후 [뜀춤 후]

시할머니조상

착한 시어머니 오셨다
호랭이 같은 영감 뒤따라서 착한 시어머니 오셨어[네, 네]
착한 시어머니 시집살이 많이 한 시어머니[네, 으]
어멈이 나 만나 일만 죽도록 하고 [그 방에서 어머니 주무시고 나왔는데 어머니가 '누가 여기서 잤어?' 그러면 '어떤 남자가 자고 나갔어' 나중엔 그랬단 얘기야 아들이 나와도 '막내 동생이 왔나?' 또 그래고] 그럼 그럼 백세를 살다니 이게 말이 되우? 그랬으니 그래도 우리 동회장 아들이[찬찬히 놀다 가세요.] 잘 해서 잘 되니까 그런 줄 알고 [빨리 끝나야 되는데] 갈테니 그런 줄 알고 탈 없이 도와주리다[짧은 뜀춤]

시댁 친인척 조상

엇그저게 산듯하니 시앗집 어머니도 댕겨가야하고
시앗집 어머니도 아우형제가 댕겨가고 또 엇 그저께 산듯하니
시동생도 댕겨가야하고
썩은 손 마주잡고 늙은이 댕겨가고 썩은 이 댕겨가고
그저 망제 가는데 가루 걸리지 않도록 그래야 집안이 편안하니까
가로 걸리는 일 없이 댕겨서 탈 없이 도와주고 명질 도와주리다
뜀춤

어 굿자
삼당말명 지장말명
사돈사돈 겹사돈에 가던말명[물마시고]

외삼촌 조상

다 빼도 나는 왔다 가야지
암만 급해도 나는 왔다 가야한다
외삼춘 니가 아무리 가라도 청한수첩에 외삼춘 왔다 가야한다
아유~ 내가 왔다가야지 그럼
아~저 조청이래면 내가 끔찍이 알고 으
나도 옛날 그누무 난봉 때문에 망했지만도
너 어멈이 나를 참 미워했다.
안본다 안본다 밤낮그랬어
근데 여주 사는 고추가루는 내가 좋아했어.
깡께이 끈이 끊어졌다고 만날 했지 내가
내가 그래도 댕겨가야 가물이 없다
김씨네도 인제 자랑할게 누가 있니?
아무도 없어 씨도 없고 본도 없어 그러니까 그저
신명에 정성을 얻기가 그렇게 어려운거야
신령님 밥먹는게 그렇게 쉬운게 아니지
내가 댕겨 가리다[뜀춤 부채 착 폈다 접고]

만신말명은 아까 다 왔으니까

동료악사

점석이 왔다 얼른 가라고 야단이지[악사 앞으로 가서 말을 건다.]
아유 고맙네[네] 고마워 어디갔어 우리누이
우리누이 어디갔어 술 받으러 갔나?[네]
정상 그늘이 강릉 틀리다 그래도 부모가 너를 [그러믄요.]

어떻게 하든지 이리끌고 저리 끌어서
어혀~내일갈동 오늘갈동 내가 일천간장이 다 녹는다.
일천간장이 다 녹는다
천금같은 우리아들 황금같은 우리자손들
어휴 너를 대금을 불라고 이 사람이 허가를 해 줬어?[허용업 : 지가한다고
　그래서 제가 했죠.]
으 그러니까 내가 하는 얘기야
피리 부는 사람은 먼저 관수 먼저 일등으로 해야만 줄줄이 따라가는데
어느~선생을 잘만났지[한구비 갔어요.] 해금도 해금이지만 해금은 둘째 번
　이지
아 왜 피리 같은 거잖아 만날 피리.
요즘에 피리가 많지 양짜가 몇배. 그럼
고모 신세를 알고
이리가도 선생님 저리가도 선생님
오래 살어[예예]
오래 살어[팔십에 만날 갈께요.]
아유 아들 피리 잘 불고 해금 잘 키더라
오래 살어라 그만큼만 우리 아들이 그 만큼만 되도 얼마나 좋으냐[아유 잘
　해요.]
이제 마흔 일곱 살에 음을 마치니까
어느~내가 누군지나 알어?
점석이 아저씨 댕겨 가야지[네 그럼요 네]
저 고모가 저렇게 불리고는 나는 댕겨 가야해
아까 만신말명들은 저기 은아엄마가 다 왔다 갔다고 했으니까 나만 댕겨
　가면 된다
[뜀춤추며] 편안하게 도와주고

조상말명 마무리공수

어 굿자
삼당말명 지당말명
끌러서 풀릴라고 그러면 다시들어오고 다시들어오고 낸들 어떻게 하냐
사외삼당말명 궁니 제당말명
오늘은 가서 상산본향말명 슬프다고 망제천도하고
산이 성불하고 말명에 가물 없고 탈상삼년 곱게 나고 내 도와 주신다
인병할.

13. 안당제석

[안당제석 나채옥 구연, 윤복녀 장구 만수받이로 부른다. 다홍치마에 흰색장삼에 고깔을 쓰고 붉은 가사띠를 엑스로 두르고 가슴을 중심으로 고정하여 묶었다. 부채와 방울을 들고 장구잽이를 마주보고서서 부른다. 이번 만수받이는 장구잽이가 먼저 부르는 특징을 보였다.]

안당제석만수받이

아제석	대함제석
아제석	대함제석
만신몸주	제인제석
만신몸주	제인제석
대신제석	제불재천
대신제석	제불재천

일월용왕	빨리받어
일월용왕	빨리받어
황사제불	이정성을
황사제불	이정성을
안당제석	받으시고
안당제석	받으시고
석가대신	광산김씨
석가대신	용한기도
넌출제석	사경맞이
넌출제석	사경맞이
업어나른	받으시고
업어나른	받으시고
진둥제석	부모자손
진둥제석	부모자손
사산영산	짧은명을
사산영산	짧은명을
만신제석	이어주고
만신제석	이어주고
전안으로	긴명일랑
전안으로	긴명일랑
억만미륵	서려담고
억만미륵	서려담고
팔만성불	삼천갑자
팔만성불	삼천갑자
품안제석	명을주고
품안제석	명을주고

바른대사	우환질병
어진여사	우환질병
열어두고	다거두고
열을두고	다거두고
부모자손	망제천도하고 갑시다
부모자손	아 제석불님

[방울 내려놓고 들어숙배 나숙배를 제금, 장구, 피리, 대금소리에 맞춰서 천천히 오래도록 거성춤으로 진행한다. 2분가량 춤 우~소리 내고 음악 좀 빠르고 뜀춤 시작]

안당제석공수 1 [상주를 마주보고 서서 공수한다.]

어 굿자
대함에 제석은 제인제석마누라
천지곤건에 일월용왕 아니시냐
너 황사는제불에 불사는제석님
망자 잃고나서 오늘 이 정성 받으시니
서러시다 어느 바가지 넌출제석
백항아리 요왕제석아니시랴
오늘은 안당은 사경맞이로 받으시고
오늘~~~
내일은 오월이라 윤오월에 초열흘날
천근진오귀 만근대도령에
칠공주 말미 받아서
망제님 극락가시는 날 아니신가

오냐 슬프시다
어늘 님에 목소리 어디 가서 들어보나
오느 하늘에 별이하나 떨어졌으니
뭐라고 말을 해야 되겠느냐
육천은 정전 안에 어느 풀릴제석에 애길제석님
어느 안당으로다가 삼신제석님
아들에게 점지하고 따님에게 서립하시고
오냐 명을 주고 복 이어주고 수 이어주시던
제석님 수이해서 이 정성을 받으시고
집안편안하고 삼년세력이 무탈하게 받들어서
가지가지 받들어서 도와 주시마

뜀춤-한바퀴 돌고
안당제석공수 2

너 구자
신에 제석아니시냐 너 불에 제석 아니시리
어느 필여 가던 제석에 애겨가던 제석님
어늘~ 산신제석 아니시냐 후당에 제석 아니시냐
부군제석 아니시냐 서러운 정성에 잠시잠시 불러나서
망제가고 나서도 어늘 모두가 편안하고 하시는 일마다
맘대로 되고 뜻대로 되게 도와를 주마
어늘~ 정성덕 입히어서 도와를 주고
가지가지들 번성하게 받들어 도와주마
어느 수명장수 시키어서
어느 소원 이뤄서 어느 이 정성 받들어서

[바라를 챙챙챙챙챙 치면서 뜀춤 짧게 추고 한 바퀴 돌고]

제석천왕공수

너 구자 [바라를 들고 상주를 마주보고 서서 중간 중간 바라를 한 번씩만 치면서 구연한다.]
소천왕 아니시냐 중천왕 아니시리
어늘 천국천왕 아니시냐
어느 제석천왕 천왕님 수위해서
오늘 정성덕 입혀 주실 적에
망자 놓치고 나서 이 정성 받으시니까는
뭐라 할 말도 없고 어늘은 어쩌든지 걱정이라면
자손들이나 건강하고 오냐 불려가고 애겨가던
그님에 실력이 또 나올랑가는 몰라도
어느 이군왕상이라 어느 한양성내
남산은 한옥마을에 도당제석님이
그래도 할머니 살아생전에 생각해 봐라
오늘 남에게 해꼬지 안했고
왜냐 남에게 뺏지 안했고 좋은 일 많이 하고 사셨던 이렇게 망제님이라
날씨 따라도 비가 안와 다행이다
맘을 알아보는 거야 가신님이라도
그러시니 잠시잠간 왔다가서
꿈꿔를 날적에

안당제석중타령

나무아무타불

어떤 중상이 나려를 왔나
어떤 중상이 나려를 왔나
천금산에 천의 중상이요
황금산에 황의중상
검고도 너른 중상이요
높고도나 푸른중상
우리중상 거둥을 봐라
세모시 한고깔 숙여쓰고
바라 줄을 나려를 왔소
나미아미타불
아침 재미를 거둬다가 저녁 불공을 올리시고
저녁 재미를 돌아다가서 아침에 공양을 올리신다.
나무아미타불이요

안당제석공수

오늘 이렇게 놀고나요
우리 중상님
[바라를 뒤집어서 상주들 앞에 펴니 그 위에 돈을 올려 준다.]
어휴 오늘 망제는 천도하고
산이 성불해서 어느~~을
망제님 이렇게도 이래도 저래도
가신다고 그래서 가시는 건가
가슴속에 영원히 남는 거니
오늘 이렇게 극락으로 천도하고
망제님 극락으로 산하여 가시고

재수야 발원으로다가

안당제석밤栗산 [제단위에 밤을 들고 와서 상주들에게 산을 주면서 염불식으로 부른다.]

일광보살 산요
월광보살 산요
일광월광 양일광에
부모자손 명산복산
산에 상덕으로 나리소사

어수야
      어수야
아호구
      아호구

[장구쪽으로 가서 입었던 다홍치마에 흰색장삼에 고깔을 모두 벗는다. 오른손 부채 왼손 방울을 들고 다홍치마를 올려 걸고 춤을 춘다.] 옷을 준비하는 동안 장구, 제금을 동반하여 삼현 육각은 장단이 빠르게 연주된다.

안당호구공수

어 굿자
춘풍이 무늬를 호구
사외 용신호구 아니시냐
오늘 안당으로 삼신은 제석호구 아니시리
오늘꿈자리 별몽사몽 모두 물려 도와주고

청너울에 어리고깔 만경궁에 물리어서
너를 하리채사 없이 도와주리다

[만신과 상주사이는 다홍치마로 가리고 공수를 한다. 마지막 부분에 다홍치마를 자신의 머리위로 한 바퀴 휘~둘러서 뜀춤으로 한 바퀴 돌고 제단에 고개 숙여 인사하고 마무리한다.]

14. 성주거리

[남치마에 홍천릭 흑갓 오른손 부채 왼손 소지종이]

군웅청배

살아 앉아 오신 군웅
상살받아 오신군웅
은마군웅 백마신령
청조왕신 대할림으로 내리소사

[들어숙배 내숙배를 1분간 하다가 뜀춤3초]
[오른손에 부채와 왼손에 소지종이 들고 상주를 마주보고 서서 구연한다.]

성주군웅공수 [오른손에 부채와 왼손에 방울을 들고 상주를 마주보고 서서 구연한다. 갈비 등 육류 위에 덮어 두었던 백지를 벗겨낸다.]
어 굿자

살앉아 오신 군웅 상살받아 오신군웅
가로대기 허각군웅
은마는 군웅에 백마는 신령이 아니신가
너 성조 삼부인 마누라 수위시고
해후년은 기축년 해후년이라
달삭가는 윤유월달에 날로 공선은 초하룻날에
오늘은 광산김씨에도 아홉혼신 여망제
살아생전은 엊그제 같더니만
죽어 영천 하직 없는 길을 떠나시어
너 산 따라 물 따라 와서
한옥마을이라는 데를 와서
우리 전씨에 나는 자손이
너 슬하에 자손들이 이정성에 안당사경맞이에
너 이정성에 극락도 가시고 시왕도 가시고 연화대로 가시라고
오늘 이 정성을 하니
정성덕 입히어서 망제님 극락세계 연화대로
천도발원 도와주시고
산이들 성불되게 받들어 내 도움으로 도와주고 가시리

[제단 앞으로 가서 뜀춤 짧게]

왕신공수 [오른손에 부채와 왼손에 소지종이를 들고 상주를 마주보고 서서 구연한다.]

어~허 굿짜
국도 왕신에 달도왕신

밀물은 썰물에 왕신이라
가자고 줄자고 왕신 수위시고
기축년 해후 년으로
너 이 정성 산 따라 물 따라 나와서
너 살아생전에 엊그제 같은 망제님
어 새남굿 보유자로서 활동을 하시다가
타계를 하시어서
이정성은 안당사경맞이 정성으로도 가신분도
가셨지만 산 사람도 편안하고
각인은 각성받이 새남굿에 몸담고 있는 이들
모두 한마음 되고 한 뜻되게도 거들어 도와주시라
망제님으로 모두 하위받자 정성이고
또 자손들 편안하게도 거들어 달라 정성이니까
망제천도 거들어 도와주시고 정성덕 입히어 가시리
[제단 앞으로 가서 뜀춤 짧게]

안당군웅장군공수 [청치마, 홍천릭, 흑갓, 오른손은 부채, 왼손은 소지종이]

어~허 굿자
너 표골 장군에 굴대장군
어~천하장군 지하장군 아니신가[제단으로 가서 촛불이 켜진 촛대를 왼손으로
 들고 상주를 마주보고 서서 구연한다.]
오늘 이정성에 망제님 모두 안당사경맞이에
극락가고 시왕가고 연화대로 가시라 정성에
돌아가신 난 다음에 화재수도 없어야 되고

실물수도 없어야 되고 [촛대를 다시 재단으로 가져다놓고 온다.]
도둑에 낙마에 손재실물수 없어야 하니
이 정성에 거들어 받들어 도와주시고
망제님 극락가고 연화대로 가시게끔 거들어 도와주시고
또 산이 성불되게 거들어서 상덕 입히어 가시게

[제단으로 가서 잔대하나를 잡는다. 성주노랫가락으로 첫 구절을 부른다.]

성주노랫가락 [청치마, 홍천릭, 흑갓, 오른손은 부채, 왼손은 소지종이]

태산은 높소건만 명잔에 복잔도 내려주시고[잔을 가져다 상주에게 준다.]
또~어~~~은하소리

[하얀 소지종이에 불을 붙여서 밖으로 나가서 마루 끝에서 마무리한다.]

성주소지사르기 [청치마, 홍천릭, 흑갓, 오른손은 부채, 왼손은 불붙은 소지종이]

망제님 극락가고 시왕가고 연화대로 가시라는 정성이니
천근소지 만근소지 받들어서 정성덕 입히어 가시라 입히어 가십시다.

[제단 앞으로 들어 와서 춤 없이 고개 숙여 절하고 마침]

15. 안당사경창부거리-계면거리

창부만수받이

만신몸주
        만신몸주
대신창부
        대신창부
일년하고
        일년하고
홍수창부
        홍수창부
전안창부
        전안창부
놀고나요
        놀고나요

[평복위에 다홍색 몸통에 오색의 색동 소매가 달린 옷을 입었고 오른손에 부채를 들고 들어숙배 나숙배로 하고 뜀춤 으로 마무리]
위 재수야 우~ 우루루루루루[뜀춤을 추며 옷 소매와 부채로 바람을 쓸어 제단으로 또 가족들에게 부쳐준다.]

휘~휘
재수야
사망이야
엇수야

재수야~
재수야~

창부공수 [상주와 마주보고 부채는 펴서 부치며 서서 구연]

어~굿자
안산은 광대고 밧산은 창부씨 아니시리
주줄이 너터리 떼광대씨 아니시랴
사외로 삼당창부는 궁니로 제당창부씨
그연은 상산창부 아니시랴
상인상주는 몸주는 창부에 직성창부씨 아니시리
전라도 하고 남원광대 충청도라 계룡광대 창부씨 광대씨가
일년하고 홍수창부 도액창부씨 아니시랴
어느~~
빛없는 정성이구 낯없는 정성이 아니시랴
광산김씨 아홉혼전 여망제님
해운에 시절인지 불가에 천술는지
안당에 우벌인지 허공에 진벌인지
이승에 한명인지 저승에 원명이지
시왕영검 흘리놓아 하직없는 길을 여워 가신망제
어느 말없는 공사되고 글 없는 채사놓아
안당사경맞이정성 이루어 슬프시구 슬프시다
한도 많은 망제님이고 원도 많은 망제님이고
이거 살다 가는 길
좋은 세상도 많이 보고 살으셨지만
더 한이 많은 우리 망제님

오늘 망제님 천도하는 정성이니
망제님은 천도하고 산이는 성불하게 도와주고
울음 끝에 명을 주고 거상 끝에 복을 줘서
상청삼년이 곱게나게 도와주고
산소에 꽃이피게 도와주리다
험한 일 막어주고 사재진 물려주고
삼성진 제쳐주고 시왕대진을 젖혀서
어머니 몸상짓고 삼밭에 들었으니
상천 삼년이 곱게 나서 상인 상주들
오느 망제님 원망 없이 도와주고
여기오셨다 가시는 모두어 각인각성들
하나같이 모두 재수들 열어주고
따라가는 서낭 없고 상문 없이 제쳐 주리다
우리 창부시 광대씨가 빛 없는 정성인데
뭐가 좋아 떵떠꿍하고 얼씨구 절씨구 하시겠나
그렇지만 이왕지사 오신 길에 그냥가기가 미미하니
망제천도하고 내가 일년 홍수를 막고 가리다

창부타령

어떤 광대가 올라 왔나
어떤 광대가 올라 왔나
전라도 남원광대 경상도는 낙광대신
사외로다가 삼당창부
궁미로다는 제당창부
그연으로는 상산창부

창부씨 광대씨 거동을 봐라
기축년 열석달이요
과년하구는 열석달인데
춘하추동은 사시복인데
삼백하고는 육십오일
일년 홍수를 막고 가리다
정월 이월은 다 지나가고
삼월 사월 다 지나가고
오월 한 달이 돌아 왔소
오월 한 달은 드는 홍수는
이 정성으로다 막어내고
유월 한 달은 드는 홍수는
유월 유둣날 막어주고
칠월 한 달은 드는 홍수는
칠월 칠석 날 막어내고
팔월 한 달 드는 홍수는
팔월 한가위로 막어주고
구월 한 달에 드는 홍수는
구월 구일 날 막어내고
시월 한 달 드는 홍수는
시월 상달로 막어주고
동지 한 달 드는 홍수는
동지 팥죽으로 막어주고
섣달 한 달 드는 홍수는
섣달 입춘에 막어주고
물 홍수 불 홍수 양마진마

빨래줄 같이도 널린 홍수
열 홍수 뜬 홍수 다 거둬주고
사잿진 중딋진 제쳐주고
삼재팔난 다 거두어 가리다
드는 삼재는 업삼재고
눕는 삼재는 재삼구요
나는 삼재는 병삼재구
병살삼재 거둬 주리다
망신 삼재도 거둬 주리다
망재 삼재 거둬 주리다
솟아난 삼재도 거둬 주구

직성팔난은 막고 가리다
대주님 직성은 열두 직성
이류직성 아홉직성 자손에 직성은 일곱직성
일직성이면 월직성이요
화직성이면 토직성이요
임직성 수직성 다 거두어 주고
재운 직성은 계도직성
망제천도는 산이 성불해서
사재진 시왕진 제쳐주리다
망재는 천도하고 산이는 성불해서
상인상주 복인 복쟁이들
상청삼년이 곱게 나게 도와주리다.

[먼저 부채를 상주에게 주고 소매가 색동인 옷을 벗어서 주고 평복 차림으로 급

히 제단에 있는 인절미 떡을 오른손으로 들고 왼손은 방울을 들고 흔들면서 뜀춤으로 한 바퀴 돌고 상주들 앞에 선다.]

계면대신할머니 공수 [왼손 떡 오른손 방울 들고 흔들며 상주를 마주보고서서]

어 굿자
우두계면은 좌두계면 아니시리
계면황제 계면도령 아니시랴
계면 말명은 계면아씨 아니시리
계면황제 계면 도령에서
만신 말명 대한성수가
삼십칠관을 돌아 왔소
명떡 복떡을 가지고 왔소

계면떡타령 [왼손에 방울, 오른손에 떡접시]

떡을 사오 떡을 사오
우두리 계면에 떡을 사오
좌두리 계면에 떡을 사오
어석 비석 계면 떡이요
두귀가 발죽은 송편떡
앞뒤가 없는 도래떡이요
맛좋기가 좋기는 깨설기고
얼기설기 콩설기로다
빈들빈들은 빈대떡이요
먹기가 좋아서 과적이로구나

보기가 좋아서 화전이요
얼기설기 콩설기로다
우두리 계면에 떡을 사고
정월달에는 달떡이로구나
이월달에는 시래기떡
삼월달에는 쑥떡이로구나
사월달에는 느티떡
오월달에는 수리취 떡이요
유월달에는 밀떡이고
칠월달은 호박떡이요
팔월 한 달은 시루떡
구월 달은 귀시루떡이요
시월 상달은 무시루떡
동지 한 달은 옹심이 떡이요
섣달 한 달은 흰떡이고
값이춤춤 시주님네
떡값을 내셔야 명떡이 되고
재수나 소망떡이 이루어지니 떡값을 내셔요 떡값을 내요

계면공수

어 구자
어느 만신말명 대한성토가 삼십칠관 돌아다가
어느 명떡복떡을 전임하고
망제는 천도하고 산이 성불하게 도와주리다.

계면노랫가락 [손을 바꿔가며 허리 뒤로 앞으로 방울을 3번 돌린다.]

돌러를 왔소 돌아를 왔소 삼십칠관을 돌아왔소

[제단 앞으로 가면서 말을 하다가 앞에 도착해서 고개 숙여 인사하고 방울을 제단위에 올려놓고 다시 한 번 고개 숙이고 퇴장]

16. 안당사경뒷전

걸립만수받이

아 걸립
   아 걸립
만신몸주
   만신몸주
대신걸립
   대신걸립
원당안에
   원당안에
제당걸립
   제당걸립
진차여차
   진차여차
무인걸립
   무인걸립

행시지접
   행시지접
성주걸립
   성주걸립
내려미려
   내려미려
지신걸립
   지신걸립
놀고나서
   놀고나서
수문장에
   수문장에
패장걸립
   패장걸립

진차여차
　　　　진차여차
무인걸립
　　　　무인걸립
재수열고
　　　　재수열고
사망생겨
　　　　사망생겨
도와주고
　　　　도와주고
남터주요
　　　　남터주요
여터주라
　　　　여터주라
색시터주
　　　　색시터주
어비양에
　　　　어비양에
식신터주
　　　　식신터주
우매달어
　　　　우매달어
사방천하
　　　　사방천하
오방지신
　　　　오방지신

우리맹인
　　　　우리맹인
신에맹인
　　　　신에맹인
곽곽선생
　　　　곽곽선생
이순풍님
　　　　이순풍님
상통천문
　　　　상통천문
하달지리
　　　　하달지리
배풀어서
　　　　배풀어서
남영호구
　　　　남영호구
불려주고
　　　　불려주고
만신몸주
　　　　만신몸주
대신서낭
　　　　대신서낭
남경서낭
　　　　남경서낭
북경서낭
　　　　북경서낭

물아래는	마른동법
물아래는	마른동법
용신서낭	다제치고
용신서낭	다제치고
높은추녀	영상드려
높은추녀	영상드려
낮은하방	영빈들이
낮은하방	영빈들이
만지구두	놀구나요 아 걸립
만지구두	놀구나요 아 걸립

걸립공수 [평복에 밖을 보고 오른손에 부채를 펴고 부치며 구연]

어 호구자
이에 걸립은 신에 걸립아니시리
앞문전에 하주걸립에 뒷문전에 시준걸립아니랴
진차여차 무인걸립
치어달아 성주걸립
내리밀어 지신걸립아니시리
오고가고 왕래걸립 아니시리
어느 신당안에 원당걸립
원당안에 신당걸립
진차여차 무인걸립아니시랴
치어달아 성주걸립
내리밀어 지신걸립
여걸립은 여들이고 남걸립은 져들여서

억수장마 비퍼붓듯 대천바다 물밀 듯이 도와주고
오늘 망제는 천도하고 산이는 성불해서
나갈 때 빈바리 들어올 때 참바리
억우바리 마바리로 내가 재수 열어 주리다 [마지막은 뜀춤을 추고 마무리]

터주대감공수 [만신-강옥님은 평복에 밖을 보고 오른손에 부채를 펴고 부치며 구연, 장구가 구연자 뒤에 자리 잡고 앉아서 두드리고 장구 : 유효숙]

어 굿자
방금 텃 대감이 들어 왔소
여터주 여대감님 남터주 남대감님
색시터주 도령터주 비넉터주 기넉터주
어느 천갑시 지갑시 대감님 주저리 대감이요
어느~
터주지신도 물려주고 수사난거 거둬주고 액사난거 물려주고
사재진도 물려주리다
내터에서 인구늘고 천량늘고 재물늘게 도와주고
부자되고 장자되게 내가 받들어 도와주마

터주대감타령 [만신 강옥님은 평복에 오른손은 부채 펴서 밖을 보고 서서구연, 장구 : 유효숙]

어두움 춤추면 야삼경이요
청사초롱에는 불 밝히고 계수나무에 등장을 짚구어
앞뜰에서도 저벅저벅 뒤뜰에서도 저벅저벅
자취를 뵈시던 내대감님

여대감은 여들 주고 남대감님은 져들여주고
은자천 금자천이요 상마천 우두천 생겨주고
빌딩도 사게만 도와 주리다
문서들고 천량들게 도와주고
망제천도는 산이성불하게 도와주시고 생겨주마

[여기서부터는 말로 가볍게 뜀춤을 추며 부채 바람을 부치면서]
이렇게 받으시고
먹고 남고 쓰고 남게 도와주시고 상덕물어 주시마 위~

지신공수 [만신 강옥님 평복에 오른손은 부채 펴서 밖을 보고 서서구연, 장구 : 유효숙]

어 호구자
사방천하 오방지신 아니시랴
하루이틀은 동의지신 아니시리
사흘나흘은 남의지신 아니시랴
닷세엿세는 서의지신 아니시리
이레 여드레는 북의지신 아니시랴
한가운데 원당지신 아니시랴
지신덕할머니 지신덕할아버지가
이 정성 받으시고
망제님 가시고 석달이 편안하고
삼년이 곱게 나게 도와주고
지신에 동법 없이 내가 받들어서 상덕물어주리다.

[마지막은 뜀춤을 추며 부채바람을 분다.]

맹인공수 [만신 강옥님은 평복에 오른손은 부채 펴서 밖을 보고 서서구연, 장구 : 유효숙]

어~호구자
우리맹인은 신에 맹인 아니시리
본당 안에 신당맹인아니시리
심봉사 신맹인 아니시리
별맹인 뜬맹인 사외삼당맹인 궁니제당맹인
만신말명에 대신맹인에서
우리망제님이 살아생전에
어느 신장맹인은 신장맹인이 몸주셨으니
내일 맹인 신장에서 오늘 이렇게 받으시고
눈도 밝게 도와주고 귀도 맑게 도와주고
눈초롱에 불초롱에
애삼에 석삼없고 민다락지 종다락지
마른안질 진안질 다 제쳐 도와주고
수사난거 거두시고 액사난거 물려주고
망제는 천도는 산이는 성불하게 내가 받들어 주리다.
[마지막은 뜀춤을 추며 부채 바람 부친다.]

서낭공수 [만신 강옥님은 평복에 오른손은 부채 펴서 밖을 보고 서서구연, 장구 : 유효숙]

어~호구자
다음은 서낭님이 들어왔소

마루마루 놀던 서낭이요
거리거리 노제서낭이요
동두길진 우수재 서낭님
남두길진은 남산은 노인성서낭님
서두길진은 구파발 사신인 서낭님
북두길진은 동락정에 형제우물 서낭님
팔도명산에 산신서낭
어느~
안산은 군자봉에 김부대왕 구정물 서낭님과
대관령 고려왕조 범일국사 사신서낭님
더~~
남경거물 북경서낭 북경거물 남경서낭
어느 관머리 널머리
어느~
홍수대필 널머리 둘러나고
너~칠성홍대가 둘러나고
너~조상은 범절에 넘나하고
어느 관머리 널머리를 돌고
따라가는 상문 없고 서낭간주 말명간주
어비서낭 상간주 다 제쳐 도와주고
나무 다루어 목신동궐
쇠를 다뤄 토신동법
더 쇠를 다뤄 철물동법
흙을 다뤄 토신동법
망제님을 산소에다 모셨으니
더~~

만지고 다룬동법 다 물려 도와주고
어느 꿈자리몽사 산란한거 거둬주고
불안한맘 답답한 맘 속상한맘 내가 다 거둬 주리다
[마지막은 뜀춤을 추며 부채바람 부친다.]

영산공수 [만신 강옥님은 평복에 오른손은 부채 펴서 밖을 보고 서서구연, 장구 : 유효숙]

어 굿자
나는 산에 올라 호영산이요
들로나려 객사영산
만경청파 뜬 영산이요
물에빠져 수살영산
너~
만신말명이 죽어서
산신말명에 한씨만신말명
더
임진강 나룻터에서 물에 빠져 수살영산
더~
암병에 가던 영산
뇌암으로 가던 영산이요
후두암에 가던 영산이요
폐암에 가던 영산이요
간암에 가던 영산이요
췌장암에 가던 영산이요
장암에 가던 영산이요

어느 애기 낳고 가고 배고 가고
하탈영산
어느
거리로는 도락구 없어서
네발자가용에 바쳐서 가던 영산
번개치기 쓸어치기 전쟁 통 난리 통에
육신이 처참히 피 흘리고 가던 영산
총칼 맞고 가던 영산
권주영산 집주영산
원당안에 신당영산
신당안에 원당영산
한 많은 원사는 원망은 영산
원주영산 집주영산들이
많이 먹고 즐겨먹고 산천 좋고 물 좋은 데로 가고
안에서 받으면 조상이고
문 밖에서 받으면 영산인데
삼사촌 오륙촌 칠팔촌 구십촌
가문 안에 들고 가문밖에 나던 영산들이
아흔아홉 도영산 쉰셋은 떼영산이 많이 먹고 즐겨먹고
어느 안당사경맞이 끝에 뒤지고 처진 거 없이
오늘 여기오신 여러분들 따라 영산 없고 묻어가는 영산 없고
재수에 할인 없고 재사 놓던 영산 없이
내 다 물려주시고 꿈자리 산란한 거 다 거둬 주리다.

[마지막은 뜀춤 짧게 추고 부채바람 부치고 마무리]

상문공수 [강옥님은 평복에 서서구연-물리는 행위를 하면서 구연, 장구 : 유효숙]

어 굿자
나는 상문네가 들어 왔소
아흔아홉 도상문이요 쉰셋은 떼상문이요
더~ 중국은 상문이요 도살 죽은 상문이요
더~처사죽은 상문이요[제단에 술잔을 하나 가지고 나간다.]
어느~무명시에 보던 상문이야
더~발상시에 퍼진 상문이요
염습시에 보던 상문이야[술을 조금씩 3번에 나누어 밖에다 쏟는다.]
입관시에 보던 상문이야
하관시에 보던 상문이야
더 모두
반한 시에 보고길재노재 황토시에 보던 상문이야[남은 술을 더 버린다.]
염습시에 보던 상문이야[잔에남은 술을 모두 버린다.]
오늘 상문각시 상문도령 상문말명
재수에도 끓인 상문 몸수에도 끓인상문
은하수 곡성소리에 따라들고 묻어들던 상문이고
더~~
관머리 널머리 더~칠성 홍대에 둘러나고
수위 대필에 면모악수 열두대필 면모악수 둘러난 상문이야
재수에 끓이고 몸수에 끓인상문
어느
해묵고 달묵은 상문들이 속가천리 석석이 물러나고[빈술 잔을 -시루 두개가 마루 끝에 나와 있다- 시루 옆에 내려놓고 시루에 떡을 조금씩 떼어서 마당

으로 던진다.]
어느
꿈자리 산란한 거 다 거둬 주리다

수비공수치기 [강옥님은 평복에 마루 끝에 서서 물리는 행위를 하면서 구연, 장구 : 유효숙]

수비수비수비야
대함제석 모인수비
제인제석 모인수비
아흔아홉 도수비야
쉰셋은 떼수비야
보살죽은 수비야
수비야
산수비는 산으로 가고 들수비는 들로가고
오던길로 되돌아서 속가천리 먼저가고
여수비는 이고가고 남수비는 지고가고
산으로가니 산으로 가고
들로가니 들로가서
어느 안불러서 못 먹었네 늦게앉아 못먹었네 하지말고
산도좋고 물도좋고 경치좋은 데로
수빌랑은 물러가고
여기오신 여러분 따라가는 수비 없이
수비는 산좋고 물좋은 데로 끌려가고
재수는 쳐져서 선생기자 후생기자들
앉은근력 선근력 무꾸리 재당근력

명달고 끈달게만 생겨주고
신 복 받아 별새 없고 징 장구 놀새 없고
평상근력은 생겨주고 치성근력 생겨주고
너 모두 무모한계로 생기어서
상덕물어 주소사
[제단 쪽을 돌아보고 두 손 모으고 고개 숙여 절한다.]

Ⅱ. 밖굿-안정사49재 / 천근새남굿

기축년 5월 28일
손녀 김현정 28세
손녀 김태은 34세
손자 김한조 32세
사위 김주겸 60세
장녀 전경혜 57세
장남 전경복 64세
전씨대주 87세
광산김씨 여망제님
서울시 성동구 홍익동 414번지

0. 안정사 49재

49재는 불교적 의례로 망자천도 재이다. 이를 달리 상주권공재라고 말하기도 한다. 이 날에 염라대왕의 업경대를 보고 망자의 죄과를 논하고 판정하는 것에 의해서 이 재례를 하는 것이 가장 소중한 의례로 생각한다. 굿을 하는 과정에 49재를 지냈으므로 원래 자료가 없는 상태에서 이러한 의례를 하는 과정의 영상 요약본 또는 영상 편집 본으로 이러한 과정을 서술하는 것이 불가항력적인 상황이다.

 49재를 지내는 이유는 죽어서 망자 된 이가 지장보살님과 아미타부처님의 가피를 입어 극락세계로 인도하는 불교식 재사의식이다. 49재는 망자천도의 한 종류이며 불교에서는 백일재, 기제사, 영산재, 49재 등을 천도재라고 총칭하고 있다. 그 중에서 불교에서 가장 중요하게 여기며 치르는 의식이 바로 49재이다.

 이러한 49재를 지내는 의례는 6세기경 중국에서 생겨나서 유교적인 조상숭배 사상과 불교의 윤회사상이 적절하게 조합되어 생겼으며 당시 동아시아에 흐르고 있는 전반적인 의식과 정서가 잘 결합하면서 유교와 불교, 그리고 무속적 정서까지 합쳐지면서 오늘날과 같은 의례를 하게 되었다. 이는 조상숭배를 드러내는 가장 분명한 의례 가운데 하나이다. 이것이 재래의 정설이고 이와 달리 해명하는 것은 있지 않다고 할 정도로 의례적인 일치점을 가지고 있다.

 돌아가신 날부터 7일째마다 염불을 외우면서 재를 올려서 영가가 불법을 깨닫게 하고, 다음 세상에서는 좋은 몸을 받아 다시 태어나기를 비는 불교의 재례의식의 요점이고 목적이다. 일주일에 한번씩 7번을 지내기 때문에 칠칠일에 의거하여 초재, 이재 등의 말을 하고 마지막으로 하는 칠칠재를 일러서 49재라고 하며, 죽어서 장례를 치르면서 49재를 지낼 사찰을 결정하게 되는데 이렇게 되면 장례예식인 입관식에 49재를 지낼 사찰의 스님을 모셔서 시다림의 형태로 염불의식을 진행하기도 한다.

49재를 칠재라고도 부르는데 49일 동안은 영가가 중유(中有) 또는 중음(中陰)이라는 곳에서 머문다고 관념하고 있으며, 즉, 중음이라는 곳은 공간적인 개념으로 이승과 저승 사이의 중간계라고 설정해서 이 기간 동안은 죽은 이가 생전에 살면서 지은 업에 따라 다음 세상에서 어떠한 형국으로 그리고 육도의 어느 세계로 태어날지가 결정된다고 믿고 있다. 그래서 이와 같은 중음신의 거처와 향배를 결정하는 중음의 세계에서 보내는 것이 바로 49재의 본질이라고 할 수 있다.

모든 중생은 육도, 즉 천상, 인간, 축생, 아수라, 아귀, 지옥도 등 여섯 세계를 윤회하고 있으므로 이를 육도윤회라고 하면서 이것은 죽은 영가가 이 육도 중에서 아귀와 축생도에 들어가지 않게 하려고 염원하는 의식이 바로 49재이다. 49재가 베풀어지면 중유의 세계에서 좋은 곳으로 갈 수 있다고 관념하고 이 의례를 한다.

사람이 죄를 지어서 재판을 받을 때 좋은 변호인에게 변호를 맡겨서 죄의 탕감을 받는 것처럼 살아생전에 부지불식간에 지은 죄가 있다면 사면을 받을 수 있도록 불교에서 스님이 일련의 의식을 통해서 변호인의 역할을 하게 된다. 이러한 의식은 부처님의 법문을 들려줌으로써 영가에게 참회의 마음을 갖도록 깨달음을 주는데 큰 의미가 있다. 돌아가신 영가에 대한 49재를 지내는 것은 염불로서 진행되며 49재를 통하여 돌아가신 분과 남아있는 가족들의 마지막 이별의식이며 불교식 의례이다.

망자김유감을 위한 천도의식은 서울 성동구 하왕십리 2동 998번지에 위치한 안정사에서였다. 이날 오전 8시 16분부터 10시 47분까지 약 3시간에 걸쳐서 망자김유감을 위한 49재를 올렸다. 원래 새남굿에는 재받이승려를 천근새남굿이 진행되는 현장으로 오도록 청해서 일정하게 한 굿거리의 부분을 맡아서 하는 의식이지만, 이번 굿은 그러지 않았으며 49재를 안정사라는 절에서 별도로 진행한 점을 특징으로 꼽을 수 있다. 망자김유감의 49재를 지낸 장소인 안정사의 모습은 다음 사진으로 볼 수 있다.

안정사 대웅전

안정사 대웅전에서 부처님 앞에 제물을 2단으로 진설하였다. 제물의 진설은 가부좌를 하고 계시는 부처님 바로 앞에 각종 과일과 견과류, 과줄을 괴어 놓았으며, 그 한단 아래에는 가운데 향로를 중심으로 양 옆으로 촛불을 밝히고 왼쪽으로는 백율과 떡, 쌀을 놓았고 오른쪽으로는 대추 약밥 떡을 놓았다. 이것은 먼저 부처님께 49재가 있음을 사뢰는 것으로 이해할 수 있다.

부처님 앞에 차려진 상은 –상단이라고 이름 한다. 영정상 앞에 차려진 상– 시식(施食)상이라고 하는데 이는 영혼에 음식을 베푼다고 하여 시식이라고 한다. 시식상 앞에는 사진을 망자의 사진을 놓는데 이때

사진이 없으면 사진을 대신하여 망자의 위패로 모신다.

음식을 진설하는 것에는 1단과 2단의 음식의 높낮이는 특별하게 구분하지 않으며, 별도의 이름을 갖지 않는다. 음식을 진설하는 단의 모양에 따라 음식접시가 높은 것은 위에 놓고 양이적어서 낮은 것은 아래 놓는다. 특별한 법도가 따로 없으며, 큰 재를 지낼 때는 많이 올리고 적은 재를 지낼 때는 좀 적게 올린다. 큰 재와 작은 재의 구분은 설재비용에 따라 결정한다. 비용을 많이 내면 재물을 많이 쌓고 음식 가지수도 많다.

다음은 사진은 부처님 앞에 차려진 상단의 모습이다.

부처님전 재물 진설

다음은 사진은 망자김유감 영정 앞에 차려진 시식상이다.

이 사진은 왼쪽으로 끝부분에 걸려있는 탱화 앞에 김유감의 영전사진을 세워놓고 그 앞에 망자의 신위를 오른쪽 옆으로 겹쳐서 뒀다. 사

영전 앞 시식상

진을 중심으로 양쪽 옆으로는 촛불을 밝히는데 아직 불을 켜기 전의 사진이다. 그 앞에는 옆으로 길게 각종 나물류와 전을 진설했다. 가운데 영정사진을 중심으로 바로 앞에는 밥과 국, 잡채, 간장, 김치이고 그 옆으로는 오른쪽은 녹두전, 왼쪽은 두부전이며, 전 옆으로 나물이다. 그 앞에는 주전자에 맑은 술이 담겨있다.

  이 상을 시식상이라고 하며 시식(施食)상을 차리는 것은 영혼에게 음식을 베푼다고 하여 시식이라고 이름 한다. 불교에서 시식은 그 종류가 7개가 있다. 재 의식에 따라서 시식의 이름도 달리 부르고 있으며 시식을 받는 대상에 따라서도 그 이름이 다르다. 시식의 음식도 각기 다를 수 있다. 위 사진은 제물을 진설했지만, 아직 촛불이 밝히지 않았다. 상을 다 차리면 상주 대표가 촛불을 밝히는데 장면을 보자.

  시식상이 진설되면 상주 중 한사람이 촛불을 밝혀준다. 다음으로 전악 한명이 대금을 불면 이것이 신호인양 상주들은 모두 일어나서 함께 절을 올린다. 다음으로 스님이 49재에 따르는 순서에 입각하여 구송

촛불 켜기

할 때에 상주 한사람씩 술을 따라 올리고 절을 한다.

시식의 구분은 대령, 관음, 종사양반, 젯대령, 구병 등이 있으며, 간단하게 하는 시식도 있지만, 이와 다르게 관음시식을 제일 귀하게 여기며 제일 많이 한다. 도력이 높은 스님이 돌아가시면 '종사양반'이라는 이름의 시식을 하고 일반인이 죽었을 때는 대령이라는 시식을 한다. 한번 재를 지낼 때 시식은 두 번 베풀어지는데, 첫 시식은 대령이고 그 다음은 재를 다 지내고 재의 끝에 가서 제사 지내는 것도 절에서는 시식한다고 말한다. 처음에 상을 차려놓으면 상주들이 촛불을 켜고 잔 따른 후 절을 올리는 데, 이때 스님들이 대령 염불을 하며 그 내용은 길다. 대령하는 모습을 사진으로 보자.

대령이라는 것도 시식의 한 종류다. 대령의 내용은 부처님 법문을 하는 것이다. 대령할 때의 법문은 높은 법문이며, 이를 일러서 '대령염불을 한다'.라고 말한다. 염불의 내용은 첫째 '거불'이라고 하여 부처님을 먼저 청하는 염불을 한다. 염불을 하여 정명으로 부처님을 청하는

상주 절하기

것이다.

　대령이라는 것도 시식의 한 종류다. 대령의 내용은 부처님 법문을 하는 것이다. 대령할 때의 법문은 높은 법문이며, 이를 일러서 '대령염불을 한다'.라고 말한다. 염불의 내용은 첫째 '거불'이라고 하여 부처님을 먼저 청하는 염불을 한다. 염불을 하여 정명으로 부처님을 청하는 것이다.

　그다음으로 요령을 흔들면서 영가를 청하는데, 이때는 청혼(請魂)법문을 한다. 법문을 하는 스님은 누구의 영가인지를 분명하게 말하며 영가를 휘어잡을 수 있는 법력이 있어야한다. 또한 계행이 청정해야하며, 송문관의(誦文貫意)를 해야 한다. 더하여 범패(梵唄)를 알아야 한다.

　대령에는 착어법문인데, 착어성은 범패의 한 곡명으로서 재(齋)를 올릴 때 안채비가 부르는 범패의 한 종목이 "착어성"이다. 따라서 착어성은 소리의 일종이고 착어법문은 상승법문으로서 제일 뛰어난 영가만이

대령염불

알아들을 수 있는 소리다. 이 소리를 못 알아들을 경우를 대비해서 그 다음 소리를 하는데 그것이 청혼(請魂)이라 하며 착어성보다 법문이 낮은 소리다.

이날 시식에 오는 영가는 김유감 영가하나로 단일지는 않다. 원래 시식은 망자만이 해당하여 받는 것이 아니다. 망자를 비롯하여 주변에 있는 영가들이 함께 참석한다. 음식을 함께 나누는 것이 불교의 본질이다. 서울서 하는 대령은 하루 동안 재를 모두 지내야하기 때문에 세속에 따르면 영가에게 초벌요기를 시켜드리는 것을 말한다.

대령이 끝나면 관욕이라는 절차를 해야 된다. 관욕이리 함은 영혼을 목욕시키는 절차이다. 영혼이 법당으로 들어오려면 깨끗해야한다. 만약에 영혼이 더러우면 법당으로 못 들어오는데, 법당은 늘 청정한 장소여야만 되고 그 깨끗함을 유지하기 위해서는 더러운 존재들이 근접을 못하도록 법당의 수호신이라고 할 수 있는 신중단이 지키기 때문이다.

신중단의 모습은 다음과 같다.

대령에는 청혼법문 다음으로 신중단의 활동을 위한 신중창불을 한다. 신중단은 달리 신중위, 또는 신장이라고도 하고 또 신장님이라고도 부른다. 신중단이 하는 일은 불법성 삼불창단에 부처님 염불하는 이 도량에 악귀나 그 외 더러운 것들이 못 들어오게 보초를 하는 것이다. 신중단에는 104분이 있으며 법당의 왼쪽이나 오른쪽에 신중단이 따로 있다. 일반적으로 절 입구에 위치한 큰문 양옆을 지키고 있는 사천왕도 신중단의 일원이다.

신중단의 차림들은 갑옷입고 투구 쓰고 칼과 창을 옆에 차고 있다.

불법을 수호하는 신중단 탱화

여기서 신중단은 세상에서 도둑을 지켜주는 경찰과 국방을 지키는 군인 같은 역할을 한다. 신중창불은 불법승 삼불도량에 악귀나 사귀가 못 들어오도록 하여 도량을 잘 돌 수 있도록 옹호 해 달라고 청하는 것이다. 이렇게 해 놓고 본 재에 들어간다. 지금까지가 49재의 사전 의식에 속한다.

이제 영가의 넋을 목욕시키는 관욕이라는 절차를 하려고 영전 사진을 들고 관욕 관으로 가는 모습이다.

관욕 행차하는 영가

영가관욕행차는 스님일행은 목탁을 두드리고 징을 치고 호적을 불며 먼저 앞서고 상주들은 영전사진이나 신위를 의자에 앉혀서 들고 스님의 뒤를 따르고 두 번째는 향로, 세 번째는 촛불을 들고 뒤를 따라가는 모습이다. 망자가 천도를 받으려면 깨끗한 차림으로 부처님 법당으로 들어가야 한다. 그래서 沐浴齋戒를 해야 하는데, 법당에서는 목욕을 못하고 관욕실이 따로 있어서 이동하여 관욕의 절차를 한다. 관욕이라 함은 일종의 목욕 절차이다. 탐하고 성내고 삿된 마음을 삼독심이라고 하며, 이것을 씻어내지 못하면 법당에 못 들어간다. 이는 영혼에 있을 수 있는 삼독심의 더러운 영혼의 때를 씻어내는 것을 말한다. 관욕실에

관욕실에 온 영가

온 영혼의 형상은 영전사진과 위패로 표현된다. 위의 사진이다.

관욕실에 온 영정과 위패를 모셔놓고 그 앞에는 촛불을 밝히고 그 사이에 기왓장을 놓고 나뭇가지 2개를 놓고 紙衣를 올려놓는다. 그 앞에는 칫솔이 2개 있으며 대야에 물이 반쯤 담겨져 있다. 이 물은 香湯水라고 하며, 원래는 향탕 육수가 있어야 한다.

관욕에 소용되는 향탕수는 본래 '향탕육수'라 했다. 향탕육수라는 말은 여섯 개의 목욕물을 이르는 말인데, 그 여섯은 왕과 왕비, 양반과 천민, 남자와 여자로 구분해서 마련한다. 今日 영가를 관욕시키는 것에도 일정하게 다른 영가들이 따라 들어서 그것들을 준비한다. 그러나 오늘날에는 사진에서 본 것처럼 하나만 준비하는 것이 일반적이다.

앞서 대령시식에서도 말했지만, 금일에 청혼(請魂)이 되는 영가는 김유감의 영가하나로 단일하지는 않다. 원래 영가를 천도하는 의례에는 망자만이 해당하여 받는 것이 아니다. 망자를 비롯하여 주변에 있는 영가들이 함께 참석하여 따라오기 때문이다. 이에 관욕에서도 '향탕육수'를 마련해야하는 것이 원칙이다. 관욕은 향물을 끓여서 금일 영가를 香水로 목욕 시키는 것을 말한다.

관욕염불을 하는 승려

관욕을 행하는 곳을 바라보며 스님은 청아한 소리로 염불을 하는데, 이를 관욕염불이라고 한다. 염불의 핵심은 이 옷이 넓지도 말고 좁지도 말며, 크지도 말고 적지도 말고 금일 영가에 꼭 맞는 옷이 되어서, 옛날 옷이 있으면 말끔히 벗어버리고 여기 부처님 염불로 가피를 입는 것을 말한다.

이렇게 목욕하는 진언을 염불로서 하고 일련의 절차에 따라 관욕쇠라고 이름하는 징을 쳐야하는데, 금일에는 관욕쇠 절차가 생략 되었다. 관욕쇠 다음 절차로 스님 두 분이 관욕바라를 친다.

관욕을 할 때 관욕바라를 치고, 지의를 태울 때에도 바라를 친다.

관욕바라 치는 승려

지의 태우기

　향물로 목욕을 마친 영가는 지의를 태우는 것으로 관욕의례를 마친다. 지의를 태워서 그 재는 준비 된 향탕물에 집어넣는다. 사진은 다음과 같다.

　태운 지의를 담은 향탕물은 하수구 같은 아무데나 버려서는 안 된다. 깨끗한 땅을 찾아서 버려야 된다. 영가의 청정한 몸을 상징하는 것을 함부로 버릴 수 없기 때문이다. 이미 재가 되고 없어도 이러한 것은 청정하게 하지 않으면 서로 문제가 되기 때문이라고 관념한다. 권명시식을 하는 데서 부정을 타는 것을 극히 꺼리기 때문이다.

향탕수에 들어간 태워진 지의

천근새남 굿상 차림

김유감 새남굿 천근새남굿거리 순서와 연행자

굿거리 천근새남굿		연행자	세부절차	특징
1	천근새남부정	이상순	앉은굿, 12거리형식	만신이 혼자 장구를 치며 부정의 여러 가지 이름을 부르고 이를 호명하면서 부정을 가시고 굿하는 기주와 망자의 내력을 서술하고 굿을 하는 일자를 서술한다. 상주가 누구인지 이 굿을 왜 하는지 밝히고 이를 거론하는 것이 요점이다.
2	시왕가망 노랫가락	이상순	앉은 굿	상주대표가 영정사진 앞에 촛불을 켜고 6개의 유기잔에 술을 따르고 영정사진 바로 앞에는 막걸리 1잔을 따른다.
3	진적	가족들	절하기	바리공주 머리장식 정리해 두고 삼현육각, 장구 제금 포함하여 악기를 울리는 중에 가족들은 절을 9번 한다.
4	중디박산	이상순	앉은 굿, 노랫가락	중디박산 할 적에는 장구를 돗자리에 올리고 그 위에서 저승 신을 청배한다. 그 후에 돗자리 위에 망제 옷을 편다. 이 돗자리는 도령돌기 할 때에 돗쌈을 하는 용도로 사용된다. 만신은 노랫가락을 혼자 한다.
5	안정사 49재	안정사 승려들	안도령, 밖도령돌기	대령염불, 관욕염불, 바라춤, 도령돌기 등으로 망자천도 기원을 한다. 굿당과 분리하여 49재를 진행했다.
6	뜬대왕거리	강옥님	청치마, 팥죽색협수, 큰머리, 선굿	장구와 마주보고 서서 노랫가락을 같이 부른다. 가족에게 공수 후 장구와 함께 중디노랫가락 후 가족에게 공수. 말명만수받이 후 가족에게 공수
7	사재삼성	강옥님	선굿, 굿놀이	큰머리 내리고 삼성만수받이 후 삼베 찢어 머리에 두르고 본격적인 사재가 된다.
8	말미	한부전	앉은 굿	서울굿에서 유일한 본풀이다. 바리공주본을 풀어 망자의 저승안내에 합당한 존재라는 인식을 각인시킨다.

번호	거리명	무당	구분	설명
9	밖도령돌기	이상순	선굿 (마당굿)	바리공주의 손에 이끌려서 망자가 극락세계로 천도되는 굿거리의 한 절차이다. 이 굿거리는 매우 소중해서 누구라도 한번만 들어도 극락세계로 갈 수 있다고 무속에서 관념하는 굿거리다. 손도령, 나비도령, 부채도령, 칼 도령돌기를 한다.
10	문들음, 연지당영실	이상순	선굿 (마당굿)	저승에 입성하는 상징성을 강하게 부각하는 굿거리이다. 망자가 꼭 들어가야만 하는 필수적상황으로 묘사한다. 큰문을 들어서 그곳은 건대구가 걸려있으며 연지당까지는 디딜베를 딛고 간다.
11	안도령돌기	이성재	선굿 (마당굿)	연지당에서 지장보살의 허락을 받은 바리공주가 망자를 극락으로 인도하는 과정이다. 안도령 돌기는 대상 앞에서 손도령, 나비도령, 부채도령, 칼 도령돌기를 한다. 도령을 돌고 문섬김을 만수받이로 부른다.
12	상식, 명두청배	이성재 · 이옥선	앉은굿 (마당굿)	상식과 명두청배는 동시에 이루어지는데, 이는 무속에서 유교와 불교의 복합관념이 뚜렷하다.
13	뒷영실	윤복녀	마당굿	뒷영실은 가족과의 영영 이별을 하는 거리이다. 만신은 말미연행해서 뒤에 걸어두었던 영실수건을 목에 두르고 돗쌈 위에 있던 망자옷을 입고 넋지는 머리에 꽂는다.
14	베가르기(베째)	유효숙	선굿 (마당굿)	베가르기는 3번에 걸쳐서 이루어진다. 새남다리, 맑은다리, 흐린다리
15	시왕군웅	유효숙	선굿 (마당굿)	시왕군웅의 신격은 바리공주 남편인 무장승이다. 시왕 군웅채를 받아먹는 신격이다.
16	뒷전	강옥님	선굿 (마당굿)	정식으로 초대받지 않은 신격들을 잘 먹여서 돌려보내는 절차로 만신은 밖을 향하여 서서 연행하며 모든 굿이 끝나는 마지막 거리이다.

1. 천근새남부정청배

[만신 이상순 굿의 대상자를 적어서(위에내용)장구에 붙여놓고 앉아서 장구를 치며 구연]

부정청배 [만신 이상순은 평복차림으로 앉아서 장구를 치며 구연]

아린영정에 쓰린부정
숨지어 넋진 부정 피지고 가던 부정
업어내고 모셔다가 열시왕의 사재부정
우여 슬프시다
고 광산김씨는 아홉 혼신 여망제님
날 신체 젖은 시체 만지고 다룬 부정
관머리 널머리 마주친 부정이요
곡성소리도 은하수 곡성소리 나던 부정
머리끝에 백나비 부정은 흰나비 영정이요
운명 시에 보던 부정 날 상시에 보던 부정
임종 시 보던 부정 염습 시에 보던 부정
오늘은 입관 시에 보던 부정
발인 시에 보던 부정 길제 노제 시에 보던 부정
하관시에 보던 부정 평토 시에 보던 부정
매장 시에 보던 부정
거리에 오늘은 따라든 부정과 반혼 시에 보던 부정
열 부정 뜬 부정 길 위에 있던 부정 길알로(길아래) 열 부정
오늘은 어떤 부정 귀로 듣던 부정 입으로 옮긴 부정
해묵은 부정에 달 묵은 영정은

조문하고 연신하고 왕래하던
영안실에 반혼시에 보던 부정에
오부장네 왕래하던 부정이요
길위에 뜬부정 길아래는 열부정
물부정 불부정 다 젖혀주소사

부정고함

해쌍년 년후로 기축년 해후 년이요
날샀과 좋은예로 오월에 초열흘날
사옵는 거주지와 지접은 해동에 조선국
오부장네 닦아놓은 터전은
왕십리 지접에
왕십리 홍익동 414번지 4호
우여 슬프시다
광산김씨 아홉 혼신 여망제님
해후에 시절인가 불가에 천술인지
이승에 한명인지 저승에 채살런지
시왕영검은 하직 없이 길을 여워
가신 망제 사람 죽어 고혼 되니
초단에 서낭자 이단에 자리걷이 넋걷이요
칠칠이 사십구제 받으시고 절에 올라 서낭자 받으시고
오늘은 안당에 하직하고
밝고 새는 날이면 천근새남 받으시고 만근 대도령 받으시고
가시문 쇠문 벗고 남양벌초감 염불 받고
극락세계 연화대로 산하여 주소사

시위들하소사
염라시왕 사재상문 전물기도영정

말명축원

시위들하소사
가진 말명 쓰린 말명
숨지어 넋진 말명 피지고 가던 말명
업어내고 모셔내어
열시 왕에 사재 말명
우여 슬프시다
광산김씨 여망제님 모셔가고
선대다로 양운말명 후대다로 양운말명
할아버지 할머니 아버지 업제장 어머니 복말명
삼사춘 가신 말명 오륙촌 가신 말명
칠팔촌 가신 말명 구십촌에 가신 말명
고모 말명 이모 말명 서모 말명 서자 말명
가문 안에 들던 말명 가문밖에 나던 말명
오늘은 광산김씨 아홉 혼신 여망제님
모셔내고 업어내서
신망제님 길가리켜 극락으로 길가르켜 인도 하시고
꿈자리 몽사로 왕생극락
남상주남복인 여상주여복인
수산하고 액산한일 제쳐주고
오늘은 천근새남을 할지라도
전씨 가족 올습니다.

오늘은 전씨에 대주님 몸수 건강하게 도와주고
부모자손 예순네살, 쉰 일곱, 설흔일곱, 설흔두살, 설흔네살, 스물여덟살
    이옵니다.
각인각성에 열에 열명 동기일신은 친구방언님들
김씨영가 진초상에 연신하고 넘나해서
망제님 연신하고 맨발벗고 쓴칼벗고
사재질 가신망제 전물영정
망제 원망없고 원척없이 다 제쳐 주소사
사재질 삼성질 연환대진 제쳐주고 전물기도
사재삼성 망제천도

사재삼성축원

시위들하소사
아린삼성은 쓰린삼성
숨지어 넋진삼성 피지고 가던 삼성
업어내고 모셔내어 열시 왕에 사재 삼성
우여 슬프시다
광산김씨 아홉혼신 여망제님
오늘은 전물하고 안당은 사경맞이 받으시고
가시문 쇠문벗고 난향벌초감 염불받고
만구름 차일 안에 홍모란 홍삼주 백모란 백삼주
유물과 사줄 대턱받으시다
십대왕전 위로하고 극락세계 연화대로 산하여 가시다
어느 대왕에 가두시나
제 일전에 진광대왕 제이에는 초강대왕

제 삼전에 송제대왕 제 사에는 오관대왕
제 오전에 염라대왕 제 육에는 변성대왕
제 칠전에 태산대왕 제 팔전에 평등대왕
제 구전에 도시대왕 제 십오도 철륜대왕
열시왕에 매인 망재 오늘은 가시문 쇠문 벗고
난향벌초감 염불받고 극락세계 연화대
천지옥경에 무을 열고
삼십 육만억 이십일만 구천오백
동명동호 천잔법식 비로자요
원만보신은 노사나불 비로자나불
육만여래 뒤를 따라
극락세계 연화대로 산하여 가실제
십대왕이 부리시는 사재님이
천하로는 천직사재 지하로는 지국사재
일직사재 월직사재
최판대왕에 난향사재
목도리 강림사재
제석궁에 모란사재
산으로 산사재요 바다로는 용신사재
거리에 객사사재 제불동방 일국사재
일곱 사재 거동 보소
십대왕전 물고 받고 최판대왕 분부 받고
배자여차 손에 들어 품에 품고 정창옷을 제쳐 입고
쇠파랭이는 숙여 쓰고
우수에는 창검 들고 좌수에는 철편 들고 오라사슬을 빗겨 차고
밤이면 별을 타고 낮이 되면 산을 넘어

쇠파랭이는 숙여 쓰고
활등같이 굽은 길을 설(별)대 같이 날아와서
한양 성내 삼십육관 오부장내 당도하여
전씨문중을 문을 들어서니
대문을 들고 중문을 드니 수문장이 못다 말려
마당 가운데 들어서니 오방지신이 산란하다
마루 대청에 올라서서 삼간마루를 떼구르니
성주왕신이 산란하고 만조상이 못다 말려
사재님의 거동 보소
석류 뺨을 붉히면서 붕아 눈을 부릅뜨고
무쇠 같은 주먹으로 성명 삼자 불러내며
닫은 방문 열트리고 방문 설죽을 가로잡고
어서나라 바삐나라.
뉘 영이라 거역하고 뉘 분부라 지체하랴
김씨에 여망제님 거동보소
그 뉘라서 나를 찾나 날 찾을 이 전혀 없소
언제 듣던 음성인가 언제 보던 화상인가
사재님이 하는 말씀
이승도 저승 같소 만조상을 뵈러가세
십대왕에 물고 났소 최판대왕에 배자났소
어서나라 바삐나라. 안갈수는 없는구나
실날 같은 약한 목에 오라사슬 걸어 놓고
한 번 걸어 나부치니 열 손 열 발 맥이 없고
두 번 잡아서 나부치니 맑은 정신이 흐려지고
세 번 잡아 나부치니 어이없이 가신망제
사재님에 거동보소 일가문중 많다 해도 동행할 이 전혀 없소

친구 벗이 많다 해도 어느 친구가 대신 가리
상인은 상주는 복인은 복쟁이
오늘은 운명종신은 임종시에
하직을 하시고
구사당에 허배하고 신사당에 하직하고
신던 신길 둘러놓고 마당 뜰에 내려선채
마당뜰에 숙여를 돌고 신개 불러 경세하고
대문 밖을 썩 나서니
적삼 내어서 손에 들고 혼백 불러서 초혼하니
상문집에 울고지고 곡성소리 낭자하다
일직사재 손을 끌고 월직사재 등을 밀고
칼치산은 칼치고개 불치산은 불치고개
아미량산은 염불고개
강림산은 강림도령 손을 잡고
영포베포 수의대필 육진장포는 열두매끼
면모악수 호랑짚신 북망산천에 전임하고
일곱 사재는 갈망하고 삼사재는 허참하고
극락세계 연화대로 산하여 주소서

서낭축원

시위들 하소사
아린서낭은 쓰린서낭
숨지어 넋진서낭 피를지고 가진서낭
업어내고 모셔다 열시왕전 사재서낭
관머리 널머리가 왕래하고

칠성판이 넘나들고 쑥진 장포수의 대필이 넘나들고
선매 일곱매 헌매 일곱매
면모악수가 넘나하고

관주축원

오늘은 사자 서낭간주 말명 관주 업이 서낭 상 관주
망제천도하고 산이 성불하야
상인은 상주가 서낭대진 제쳐주고
눈물 끝에 명을 주고 곡성 끝에다 복을 늘여
점지해 주소사
망제진 시왕진 연화대진을 다젖혀주소사

영산축원

시위들하소사
아린영산은 쓰린 영산 숨지어 넋진 영산 피를 지고 가진 영산
업어내고 모셔내다 열시왕 사재영산
광산김씨 만신말명 대신영산
목을 매서 가던 영산 약을 먹고 자결영산
만경청파에 물에 빠져 뜬영산 수살영산
암병에 가던 영산 당뇨병에도 가던 영산
해수에도 끓인 영산 몸수에도 끓인영산
꿈자리 별몽사 얼르고 보채고 보채고 얼르던 영산들이
뒤에 뒷전 고픈 배 불려가고
쓰린 가슴은 멈춰가고
많이 먹고 질게 놀고

대함박에 대수받고 물한박에도 대수받어
예순 네 살, 쉰일곱, 여든일곱 노인대주
독수로 살아가도 몸 수 건강하고
전씨의 양위가 한맘 되고 한뜻 되게 점지해 주소사
기분 좋게 도와주고 말분 좋게만 도와주고
예순네살 상인상주 복인은 복쟁이
눈물 끝에다 명을 주고 곡성 끝에다 복을 주고
아침상식은 저녁 졸곡에 초하루 보름은 삭망에
꽃이 피고 산소에 꽃이 피고 망제삼년 곱게 나고
손주방석 서른두 살, 서른네 살은 여의자손 스물여덟은 중녀자손
말잘 하고 글잘 하고 천재수재 되고 해해승승하고
높이 되고 귀이 되고 효자 나고 충신 나고
의주부인 나시게 경사 나게 도와주고 혼이래도 도와주고
광산김씨 여망제님 104호 서울새남굿
길이길이 보존하고 높이 되고 꽃이 피고
해동조선국 편안하게 점지해 주시고
안상주 진초상 연신하고 넘나 해도
사재진 삼성진 따라가는 삼성 없고
묻어가는 삼성을 다 젖혀 주시고
늦은 중복은 빠른 대살 다 젖혀 주소사

상문축원

시위들허소사
아린상문은 쓰린 상문
숨지어 넜진 상문

피를 지고 가진 상문
업어내고 모셔내다 열시왕의 사제상문
김씨에 여망제 운명종신 임종 시에 퍼진 상문
발상 시에 퍼진 상문 염습 시에 퍼진 상문
입관 시에 상복 시에도 보던 상문
길제는 발인 시에 노제 시에도 보던 상문
하관시에 보던 상문 반혼 시에 보던 상문
오늘은 상문각시 상문도령 수사납고 액 사난 일
상인상주 복인 복쟁이 연신하고 넘나들고
어머니 잃어버려 삼밭에 들어서 몽상을 입었어도
석 달 삼 년 곱게 나고
이성재씨 부모자손 인연을 맺었으니
초상삼년이 곱게 나고 상급주고 풍파 없고
물쌈 불쌈을 다 젖혀 주시고
상문진 시왕진 연화대진을 다 젖혀 주소사
마누라 정성덕 왕덕 왕의 왕덕을 입히어소사

2. 시왕노랫가락 [만신이 노랫가락을 하는 중에 상주는 잔을 올린다.]

(1) 백사천리 소하오 시왕가망이 산에 올라
　　가심은 가문 아래나 잠도 아니나 오노메요
　　사외는 서천여울이 하외볼까

(2) 시왕가망 오시어는 길에 가야금줄 다리를 놓소
　　가야금 열두 줄에 어느 줄마다 나리외서

줄 아래 덩기덩 소리 노니라고

(3) 시왕가망 잡으신 잔에 앞마당에 이슬을 맺어
　　이 잔도 저잔이오나 지성이라고 쌍비오나
　　어제에 시 없는 잔을 스스라고

(4) 왕덕일랑 입소와지요 김씨의 부모자손들 덕이요
　　왕말미도 왕덕인데 전말미에 전덕이오나
　　마누라 왕의 왕덕을 다 입힐까

(5) 사제 상문을 젖혀를 주오
　　망제 삼년 시왕대진 다 젖힌 삼성진이요.
　　연화대진을 젖힐라오

(6) 마누라 사재상주는 다 젖힐까 산하요 산하소사
　　김씨의 여망제 산하요 억마구리 세계오신데
　　시왕세계로만 사나요 천수경 법화경으로 다 산할까
　　[둥둥둥둥]

3. 중디박산

말명관주청배

말명간주는 서낭간주
어비서낭은 상관주 대웅대 양마누라

대화부인은 선유부인 오박산 산실이시다
대웅네부인 말명
우여 슬프시다
광산김씨 아홉 혼신
해운에 시절인지 불가에 천수인지
이승에 한명인지 저승에 채사런지
허궁에 진벌인지 안당의 우벌인지
시왕 영검은 하직 없이 가신망제
사람 죽어 고혼 되니
초단에 서낭자요 이단법식이요 자리걷이 넋걷이
칠칠이 사십구재 천근 새남 받고 만근대도령
앞으로는 염불배설 뒤로돌아 시왕배설
홍모란 홍삼주요 백모란 백삼주요
유밀과 사줄대턱 받아다가
오늘은 안당에 하직하고
밝고 새는 날이면 가시문 쇠문 벗고
난양 벌초감 염불 받고
극락세계 연화대로 산하여 가실제
어느 대왕에 계여신가
제일전 진광대왕
제 이에는 초광대왕
제 삼전에는 송제대왕
제 사에는 오관대왕
제 오전에는 염라대왕
제 육에는 변성대왕
제 칠전 태산대왕

제 팔에는 평등대왕
제 구전에 도시대왕
제 십오도 전륜대왕
십대왕전 매인 망제
광산김씨 아홉 혼신 여망제가
석가문불 염불 받고 흑암지옥을 면하시고
극락세계 연화대로 산하여 주소사

중디박산 노랫가락 [이상순만신의 노랫가락이 한 소절 끝나면 장구도 치지만, 악사들의 연주가 있다.]

(1) 우수수 박수수 남서낭 제부군 마누라
　　마루에 서낭님 물가로 게오리
　　방성구엠 오렘

(2) 안산중디는 양마누라
　　산이며는 몇몇산요 들이며는 몇몇들에
　　안에 여덟 분 잡으신데 대웅네 양마누라 세계에서

(3) 안산중디는 양마누라
　　둥기갓을 쓰시고서
　　양폐를 숙이워서 군웅 말로만 나리웨서

(4) 안산중디는 양마누라 강릉 삼척을 들어가서
　　광대싸리 어슥비슥이 비여내여
　　윷을 지어 던지시니 다섯모는 외컬일세

시왕노랫가락

(1) 서낭당 뻐꾸기 새야 너는 어이 우짖느냐
    속 비신 고향나무에 새잎나라고 우짖느냐
    겉잎이 이우러졌으니 새 속잎 날까

(2) 서낭당 성수를 베어 월정마누라 대를 모아
    임진강 대동 수에다 여울 여울이 띄워놓고
    천금 같은 망제가 성각을 지어

(3) 대왕이 산에를 올라 장단여울 굽어보니
    천리소 만리소에 장단 수이가 수이로다
    장단수 열세울 하니 한데 물까

(4) 밧산중디 오시는 길에 가야금 줄다리를 놓소
    가야금 열두줄에 어느 줄로만 나리워서
    줄 아래 덩기덩 소리가 노니라고

(5) 안에 여덟 분 잡으신 잔에 사외삼잔 이슬을 맺소
    이 잔도 저 잔이오나 지성이라고 쌍비오나
    저자야 시 없는 잔 스스라고

(6) 왕덕일랑은 입소와지요 김씨여망제 지은 덕이요
    왕말미 왕덕이오나 진말미 하고 진덕이오나
    마누라 왕에 왕덕을 다 입힐까

(7) 사재상문 젖혀를 주오 망제 삼년 시왕대진
　　사제진도 삼성진인데 연화대진을 젖히라고
　　마누라 사제삼성진 다 젖힐까

(8) 산하요 산하소사 김씨의 여망제 산하요
　　극락을 바라보시고 시왕세계로 산하요
　　천수경 법화경으로 다 산할까

4. 사재삼성-뜬대왕거리

시왕가망노랫가락 (강옥임 구연-장구 : 윤봉녀, 마주보고 서서 합창으로 부른다.)

(1) 백사천리 소하오 시왕가망이 산에 올라
　　거염은 단심이오 굽이 설산에 돌아드니
　　설산에 매화도 꽃이 나비 본 듯

(2) 시왕 가망이 오시는 길에 가야고로 다리를 놓소
　　가야고 열두 줄이나 어느 줄로다 나리웨서
　　줄 아래 덩기덩 소리 노니라고

(3) 시왕가망이 잡으신 잔에 사외삼잔 이슬 맺혀
　　이 잔은 저 잔을 하오 지성이라고 쌍비오리
　　일광에 시 없는 잔을 시스라고

(4) 왕덕을 랑은 입소와지요 김씨의 여망제 지은 덕요
    왕말미 왕덕이오나 진말미하고 진덕요나
    마누라 왕에 왕덕을 다 입힐까

(5) 사재상문을 졎혀를 주오 망제 삼년에 시왕대진
    사재진 중디진 이오나 연화대진을 졎히라고
    마누라 사재 상문진 다 졎힐까

(6) 산하요 산하소사 김씨의 여망제 산하요
    극락을 바라보시고 시왕세계로 산하요
    천수경 법화경으로 다 산할까

[노랫가락을 마치고 상주들 앞으로 가서 공수를 주고 장구잽이가 -윤봉녀- 는 두 소절 남은 노랫가락을 마저 한다.]

시왕가망공수

어구자
아린 가망은 쓰린 가망 아니시랴
숨지어 넛진 가망 아니시랴
피를 지어 가던 가망 아니시랴
업어내고 모셔내다 열 시왕에 사재가망 아니시리
우여 슬프시다
광산김씨에도 아홉혼전 여망제님
해운에 시절인지 불가에 천술런지
안당의 우벌인지 허공에 진벌인지

시왕영검 흘리노와
하직 없는 길을 여워 가신망제
말 없는 공사되고 글 없는 채사되어
오늘은 안당하직하고 본향에 쇠를 놓고
극락세계 연화대로 산하여 주시노라

[공수 후 웃고름을 잡고 춤을 추다가 제상 앞으로 아서 들어숙배 내숙배 춤을 춘다. 제단의 빈 술잔을 들고 뜀춤으로 가볍게 돌고 장구 앞으로 가서 삼현 육각 반주로 합창으로 노래한다.]

중디노랫가락

(1) 서낭당 뻐꾸기 새야 너는 어이 우짖느냐
   속 비신 고향나무에 새잎 나라고 우짖느냐
   겉잎은 이우러지고 새 속잎 날까

(2) 서낭당 성수를 빌어 월정마누라 돛대를 모아
   임진강 대동 수에다 배를 모아서 띄워놓고
   공들고 힘드신 망제가 선가 없이

(3) 대왕이 산에를 올라 장단여울을 굽어보니
   천리소 만리손데 만리장단이 수이라고
   마누라 열세위 하니 한데 올까

(4) 밧산중디 오시는 길에 가야금 줄로 다리를 놓소
   가야금 열두 줄인데 어느 줄로만 나려웼소

줄 아래 덩기덩 소리가 노니라고

(5) 아내 여덟 분 잡으신 잔에 사외삼잔 이슬을 맺소
　　이 잔은 저 잔을 하오 지성이라고 쌍비오리
　　월광에 시 없는 잔은 시상하오

(6) 왕덕을 입소와지요 김씨에 여망제 지은 덕요
　　왕말미 왕덕이오나 천말미하고 천덕요나
　　마누라 왕에 왕덕을 다 입힐까

(7) 사제삼성을 젖혀를 주오 망제 삼년에 시왕 대진
　　사재진 중디진이오나 연화대진을 젖히라고
　　마누라 사제삼문을 다 젖힐까

(8) 산하요 산하소사 김씨의 여망제 산하요
　　극락을 바라보시고 시왕세계로 산하요
　　천수경 법화경으로 다 산할까

중디공수
어 굿짜
아린중디는 쓰린 중디아니시랴
숨지어 넋진 중디아니시랴
업어내고 모셔내던 열시왕의 사재중디 아니시랴
오관산 여울에 대웅전 마누라 아니시랴
서촌 여울에 매화로다
너 저 덕부인 덕장군 아니시랴

열대왕 젖혀 주고 뜬 대왕 물려주고
늦어나 중복 없고 바르나 대살 없이 산하여 주시노라

[제단위에 두었던 방울은 왼손 오른손에 말명돈을 싼 종이를 들고 장구 -윤봉녀-
앞으로 가서 만수받이로 부른다.]

말명만수받이

아 말명
　　　　아 말명
아린말명
　　　　아린말명
쓰린말명
　　　　쓰린말명
숨지어서
　　　　숨지어서
넋진 말명
　　　　넋진 말명
피를지어
　　　　피를지어
가던 말명
　　　　가던 말명
업어내고
　　　　업어내고
모셔내다
　　　　모셔내다

열시왕에
　　　　열시왕에
사재말명
　　　　사재말명
슬프시다
　　　　슬프시다
광산김씨
　　　　광산김씨
아홉혼전
　　　　아홉혼전
여망제님
　　　　여망제님
어느대왕
　　　　어느대왕
매이셨나
　　　　매이셨나
제일전에
　　　　제일전에

진광대왕
　　　　진광대왕
제이전에
　　　　제이전에
초광대왕
　　　　초광대왕
삼전에
　　　　제삼전에
송제대왕
　　　　송제대왕
제사전에
　　　　제사전에
오관대왕
　　　　오관대왕
제오전에
　　　　제오전에
염라대왕
　　　　염라대왕
제육전에
　　　　제육전에
변성대왕
　　　　변성대왕
제칠전에
　　　　제칠전에

태산대왕
　　　　태산대왕
제팔에는
　　　　제팔에는
평등대왕
　　　　평등대왕
제구전에
　　　　제구전에
도시대왕
　　　　도시대왕
제십오도
　　　　제십오도
전륜대왕
　　　　전륜대왕
십대왕전
　　　　십대왕전
매인망제
　　　　매인망제
안당물고
　　　　안당물고
본향하직
　　　　본향하직
상산살륭
　　　　상산살륭
산하여 아 말명

[급하게 아 말명 하고 제단 앞으로 가서 뜀춤 한 바퀴 돌고]

말명공수 [왼손방울 오른손은 사잿돈, 상주들 보고서서]

어 굿짜
아린말명은 쓰린말명 아니시랴
숨지어 넜진말명 아니시리
피를 지어 가진 말명 아니시랴
우여슬프시다
업어내고 모셔내다
열시왕의 사재말명 아니시랴
광산김씨에도 아홉혼전 여망제님
상산의 산문 벗고 제대왕 젯지게 벗으시고
쓴 칼 벗고 맨발 끌러 삼천은 녹수지게 벗으시고
오냐 극락세계 연화대 가실 적에
눈지옥 물지옥 불지옥 구렁지옥 배암지옥 무관팔만 제지옥에
쇠를 놓고 문을 열고
어느 옥경에 남자 되고 선풍에 제자 되어
삼십육만허구 이십일만 구천오백 동명 동호
천잔법신미노자원만보시노사나불
비로자나불 뒤를 따러
극락세계 연화대로 산하여 가시노라

[제단으로 가서 큰 머리 내려놓고 방울 건대구, 사잿돈, 사재삼베를 오른 손에 든다 장구잽이 -윤봉녀- 앞에 가서 서서 구연]

삼성만수받이

아 삼성
   아 삼성
아린삼성
   아린삼성
쓰린삼성
   쓰린삼성
숨지어서
   숨지어서
넋진삼성
   넋진삼성
피를지어
   피를지어
가던삼성
   가던삼성
업어내고
   업어내고
모셔내다
   모셔내다
열시왕에
   열시왕에
사재삼성
   사재삼성
천하로는
   천하로는
천직사재
   천직사재
지하로는
   지하로는
지국사재
   지국사재
우두나찰
   우두나찰
좌두사재
   좌두사재
좌두나찰
   좌두나찰
우두사재
   우두사재
재판관은
   재판관은
남양사재
   남양사재
목도리는
   목도리는
강림사재
   강림사재
제석궁에
   제석궁에

모란사재
  모란사재
바다로는
  바다로는
요왕사재
  요왕사재
산으로는
  산으로는
산사재요
  산사재요
들로내려
  들로내려
객사사재
  객사사재
재굴동방
  재굴동방
일곱사재
  일곱사재
사재님에
  사재님에
거동을보소
  거동을보소
최판대왕
  최판대왕
분부낫소
  분부낫소

십대왕에
  십대왕에
배자나서
  배자나서
배자여자
  배자여자
품에품고
  품고품에
석명삼자
  석명삼자
손에들고
  손에들고
재패랭이
  재패랭이
숙여쓰고
  숙여쓰고
정창옷을
  정창옷을
젖혀입고
  젖혀입고
삼각수를
  삼각수를
거스르고
  거스르고
우수에는
  우수에는

창검들고
　　　창검들고
좌수에는
　　　좌수에는
설평들고
　　　설평들고
오라사신
　　　오라사신
비껴차고
　　　비껴차고
낮이되면
　　　낮이되면
산을넘고
　　　산을넘고
밤이되면
　　　밤이되면
별을타고
　　　별을타고
억만장안
　　　억만장안
팔만가구
　　　팔만가구
광산김씨
　　　광산김씨
마중하러
　　　마중하러

대문위에
　　　대문위에
우서짓고
　　　우서짓고
지붕위에
　　　지붕위에
백기꽂고
　　　백기꽂고
앞문전에
　　　앞문전에
홑진치고
　　　홑진치고
뒷문전에
　　　뒷문전에
겹진치고
　　　겹진치고
대문들고
　　　대문들고
중문드니
　　　중문드니
수문장이
　　　수문장이
만류하고
　　　말류하고
마당가운데
　　　마당가운데

들어서니
   들어서니
오방지신
   오방지신
산란하다
   산란하다
마루대청
   마루대청
올라서서
   올라서서
삼칸마루
   삼칸마루
떼구르니
   떼구르니
성주왕신
   성주왕신
산란하다
   산란하다
만조상이
   만조상이
못다말려
   못다말려
사재놈에
   사재놈에
거동을보소
   거동을보소

유자골을
   유자골을
얼러비벼
   얼러비벼
붕어눈을
   붕어눈을
부릅뜨고
   부릅뜨고
석류뺨을
   석류뺨을
붉히면서
   붉히면서
삼각수를
   삼각수를
거스르며
   거스르며
무쇠같은
   무쇠같은
주먹으로
   주먹으로
닫은방문
   닫은방문
박차열고
   박차열고
성명삼자
   성명삼자

초혼하니
   초혼하니
그뉘라서
   그뉘라서
나를찾나
   나를찾나
날찾을리
   날찾을리
바이없소
   바이없소
친구벗님
   친구벗님
많다해도
   많다해도
언제듣던
   언제듣던
음성이요
   음성이요
언제듣던
   언제듣던
화상인가
   화상인가
어서나오
   어서나오
바뻬나오
   바뻬나오

이승또한
   이승또한
저승같소
   저승같소
실낱같은
   실낱같은
목에다가
   목에다가
오라사슬
   오라사슬
한번걸어
   한번걸어
나꿔채니
   나꿔채니
열손열밤
   열손열밤
맥이없소
   맥이없소
두번걸어
   두번걸어
나꿔채니
   나꿔채니
맑은정신
   맑은정신
간곳없소
   간곳없소

삼세번을
        삼세번을
나꿔채니
        나꿔채니
부르는이
        부르는이
어머니요
        어머니요
찾는이는
        찾는이는
냉수로다
        냉수로다
할일없이
        할일없이
가신망제
        가신망제
친구벗님
        친구벗님
많다해도
        많다해도
대신갈이
        대신갈이
가이없소
        가이없소
상인상주
        상인상주

곤곤친척
        곤곤친척
일가문중
        일가문중
많다해도
        많다해도
등장들이
        등장들이
가이없소
        가이없소
저승길이
        저승길이
멀다더니
        멀다더니
구사당에
        구사당에
하직하고
        하직하고
신사당에
        신사당에
효배하고
        효배하고
명길벗어
        명길벗어
올려놓고
        올려놓고

신계불러
   신계불러
영세하고
   영세하고
마당뜰에
   마당뜰에
숙여서고
   숙여서고
대문밖을
   대문밖을
썩나서서
   썩나서서
적삼내여
   적삼내여
손에들고
   손에들고
성명삼자
   성명삼자
초혼하니
   초혼하니
없던곡성
   없던곡성
낭자하다
   낭자하다
일직사재
   일직사재

손을끌고
   손을끌고
월직사재
   월직사재
등을밀고
   등을밀고
칼칙산은
   칼칙산은
칼칙고개
   칼칙고개
아미랑산
   아미랑산
염불고개
   염불고개
어사지는
   어사지는
베사지오
   베사지오
영포베포
   영포베포
수의베필
   수의베필
호랑짚신
   호랑짚신
강림도령
   강림도령

손을잡고	일실일랑
손을잡고	일실일랑
발실일랑	일월세계
발실일랑	일월세계
산을생겨	이구덕락
산을생겨	이구덕락
물실일랑	성화제천
물실일랑	성화제천
문을열고	산하요나
문을열고	아삼성

[사재재담 준비]

　삼베를 찢어서 돌돌 새끼처럼 말아서 머리띠로 둘러 묶는다. 이상순이 사재돈 길게 싸 두었던 흰 종이를 오른쪽 귀 위로 꽂는다. 남은 천은 오른손에 들고 왼손은 방울 들고 밖으로 나간다. 악기는 빠르게 연주된다. 사재상의 꽃 3개를 뽑아서 머리에 꽂는다. 사재상에 음식을 개걸스럽고 흉하게 입에 쑤셔 넣는다. 뱉어 내기도 하고 빨간 팥고물 시루떡을 입이 터지게 물고 일부는 떼어서 여기저기 던진다. 사과도 베어 물고 저승으로 들어가야 하는 문으로 상징되는 그것을 심하게 흔든다. 가족들이 그 행동을 제지한다. 여전히 떡은 입에 물고 제단으로 와서 제상을 망가뜨릴려고 한다. 가족들이 말리니, 사제 허리 베를 펴서 돈을 요구한다. 가족들은 그곳에 돈을 올려 준다. 만신은 건대구와 함께 돈을 베로 둘둘 감는다. 다시 그 돈을 가지런하게 하여 머리에 꽂고 밖으로 가서 대설문을 망가뜨리려하니 가족들이 막는다. 삼베를 펴 놓고 손짓으로 돈을 요구하니 도 삼베에 돈을 올려준다. 삼베로 돈을 말다가 세어서 머리에 꽂고 입에 문 떡은 버리고 구연 시작한다.

사재재담

어허허허허
얼씨구나 절씨구나 하니까
오냐~[건대구 오른손에 들고 베로 둘러 감싸서 왼손에 방울과 같이 쥐고 있다.]
천량할아버지 재물대감
이웅네가 들어온 줄 알지마는 나는 도와다 줄 놈도 아니고 챙겨다 줄 놈도
    아니야
너~허~!
쥐며는 주먹이고 펴며는 송필이고
우하라면 좌하고 좌하라면 우한다고[이상순이 와서 건대구를 등에 업어주기
    를 권한다. 들어 싸고 있던 삼베로 건대구를 허리에 묶는다. 두루마기 왼쪽
    자락을 뒤로하여 오른쪽으로 들어올려서 건대구와 같이 묶어맸다.]
천하로 천직사재 지하로 지국사재
우두나찰 좌두사재 좌두나찰 우두사재
더~어~허허허허
목도리 강림사재 제석궁에 모란사재요
우하라면 우하고 좌하라면 좌 한다고
내가 펴며는 손길이고 디디며는 발바닥이고
더~~~
쥐며는 주먹인데 저승에만 사재가 있는 줄 알았더니
이승에도 하리말명 사재들이 쭈~욱 세상에 일렬로
임시제청에다가 엉덩판을 풍덕판을 들이대고

어느 물에 빠졌느냐 보따리를 건지느라고
대한독립만세를 불러는구랴
더~
저리 비키시오
아유~ 이 상제님들 의심이 많아서 돈당게 지고는 산밑에 못가겠어
아~ 저 망제 잡아갈 때 뭐 했수 그래?
그 망제님 잡아갈 때 그렇게 좀 말리지
저리 비켜요 아 비켜요 이제[상주들이 비켜준다.]

어허허허허허
아 그러나 저러나
엊그러께 오신 망제님이
저 꼭대기에 수팔년 거안에
천둥벼락을 쳤나 저기 저 망자가
오늘 저 꼭대기에 올라앉아서 닭의 똥 같은 눈물을 뚝뚝 떨어뜨려서
너무도 대동수가 되었는데
상인상주 복인 복쟁이들은
칠년째 왕가뭄에 도락꾸가 지나갔나
아주 눈에서는 먼지만 펄썩펄썩 나고
시상에 우리 어머니를 잘 모셔갔다고
허~연 이빨을 드러내 놓고 입이 귀에 걸려서 좋아서 죽어
너~~허허허허허허
아주 저 망제를 안 모셔 갔으면
니들이 아주 상인 상주들이 물을 끓여서 내 귓구멍에다가 들여 부울뻔 했어
너~~허허허허허허
그러나 저러나

내가 저런 망제를 모셔가도 내가 벼슬이 안 올라
왜냐하며는 청춘남녀 이팔 아주 청춘만 내가 모셔가야
어느~
가엾고 불쌍하다고 천근새남 만근대도령에 은전 금전에 금수레 대수레를 내서
너~모두어 금은전으로 도배치장을 해 줄 텐데
십대왕에서 팔십 먹고 구십 먹은 노인네 벽에 똥칠하던 노인네만 잡아 오너라 그러면 내가 얼마나 착한 사재인지 들어봐요

어느 이팔청춘만 모셔가고
삼대독자 외아들만 잡아가고
너 엊그러께 혼인한 윗 장만 뺏어가고
또~
귀한 딸만 잡아가고 무남독녀 외동딸만 잡아가고
내가 잘 자라는 호박에다 말뚝을 푹 박고
애 밴 년이 있으면 내가 옆구리를 걷어차서
애떼기 일쑤고 옹기장사 작대기를 걷어차서
아주 옹기 깨기 일쑤고
또~
불난 집에 가면 내가 키질을 불을 나게 만들고
잔치 집에 가면 곡을 해서 아이고~하고 내가 곡을 하고
어느~
장님이 오면 이리오시오 이리오시오 굴청으로 인도를 해서
내가 처박고 아주 내가 그렇게 착한 사재요

너~~허허허허허허

십대왕에서 '팔십 먹고 구십 먹고 벽에 똥칠하는 망제를 잡아 오너라' 그랬
　　는데 내가 청춘망령에 이팔청춘만 내가 잡아 가는데
아~엊그러께 오신 망제님이 '사재님 사재님' 하고 나를 불러
그래 내가 왜 그러느냐고 짧은 목을 길게 빼고 아주 술렁수 대답을 했더
　　라니
저 망제가 하시는 말씀이
'사제님 사제님, 나는 해동 조선국에 왕십리 지접에 살아가는 김유감이라
　　는 망제요. 아~ 내가 그래도 서울 새남굿에 보유자로 이렇게 불리고
　　어렸을 때부터 신을 받아서 아주 내가 대감놀이로 최고고 또 내가 사재
　　를 얼마나 망제를 수십 명을 업어서 모시고 내가 살아생전에 그랬던 망
　　제요.
그런데 을지경덕 같은 아들이
또 효녀 심청이 같은 딸, 또 서울 새남 굿에 아주 세상에 보유자 선생님하고
　　아주 현악 선생님들하고 이수자들하고 회원들이 아주 합의를 해서 천
　　근 새남 만근 대도령을 해 준다고 소슬문을 세워 놓고 대설 문을 세워
　　놓고 아 남산 한옥 마을에서 하니까 나를 거기로 업어 모시고 안아 모시
　　며는 아~ 천근 새남에 만근대도령에 은전 금전에 내가 삼칸마루가 삐
　　하고 또 몸상겸상 우화당 줄병에 아주 근거 드려서 잘 차려주고 이편저
　　편 꿀편 산해진미에 아주 상다리가 휘도록 잘 차려주고 또 배꼽이 소꼽
　　이 되고 이마가 도마가 되고 엉덩짝이 풍덕짝이되고 또 똥구멍이 하품
　　을 하고
어~허허허허허허허

아주 금전 은전을 이렇게 수레로 바리로 내가
줄테니 얼른갑시다. 빨리 시다 그랴
그래서 내가 이 망제를 업어오고 안아오고

열 두 폭 치마를 보자기를 메어라 끌러라
내가 이렇게 모시고 왔더니
아~ 이누무 망제가 거짓말을 무척 했구랴
아 그리하니 내가 아무것도 없어
상인 상주도 없고, 저누무 망제를 끌고 가니까
선치 복장에 후치 덜미를 쳐서 내가
구렁지옥 배얌지옥 눈지옥 독사지옥에다가
내가 쪼려놓고 가겠소 [아이고 참내. 안되요.]
안된다구[네]
아유~그러나 저러나 선다님[악사쪽을 향하여]
내 상이 어디 있소?[밖을 향하여 손으로 가리키며- 저기요 저기]
저기 저기 내상이유?[네]
아유~ 여기가 내 상이라고
아유~ 이것 좀 보고 저것 좀 보오.[대상을 바라보며]
세상에~여기 이상에 세상에 이편저편 좌편 꿀편 산해진미에
우화당 불경에 근거 드려서 상다리가 휘도록 잘 차려 놨는데
이 상을 먹고 극락을 보내지
어쩌자고 세상에 동지섣달 얼어 죽고 말라죽고
곰 발바닥 같은 떡을 놓고 세상에 처 삼촌네 벌초하고
어붓딸에 새남 같이
저 상을 먹고 극락을 보내느라고
어~허허허허허허허

내가 상 값을 안 주면 내 이상을 다 헐어갖고 가겠소
여기다 상 값을 두둑이 주시오[무당은 허리에 두른 삼베 자락을 상주 앞에 펴
   고 들이 댄다.]

상 값을 좀 줘 봐요[아(아~뭐 돈 다 뺏어 가 놓고 뭐 돈을 또 달래 그래?)]
이거보고 저거 좀 봐 [망제님만 뺏어 가는게 아니라 돈 까지뺏어 가놓고 뭔돈
　　을 또 달래?]
아직까지 할 말이 많어. 그러니까 여기 돈이나 상값이나 그럼~! 상값이나
　　두둑이 줘요 얼른[삼베 자락을 상주 앞에 펴고 들이대며 닦달한다.]
아 빨리 갖고 와요 안그러면 내가 이거 다 갖고 헐어갖고 갈꺼요 이거[무당
　　은 제단의 있는 사줄대턱쪽을 향하여 손시늉을 한다.]
얼른 안 갖고 오면 내가 이거 다 쓸어 가지고 갈꺼요 쓱~ 얼른 가지고 와요
　　뭉탱이 돈으로 백만원 갖고 와라
어~허허허[악사 : 뭐가 또 백만원이야]
이 망제님이 살아서 한번 나가면 기백만원을 벌어오시고
저기 왕십리 가면 점포오택으로도 있고
또 세상에 세전지 건물에 문전옥답도 많이 물려주고 갔대.
그러니까 아무소리 하지 말고 갖고 오시오
어~허~
인력거만 타고 다니시고[인력거만 타고]
그럼~!
어느~ 내가 안 그러면 이 상을 다 헐어 갖고 간다.
오냐~하얘[여상주가 돈을 딸?에게서 받아 세니]
그걸 돈이라고 갖고 왔냐? 아유 어쩔 수 없지
이거 보우
하나 갖고는 안 돼 아주 상값을 줘야지[(산값이고 뭐고 망제도 뺏어 가더니
　　돈까지 뺏어 갈려고) 돈을 주섬주섬 쥐어 준다.]
내가 듣자니 총무가 무대뽀라고 그러더니 역시 들은 말하고 똑 같애[나 무
　　대뽀유]
어~허허허허허

그러나 저러나 내가 인제 상값을 받았으니[받은 돈을 세워 접어서 머리에 꽂는다.]
냄새나 맡으러 가 봅시다. 냄새나 맡으러 가봅시다[가볍게 뛰다가 삼베자락을 휘두르며 여기저기 음식에 흠향을 한다.]

어~허허허허허
그럼 그렇지
내가 여기 이 상에는 이편저편 좌편 꿀편 산해진미에 수팔년 거안에 넋전을 떡 받고
이렇게 계셔도 여기는 십대왕 위로할 상이고
저기 저상에는 개다리소반에
밥위에 떡을 놓고 떡 위에 밥을 놓고 저 대신 전 문전 같고
처삼춘에 끝에 삼촌같이 쓸쓸하기 짝이 없으나
냄새를 맡아보니 저기 저 상에는 달 꿀향내가 말시랑하고 나느구랴
별 수 없지 내가 저 상을 먹고 극락을 가야지
헬로 땡큐 오케이[제단 넋전으로 가까이 귀를 들이대고] 뭐라구? 오케이 할로
아유 이 망제님이 하시는 말씀이 '사재님 사재님 내가 어렸을 때부터 무당이 돼서
내가 영검악으로 영검도 최고고 아주 날아가는 새도 대감놀이를 하면 쩍 하면 다 쫓아 온다고 세상에 육감 대청에서 내가 얼씨구 절씨구하면 내가 이렇게 돈을 많이 벌어서 왕십리 가면 정풍호텔을 지어놨대. 그것도 우리 딸이 나를 준다고 팔았 갖고 왔대 또 은행마다 금덩어리야 뭐야 비취야 반지야 그냥 다해서 넣어 놨는데 다 팔아 가지고 왔대 우리 딸이 나를 준다고
또 왕십리 사는 집도 팔아 가지고 왔디야 그래서 아주 세전지 건물에 문전옥답을 많이 냉겨 놓고 갔으니 돈을 좀 달라고 그러는 구랴

여기다 돈 좀 줘 봐요[삼베자락을 바닥에 펼친다.]
아유 우리 사제님 왜 이렇게 수다스러워
어~허허허허
그러나 저러나 돈 좀 줘 봐요~!
집 팔아온 거 다 뭐 했어 얼른 갖고 와[아 다 줬잖아 다 줬는데 뭐 또 달래]
아니 시상에 정풍모텔을 팔은 걸 가지고 와야지.
그것도 내가 지어 놓으 거데 이놈들아
어~허허허허
아유 시상에 상인 상주 옳지옳지
아유 시상에 이이가 을지경덕 같은 아들 상주구랴[네](*정신 좀 드시구만*)
저이가 세상에 을지경덕 같은 효녀 딸이구랴. 조상을 잘 못 찾았다고 잘 보라고
아유 그러나 저러나 맞어 얘가 효자 상주 아들손주 상주괴[가까이 가서 어루 만진다.]
얘가 효녀 심청이 같은 딸이구랴.

어~허허허
상인 상주가 있으면 뭘하고
복인 복쟁이가 있으면 뭘 하겠소
아주 인정사정을 많이 주고
아주 은전금전을 많이 줘야 내가
열두대문 문문이 인정을 쓰고 사정을 쓰고
업어모시고 안아모시고 내가 잘 모실 텐데
아니 세상에 인정도 없고 사정도 없는데
상인 상주가 있으면 뭘 하겠소
돈 좀 줘 봐요~! 열 두 대문 문 열고 들어가야지[아니 사재님 아주 나를 망하

게 할래나 봐]

어허허허허
어느~어허
그러나 저러나
아유 시상에 다리도 뻗을 자리에다가
다리를 뻗어랬지
저 총무님 한테다가
총문가 무시깽인가
저 사람한테 돈 달라
그러나 저러나 여기 신하들이 있다는데
아주~ 시상에 신하들이 어디 갔소?
이 신하들한테 더도 말고 덜도 말고
아주 수표로다가 열장만 받아오라고 그러는구랴~!
아주 이성재씨 어디로 갔어
신하들 이리 오라고 그래 얼른
어~허허
아니 시상에 꽁지를 빼고 어디를 갔는지
흔적도 없고 표적도 없어
어~허허허허허허
아유 시상에 오늘 안 오면 안 간다고 그랴~!
그러나 저러나
내가 이말 저말 다 그만 두고
옛날부터 광산 김씨가 양반가문이라는데
내가 이 망제를 그냥 끌고 가리까 조상을 하리까[악사를 보고 묻는다.] [아이
　　그 잘 모시고 가야지] 조상을 하고 잘 모시고 가야 된다고? 그러면 내가

조상을 아주~조상 값도 제대로 좀 잘 줘야 조상을 잘하고 가지 안그러
　　면 까꾸로 나와 너무 많이 들어서
그러니 조상 값을 준비를 하셔 으이
내 그럼 조상을 하러 갑시다 얼씨구나

[제단 앞으로 가서 뜀춤을 하다가 한바퀴 돌고 서 있는 상주들을 향하여 기역자
　　로 절을 한다.]
백콩 불콩 청대콩
아르륵 따르륵 피마주콩
어느~
금년에 난 거는 햇콩이고
작년에 난거는 묵은 콩이고
어~~~요요요요요요
잘 했어 못했소[못했죠]
잘 못했다고?[그럼요.]
아 왜 잘 못했수?[왕십리 은덕으로 했으니 잘못했죠]
왕십리 은덕으로 했다고?
아유~시상에 이양반들이 무식이고 유식이고 유식이 무식하구랴.
세상에 임시 제청으로 안했다고 하는데 응
왕십리 엉덩짝으로 말을 하자면
아 삼정승 육조판서 고관대작 당신네들도 여기[자신의 엉덩이를 가리키며]
　　가 아니면 못 나와
아니 그런데 여기가 본이지[자신의 엉덩이를 내밀고 가리키며] 이 나라 조선
　　국에는 세상에 뾰쪽한 데를 무척 좋아 하는구랴.

어~하하하하하

그러나 저러나
내가 조상을 잘 못 했다니 조상 값을 줘야 제대로 하고 가지
조상 값을 여기다 놓으시오[삼베자락을 편다.]
그거를 조상 값이라고 주우? 아유 시상에 소문이
광산김씨 망제 딸이라고 하나 있는데 총무를 본대
얼마나 돈에는 지독한지 시상에 아주 이 것 밖에 안 주는 구랴 조상 값을
으~후~하하하[돈을 세워 접어서 머리띠에 꽂는다.]
그러나 저러나 그러면 내가 조상 값을 쪼끔 덜 받기는 했는데
제대로 할란지 모르겠어. 한번 해 봅시다 내가 얼씨구 조상을 하러 갑시다
　　[제단 앞에서 뜀춤을 춘다.]
어이그~~어어어[제단 앞에 엎드려서 곡을 하는 듯이]
수탉 같은 시아버지가 돌아 가시며는 사랑방 차지가 내 차지고
암탉 같은 시어머니가 돌아 가시며는 안방차지가 내 차지요.
[상주들을 쳐다보며]
잘했소? 못했소?[못 했죠]
아~거봐 내가 돈을 적게 주니까 그런 거야 그러니 더 줘요. 암만해도 조상
　　값을 두둑히 줘야. 이것봐 돈 백만원씩만 주면 내가 잘해.[돈을 너무 많
　　이 줘서 그래 -만원을 주며-자 이거 받고 빨리빨리 해봐]
아유 시상에 이제 사재님한테 반말이야 빨리빨리하라.
내가 그냥 이 망제를 끌고 가다가 아주 질질 끌고 가면서 똥도 퍼 먹일 수
　　있어.
시상에 사재님한테 이거 봐 당신네도 [아유 사재님 어서 잘 해 주세요.] 빌지
　　는 안해도 되야 [돈을 세워 접어서 또 꽂는다.]
당신네들도 이다음에 팔십 먹고 구십 먹으면 내 등허리 신세 안질 사람 아
　　무도 없어. 그러니 우리 사재님한테 잘 보여야 돼 아 그러니까 인정사
　　정들 좀 줘 봐요. 처다만 보고 있지 말고[카메라나 관중들을 향하여 손짓

하며]
아~이집에만 상인 상주들만 내라는 법이 있소?
오늘 여기다 돈 쓸라고 왔으니까 여기[삼베자락을 벌린다.]
사재님한테 아이로 좀 써 봐요.[누군가 돈을 올려 주니]다 써요 어휴 뭐해. 시상에 학자님들이라 돈이 없구랴.

어~허허허
아주~ 아이유 여기는 강릉 탈춤에 우리 보유자 선생님 오셨구랴
우리 강릉 탈춤 선상님도 백살 사시고 나면 내 등허리 업혀 가셔야 돼[백살~]
그럼~! 백살까지 사시지 시상에[백살 어떻게 살아] 백살 사시게 해 드려야지[여기저기서 만원씩 건낸다.]
우리 사제님이 천하없어도 업으러 와야지 벽에 똥칠해도 내가 업으러 와야 돼요
어~그러니까 나한테 진상을 많이 해야 돼[돈을 머리띠에 꽂는다.]
어느~허 내가 이렇게 했으니 조상을 잘 뵈러 가 봅시다. [뜀춤하고-이때는 제금을 친다-상주를 향해 엎드리며]
아이고 아이고 상사 말씀이 무슨 말씀이요. 아니 같이 절을 해야지 맞절을 해야지[어리둥절하던 상주들이 절을 한다.]
어떻게 세상에 상사 말씀이 무슨 말씀이요
하실 말씀이 없다구요?[네]
아유~시상에 벙어리를 데려다 놓고 재담을 하는지

어~허하하하
그러나 저러나 내가 우리 선상님께 이 조상도 내가 석달 열흘 회초리로 맞아가면서 백환씩 내가 종아리를 맞아가면서 배운 건데 우리 사자님 한

테 '사재님 선생님 선생님 내가 잘못 배웠으니~ 조상을 잘못 배웠다고 그럽디다 그랬더니 이놈아 개천 건너 가다가 다 잊어 먹었구나 개천을 건널 때 찰떡꿍 건너라고 그러는구랴 앞 논에 개구리 뒷논에 개구리 말 많은 집에 장이 쓰다고. 사공이 많으면 배가 산으로 올라가 앞 논에 개구리 뒷 논에 청개구리 개굴개굴 개구리가 청개구리가 부모님 살았을 때 얼마나 말을 안 들었으면 산으로 가라면 들로 가고, 들로 가라면 산으로 가고 어머니 아버지 살아생전에 얼마나 말을 안 들어서 아유~ 저 놈이 내가 죽고 나면 또 산에다 갖다 놓으라면 물에다 집어넣겠구나 싶어서 내가 죽거든 물가에다 묻어다오 했더니 돌아가시고 나서 정신이 들었는지 물가에다 묻어놓고 아휴 비가 쪼끔만 와도 우리 엄마 우리 아버지 산소가 떠내려 갈까봐 개굴개굴 하는구랴

아유 그러나 저러나 이말 저말은 먼지담 재담이요
먼지담 재담은 다 그만 두고

어느~ 서산에 해가 지고 우리 망제님이
내 등허리 업혀 가면서
그러니 이 망제를 내가 높은 데는 업어 모시고 얕은 데는 내가 안아 모시고 가시다가 배가 고프시다며는 범버리 개떡도 내가 사 드리고 은하수 물도 내가 뜨다드리고 요즘 세상에는 콜라 사이다도 생겼지만, 어느 로켓도 태우시고 그러지만[사이다 좋아 하셨어요.]
사이다 그럼~! 콜라 사이다도 사 드리고 그래도 은하수물이 제일이야 그리고 나서 양류수 물도 치뜨곤 내리 떠다 드리고 높은 데는 업어 모시고 얕은 데는 안아 모셔서 내 잘 모시고 가리다[여상주가 돈을 준다.] 그래 또 주는 거유? 아유 그러면 그렇지 역시 효녀 딸은 효녀 딸이야
어 허허허허
그러나 저러나

이 망제가 내 등허리 업혀 가면서 신세 자탄을 합디다.
뭐라고 하는고 하니

사재타령

이제 가면 언제 오나
이제 가면 언제 오나
천하로다가 천직사재
지하로다는 지국사재
일직사재 나를 살려줘
월직 사재님 나를 살려줘
인정을 드릴께 나를 살려주오
사정을 드릴테니 나를 살려 주오
이승망제는 모셔다가 벼슬공명을 주려느냐
가자 일푼을 주시려느냐
어허이 넘차는 잘도간다
만장 같은 집을 두고서 처자권속을 다 버리고
어디라고서 나를 가자느냐
어디라고서 나를 가자나
수어 방석 대틀에다가 용문산은 내리닫이
명전석전 흩날이고
칠성 밧줄을 뚝 떨어뜨리고
상두꾼들아 발을 맞춰라
연반꾼들아 재 올려라
어허리 넘차 잘도 간다
어허리 넘차는 잘도 간다

심산건너 등에 진 것은 칠성판이요
손에다 쥔 건 노자 돈 일세
잡수시는 밥은 사재밥
어허리 넘차~어허허하항
선산발치로만 잘 모셔라
일직사재 손을 걸고서
월직사재님 등을 밀고
어허리 넘차~어허허하항
북만산천에 당도를 하니
사토로다가 집을 짓고
황토로다가 요를 깔고
돌석침베고 누웠더니
금잔듸로는 뗏장을 덮고
사수로다가 병풍을 치고 샛별로다가 등촉을 삼고
두견접동 벗을 삼고 진혼배 넘차는 잘도 간다
진흙찰 벙거지 소나무 일산 개미 근산이 좋을씨구
명사십리 해당화야 꽃진다 잎진다 서뤄마라
동삼석달 꽃 죽었다가 내년 춘삼월이 돌아오면
꽃과 잎을 피련마는 초록같은 우리인생
한 번만 가며는 고만일세
당명황에 양귀비도 울림대 놓으면 고만일세
북망산천이 멀다고 해도 대문 앞이 저승일세
수위라서 깊다더니 베개 너머가 수위로다
이제 가며는 언제오나
이제 가며는 언제오나
동해바다가 육지가 되고 태산준령이 평지되면

내가오나 내가오나
다시 올 길이 전혀 없다
병풍에 그린 닭이 두 날개를 툭툭치고
꼬끼오 울면 내가오나
어허리 넘차는 잘도 간다
가마솥에 삶은 개가 꺼겅컹 짖으면 내가오나
뒷동산에 군밤 묻으게 싹이 나며는 내가오나
움이 나느냐 싹이 나냐 아차 한 번 실수가 되면
두 번 다시는 못 오는 인생
어허리 넘차는 떠나 간다
노들 다리를 더덥썩 잡고 죽자고 하니 청춘이고
살자고 하니 고생일세
백 년 인생을 산다고 해도
병든 날 잠든 날 다 빼고 나면
단 사십을 못 사는 인생
이제는 가며는 언제 오나
북망산천이 멀다고 해도 대문 밖이 저승일세
북망산천에 홀연히도 누웠으니
그 뉘라서 나를 찾나
상산사호 네 노인이 바둑을 두자고 나를 찾나
술을 잘 먹는 유령이가 동배주하자고 나를 찾나
풍월을 잘 읊는 이태백이가 풍월을 읊자고 나를 찾나
나를 찾을리 전혀 없다
어허리 넘차는 어하하하
산소에다 나를 모시니
뼈는 썩어서 진토가 되고

살은 썩어서 산수가 되니
삼혼칠백 흩어진 혼신
다시 오기가 어렵도다

어휴~서러워요
서럽습니다 서러서러.
이 망제가 이 세상에 나와서 남과 같이 백년배필 만나 주문
사랑해주고 어느 살아 보기를 했나
자손을 낳아 영화경사를 보기를 했나
이 망제가 슬픈 자탄을 하시자면
책으로 쓰도 모자라고 하루 종일 해가 넘어가서
백일이 되도 그 서러운 자탄을 다 못합니다.
그러나 해는 서산에 지고 할 일은 많으니 이 망제가
'사재님 사재님 우리 딸이 너무너무 불쌍하고 가엾고
우리 손녀 상인상주들 우리 손주 상제가
이렇게 불쌍하고 가엾고 그러니 내가 모두
다 우리 새남굿도 내가 가고 오늘 진오귀하고 나면
한 맘이 되고 한뜻 되게 해 준다고 우리 망제가
그렇게 서튼 자탄을 하면서 나를 얼른 갑시다 빨리 갑시다
그러기에 내가 높은 데는 업어모시고 얕은 데는 안아 모시고
배고프시다면 범보리 개떡도 사 드리고 목마르시다면 은하수 물도 치뜨고
　　내리떠서
극락세계 연화대로 잘 모시고 가리다

[뜀춤으로 한 바퀴 돌고 악사 앞으로 가서 머리 끈을—꽂았던 모든 것—벗어 놓는
　　다. 밖으로 나가서 상주들을 앉도록 한다. 북과 제금을 작게 빠르게 친다.]

청계벗기기

벗겨 내야되-[마루 끝에다가 상주들을 밖을 보게 나란하게 앉혀서 만신이 허리에 묶었던 사제삼베를 끌로서 상주들의 머리위에 덮는다. 소금과 오곡을 가지고 머리위에 흩뿌린다.]

일루와요. 여기 앉아요 여기 다 앉아요 벗겨 내야 돼 다 와요 얼른와요. 다 와요. 이리와 소금 가져와[상주들의 머리부터 닦는 시늉]

사재는 삼성이야
사재길 젖혀가고 삼성 길은 물려가고
조상에 범절은 넘나하고는
망제하고는
사재는 삼성이야
아린삼성에 쓰린 삼성이야
오장육부에 끓이고 재수에 끓이고 몸수에 끓이고
염습 시 에보고 발상 시에 퍼진 상문
애진적기 피진적기 다 물려가고
어느 초상에 상문이야 사재는 삼성이야 대왕진 시왕진
다 젖혀가고 산요물 죽은요물 하리채사 날시체를 만지고 다루고 사재는 삼성진 제쳐주고 중이진도 제쳐주고 애진적기 피진적기야
오냐~[예방 가져와 좁쌀하고, 소금이라도 갖고 와 소금]
사제진 젖혀주고 중디진 물러가고 애진적기 피진적기 물러주고 너 날시체를 만지고 다루고 사재는 삼성진 제쳐주고 중디진도 제쳐주고 사재는 상문진이야 애진적기 피진적기야 사재적기 중디적기야 산요물 죽은요물 하리채사

어 구짜

밤이 없어요[이거 들어요. 이거 아린서낭 쓰린서낭]
아린시왕 쓰린시왕
아 절에 가면 부처님보다 신중당이 더 무섭다고 안했어요 안했어요 지금 해야 되요
절에 가면 사재보다 잡아가는 사재보다 신중당이 더 무섭다고

삼성

나는 잡아가는 삼성이요
삼성이요
사재보다 더 무서운 삼성이요
아린삼성은 쓰린 삼성 아니시랴
숨지어 넋진 삼성 아니시랴
피를 지어가던 삼성 아니시랴
업어내고 모셔내다 열시왕에 사재삼성 아니시랴
조상은 범절에 넘나하고 왕래해도
따라가던 상문 없고 묻어가는 상문 없고
사재진 삼성진 중디진 시왕진 다 젖혀주시고 다 물려 주시노라

서낭

어~아린서낭은 쓰린서낭 아니시랴
숨지어 넋진 서낭 피를 지어가던 서낭
업어내고 모셔내다 열시왕에 사재서낭 아니시랴
어느 운명 종시 임종 시에
관머리를 들고 널머리를 들고
동서대필 둘러나고 면모악수 둘러나고

천금지금이 둘러나고
너 모두 중디진 젖혀주고 대왕진 물러주고
서낭간주 말명간주 서낭 상간주 다 젖혀 도와주고
이러니 저러니 탈 없이 도와주고
진오귀 끝에 뉘지고 쳐지는 일 다 거둬 주리다.

영산

어~아린영산은 쓰린 영산 아니시랴
숨지어 넜진 영산 피를 지어가던 영산
아흔아홉 도영산에 쉰셋은 내 영산이야
어느 중 죽은 영산 보살 죽은 영산
어느 또 조상은 범절에
따라들고 묻어들던 영산들 각인각성들이 둘러나고
왕래하고 넘나 해도 뉘지고 처지는 영산 없이 다 거둬 도와주고
불안한 맘 무서운 맘도 거둬주고
간병에 가던 영산이야
만신말명에 죽어가던 영산이야
너 모두 뇌암으로 가고 후두암에 가고
원주영산 집주영산 원혼영산 신혼영산
아흔아홉 도영산이 많이 먹고 즐겨먹고
산 좋고 물 좋은 데로 가리라

상문

나는 상문네가 들어왔소
아린상문은 쓰린 상문이야

숨지어 넋진 상문이요 피를 지어가던 상문이요
업어내고 모셔내던 열시왕에 사재 상문이요
운명 시에 보던 상문이요 탈상시 퍼진 상문이요
염습시에 도던 상문이요 길재 노재에 보던 상문
하관시 입관 시에 보던 상문
황토시 발인 시에 보던 상문이요
재수에 끓이고 몸수에 끓인 상문이야
백나비 흰나비 머리 풀어 발상상문
은하수 곡성소리에 따라든 상문이고
묻어들던 상문이고
해묵은 상문에 달 묵은 상문이야
철묵은 상문이야 예방에 따라오고 묻어 온 상문이야
너 모두 상인 상주에 예방에 따라오고
따라오고 묻어온 상문들이
어느 많이 먹고 즐겨먹고 산 좋고 물 좋은 데로 가고
또 안 불러서 못 먹었다 못 불러서 못 먹었다 이러니 말없고
저러니 탈 없이 내가 모두 다 젲혀 도와주고
너~
관머리를 들고 날 시체를 만지고
너 모두 따라든 상문 없고 묻어들던 상문 없이
애진적기 피진적기 다 젲혀 도와주고
상문적기도 다 물려서 늦으나 준거 없고
빠르나 대살 없이 다 젲혀 주시노라

수비치기

수비수비수비야
아린수비 쓰린 수비
숨지어 넜진 수비
피를 지어 가진 수비
업어내고 모셔 내서
열시왕에 사재수비 시왕 수비가
어느
산으로가리 산으로가요
들로가리 들로가요
어느 열대왕 젖혀주고
뜬대왕 불려서 수비라 불려가고
망제는 천도하고
산이는 성불하게 도와 주소사
썩썩이~!

5. 천근새남말미

나라로 나라로 공심은 절이옵고
절이는 남서가 본으로 승언이다.
이렁성 구르시니 천임이 알으소사
국으로는 기우시면 게 어디국이신가
강남은 대한국이시고 이 나라는 소한국이로 승언이다
세월이 여류하나 국법을 마련할 적

가장먼저 신하대신 무웅나웅이 터를 잡아
창의궁, 창덕궁, 경희궁, 경복궁 정경석경 종묘사지기요
위패를 맞추어 몸 받아 짐에 승언이다

이렁성 구르시니
이씨 주상금 마마 점지하신 석가모니 불
해뜬 세계, 달 뜬 세계, 사바세계, 용문세계
집터 잡소와 삼십은 삼천이요.
내려 잡사와 이십팔수 스물여덟 땅 서리배판이 지니는 승언이다

이렁성 구르시니
이씨 주상금마마 본을 풀면 게 어디 본이신가
함경도 함흥 단천 영흥단 순안전이 본으로 승언이다

우여~슬프시다
망제님 본을 풀면 게 어디 본이신가
광산김씨 만신몸주 아홉혼신 여망제님
본으로서 승언이다

세월이 여류하다
동남풍 덧없이 흔들 불어 광풍이 불어놓으니
이씨주상금마마 십오세가 되셨구나
십육세가 되셨으니
정전을 굽어시니 국모가 비었으니
간택을 봉하라 분부시니
만조백관 아뢰올 말씀이야

국가 기둥을 하시려거늘
오늘은 가서 나라에 오늘은 가서 묻고 설명을 주선이다
오늘은 가서 은돈닷돈 금돈닷돈 자금은 닷돈이요 생진주 서되서홉
갑수건 가사위 치닷푼 사송을 후히 내리시니
남스란 거듭싸 안으시고
천하궁 다지박사 지하궁 소스락시
제석궁 모란박사
도리옥반 내려놓고
오늘은 대함제석을 불러오시어
주역팔괘 던지시니
첫산은 허튼산 지느니다
둘째는 정산이 졌느니다
삼하 세 번을 산을 골라 던지시니
국가 삼하문 지선이다
금년본 길례 혼사 납시며는
신개년이 분명하고 칠보산이 비쳤으니
혼례간택을 봉하지만
한 삼줄에 내리내리 일곱 칠공주를 보시리다
내후년 참길년에 가례거둥 납시며는
세자대군 삼형제를 이 나라 왕을 치국을 받자 와서
통하실 점괘로선이다
그대로 탑전에 알려시니
이씨주상금마마 전교한 말씀이야
문복이 제 무엇을 안다든가
홍계관이 저 죽을 날 모르더라
일각이 여삼추고 하루가 열흘 같은데

언제나 참길년 말하리요

우여 슬프시다
오늘 광산김씨 아홉혼신 여망제님
시절에 해운인지 불가에 천술런지
안당에 위벌인지 허궁에 진벌인지
살아선풍 하직 없는 시왕영검 흘리놓아 [상주가 말미쌀 위에 촛불킨다.]
사람이 죽어서 고혼 되면
초단에는 서낭자요
이단엔 삼단법식 사재삼성
안으론 휘여내고 마른경화
진부정 사재삼성 마주치고
만구름 차일아래
높은 촛불 낮은 향내 세발십지 불전 받고
안당에 물고 벗고 본향에 하직하고
절에 올라 답다라니 대다라니 성수 다라니 받으시고 [말미쌀 위에 향을 사른다.]
오늘은 가서 앞으로 영침배설 뒤로 시왕 배설
홍모란 홍삼주요 백모란 백삼주요
유밀과 대턱은 사줄을 받으시고
억만정성은 마지막 생겨서
불산문 연화대요 부처님 기자 되서 남자발원
지장보살이 염불을 가득 싣고 [큰머리를 내려놓는다.]
왕생극락하는 사하는 소리로 승언이다
이렁성 구르시니
오늘 동남풍 광풍이 덧없이 언뜻 불어

세월 여류하다
이씨 주상금마마 간택을 봉하시니
함상관 불러들여 택일을 정하라 분부하시니
삼월 삼짓날은 초간택 봉하시고
사월 팔일날은 이간택 봉하시고
오월 단오날은 선칫날로 정하시고
유월 유둣날은 상간택 봉하시고
칠월 칠석날은 길례 혼례로 승언이다
길아래 삼천병마 길위에 오천군사 우마적대 진을 늘이시고
성전내시 내전내시 병두별감 명두띠고 만조백관 우위하고
밀하님 썰하님 족도리하님 등불하님 우위하고
영계는 봉계요 깃발을 풍세좋게 늘이시고
별궁에 혼례의례 갖추시니
국왕마마 궁전전 오르시고
중전마마 정전에 들어셔서
생원 오늘은 가서 생원병은 정좌 하시더라

이렁성 구르시니
만조백관 이씨에
청채경채 무경채요
천세천세 만만세 성수만세를 부르지요

우여 슬프시다
오늘 광산김씨 아홉 혼전 여망제님
만구름 차일 아래 높은 촛불 낮은 향내
세발심지 불전 받고 안당 물고 받고

본향하직하고 상산에 산문 벗고
맨발클러 쓴칼 벗고
이승은 인정 쓰고 저승은 사정해서
억만사천 젯제옥을 면하시고 불전문 연화대요
서방정토 오늘은 마지막 댕겨서
부처님 기자되어 남자발원 새남 날로 서언이다

이렁성 구르시니
세월이 여류하다
광풍이 덧없이 건 듯 불어
이씨주상 양전마마 기례혼사 오늘 납신지 언 듯 삼년 되셨으니
칠대중궁 중전마마 예에 없던 문안이 깊이도 나셨더곤
오늘은 동서창 부는 바람 북쪽으로 스며드니
아련히 싫어메요
살점은 녹이는 듯 굵은 뼈 후리는 듯
원앙금침 잣여베개 침실에 누우시니
굽일기도 싫어메요
수라에서는 생쌀내요
장에서는 나장내요
오늘은 가서 혀에서는 풋내나니
오늘은 칠대중궁중전마마
전교한 말씀이야
예에는 문복도 맞더구나
천하궁에 문복이나 가려무나
문복을 가려니만 예단을 주선이다
예단이 무엇인고

은돈닷돈 금돈닷돈 자금 닷돈 생진주 서되서홉
섭수건 가사위 치닷푼 사송을 후히 내리시니
범에상궁 제조상궁
남스란 거듭싸 안으시고
천하궁 다지박사 지하궁 소스락시
제석궁 모란각시
도리옥반 내려놓고
홍포를 들치시고
오백미 준조상에
대함제석을 불러시고
주역팔괘 던져보니
신개년 오늘은 신개년 길에 혼사 납셨으니
한삼 줄에 내리내리 칠 공주를 보시리다
보시면 아려니와 이번 공주가 분명합니다[영전사진 양옆에 촛불을 밝힌다.]
그대로 오늘은 가서 정전에 고하시니
이씨주상금마마
문복이 무엇을 맞다더냐
홍계관이 저 죽을 날을 모르더라
칠대중궁전에서 태몽은 어떻다하시더냐
후원에 모란꽃이 피고
청룡황룡이 얼컬어져 뵈고
청에 동자 내리와 뵈고 양 어깨에 별 일곱이 돋아보였다 허더이다
그리하며는 세자 대군이 분명하다
칠대중궁 중전마마 석달에 삯을 사니
수라 생쌀내요
어수에 해금내요

탕에서 나장내요
어수에서 해금내요
어느 금강초는 풋내나고
백약이 무효 된 듯이 이씨주상금마마 전교한 말씀이야

세월이 여류하다
애기오늘 넉달에 잡으시니
뒷동산 꼭지단내 오백가지 향나무 단 열매는
내전으로 다 들여 진상하라
분부하시더곤
다섯달 반색이 차셨으니 줌안에 들던 몸이 줌밖에 나더구요
육칠색이 채셨으니 정전에 약탕반 삼시문안그치지마라
여덟팔색 닥쳤으니 해안에 태안에 든 애기가 살성을 범할세라
성진관 철세하고 육두 산악 매를 걸고
햇죄인 풀어놓고 묵은 죄인 방 붙여라 분부시더곤
이렁성~~ 구르시니

세월이 여류하다
동남풍 건듯부니
칠대중궁 중전마마
예 없던 문안이 또 깊이도 나셨더곤
옛 해는 문복도 맞더구나
천하궁에 문복을 가서니다
어느 초가에 오늘은 가서 예단을 주서니다
천하궁 다지박사
오백미를 쓸어놓으니

도리옥반 내려놓고
그것을 세시고

세월 여류하다
오늘은 칠대중궁 중전마마 아홉달 구색이 차셨으니
공중을 둘러보니 향내가 나느매요
열 달 십색이 차셨으니 산실청을 정하시고
선후산을 둘아보신즉 공주가 탄생이로서니다
공주가 탄생하면 세자인들 아니나리
아홉 장 집장 속에 유모상궁 제저지 시녀상궁 제저지
오늘은 가서 시녀상궁 업저지
좋은좋은 안석에 고이고이 길러라고 분부시니

세월이 여류하다
애기가 오늘은 석달 열흘 백일이 차오시니
이름이나 지선이다
별오른 칠공주라 오늘 첫째공주라 지오시고
이름은 오늘은 가서 별을 보고 태몽을 했으니까
첫째공주라 지으시고 그대로~~

세월여류하다
애기가 선아비가 내려셨으니 좋은 태몽이 분명하니
오늘은 천하궁 다지박사
지하궁 소스락시
제석궁 모란박사
도리옥반 내려놓고

홍보를 들치시고
업에 꿈에 전저산에
대함제석을 부르시고
오늘은 주역팔괘를 주역을 던지시면
첫산은 만신의 흩은 산 신은이다
둘째산은 송산이 지는이다
삼하세번 골라 던지시니
삼하원 국가산이 분명하나
칠보산이 비쳤는데 피개년 길례혼사 납셨기로 칠공주가 분명하니
오늘도 공주가 분명하니다
그대로 탑전에 아뢰시니
문복마다 맞을 소야
홍계관이 저 죽을 날 모르더라
이번 태몽은 또 어떻다하더시냐
원안에 모란꽃이 피어 꺾어겠다하더이다
세자대군 분명하다
석달에 갖추어사니
수라 생쌀내요 어수에 해금내요
탕에서 나장내요 금강초에서 풋내나고
동서창 부는바람 품속으로 스며드니
아련히 싫어매요
잔뼈는 녹이는 듯 굵은뼈 후리는 듯
원앙금침 침실에 누우시면 굽일기도 싫어매라
넉 달에 자리를 잡으시면
뒷동산 후원에 오백가지 꼭지달린 양나무 단열매는
내전으로 다드려 진상하라 분부시고

다섯달 반색이 차셨더니
줌안에 들던허리 줌 밖에 나더군요
육칠색이 차셨으니 약탕관 정전에 삼시문안 그치지마라
팔색이 닥쳐 놓으니
태안에 든 애기 행여 살생을 범할세라
육조사망 매를 걷고 햇 죄인 잡지 말고
묵은 죄인 풀어 놓고 방 붙여라 분부시더곤
아홉달 구색 차셨으니
공중을 둘러보니 향내가 나느매요
십 색이 차셨더니 산실청을 정하시고
선후산으로 돌아 보신즉 칠공주가 탄생이로스언이다
칠대궁중 중전마마 첫국수라를 전폐하시고 안양 쌍쌍 옥류를 흘리시며
나삼을 적시시고 대성통곡하시더곤
이씨주상금마마 전교하신 말씀이야
궂은 궁궐 안에 여인에 통곡소리 왠소린가
아뢰옵기도 단박하고 안아뢰옵기도 황황하나이다
죽을 말이나 살말이나 바삐일러라 분부시니
아뢰옵기 황송하나
칠대중궁 중전마마 칠공주애기씨마마 탄생하셨기로
첫국수라를 전폐하시고 통곡이로서언이다
주상금마마 전교한 말씀이야
기여이 오늘은 가서
무슨 낯으로 낯을 들고 산다더냐
오늘은 가서 칠대중궁전에 중전마마한테 분부하시기를
그 여인 담독도하다
국가는 국을 누가 지키고 어늘은 가서

위폐는 누가 지니시고
선조대왕전에는 무슨 낯을 들어 대화를 하며
옥쇄는 누구에다 전한단 말이신고
옥류를 흘리시고 용포를 적시시며
그 아기는 국가를 버리더라고 나온 애기니
후원 안에 내다 버려라 하시더곤
뉘 영이라 거스러리
만조백관 아뢰올 말씀이니와
기왕지사 버리실 애기거든
자손 없는 신하에게 양녀나 주선이다
시영자나 주선이다
국가기둥은 그런 법전에 없어
어서 내다 버려라 추상같으시니
뉘명이라 거스러리
애기 갖다 후원에 놓으니
하늘 아는 자손이 분명하야
청학백학 한쌍이 내려와 한 날개 깔아주고 한 날개 덮어주고
애기 입에 이슬 받아 흘리어 넣어주니
후원도 적막하고 곤하여 물소리로 벗을 삼는구나
세월이 여류하다 이때가 어느 땐가
삼월 춘풍 화류시가 닥쳤더니
이씨주상금 양전마마
심역이 훌분하시니 후원에 화류부동 놓아라
화류부동을 납셨더니
애기울음소리가 청학하니
굿은 궁궐 속에 이 소리는 또 무슨 소린고

아뢰옵기는 단박하나
칠공주 애기씨마마 내다버리셔서
배고프고 젖 주려 우는 소리
어마아바 그리워서 우는 소리로 승언이다
그리하면 이리 데려오라고 분부시니
애기를 데려놓으니
허리에는 지렁뱅이 얼컬어져 있고
눈에는 왕개미 얼컬어져 있고
입에는 불개미가 끓어 놓으니
이씨주상금마마 전교한 말씀이야
저승채사 내가 죄가 많아 칠 공주를 낳았으니
사해용왕 전에 진상이나 할 것이니
석수쟁이 불러들여 옥함을 짜라고 분부시니
석수쟁이 불러들여 옥함을 짜신 후에
애기 옥함 안에 넣어놓으니
기왕지사 버릴 애기 식신이나 주선이다
이름이나 지선이다
옥병에 젖을 짜 넣어 옥함 안에 넣어놓고
명수실 한 꾸리 애기 입에 물리시고
옥병에 잠권 후에 생월생시를 적어놓고
금거북 자물쇠로 어슥비슥 열쇠 높이 들커덕 잠군 후에
모진신하 독한신하 있거들랑
어주 삼배 받아 마시고
함전을 받아들고 동해바다가 가다가 버리라고 분부시니
옥함을 받아들고
오늘은 가서 아뢰옵기 황송하나

이름이나 지선이다 하셨으니
버리다 버리데기 더디다 더디데기
칠공주라 새기시고
오늘은 임금왕자 신하신자
함전 뚜껑위에 새긴 후에
오늘은 함전을 받아들고
동해바다 다다라서
한 번을 던져 놓으니 용솟음 치시더곤
또 한 번 던져 놓으니 재 솟음 치시더곤
함전에다 돌을 댕겨 삼세번을 던져 놓으니
난데없는 금 거북 옥함을 받아지고
여울여울 떠내려가 객톨 우에 옥함을 얹어
서기가 반공하고 운무는 자욱한데
신하는 오던 길도 적막하고 가 던 길도 적막한데
이때 석가 시준님이 아란존장 가섭존장 목련존장들아
저기 저곳을 바라봐라 서기가 반공하고
운무가 자욱하니
인간이 있어도 하늘 아는 인간이 있을 꺼고
김승(짐승)이 있어도 하늘 아는 김승(짐승)이 있을 것이니
바삐가 인명을 구하라 분부시니
저희 눈에는 아무 것도 아니 뵈선이다
너희 공부 아직 멀었구나
산간에 깊이 들어 십년공부 더 하라 당부하시고
돌배를 저어타고 옥저를 높이 불어 객톨 우에 닥쳐 놓으니
함전이 놓였는데 애기의 울음소리는 은은히 들려오나
칠공주라 새겼으니 여애공주니 아무 쓸데 없네

남자나 같으면 데려다가 상제를 삼는다하려니와
본초 쓰시는 중 이래 비리공덕 할미 할아비가
노감택이 숙여쓰고 자주바랑 걸머메고
육환장 걸터 짚고 콧노래 부르며 대 한간 길섶을 내려오니
석가 시준이 하시는 말씀
그대들은 귀신이요 사람이요
귀신이 아니오라 이산중을 지키므로
인간에 척속 공덕을 나왔느이다
그라며는 인간 공덕이 무엇이 달러냐
배고픈 사람 식신공덕 제일 되고
목마른 사람 물 떠 넣어서 식수 제일 되고
여름 땅에 그늘 원두지어 행인공덕 제일 되고
거기에 더 좋은 공덕은 없다 더냐
공덕은 알았어도 저희는 돈이 없어 공덕을 못했나요
그리하며는 이 아기를 데려다 길러놓으면
그것이 공덕이 아니신가
할미 할아비 하는 말씀
동삼 속은 굴속을 집을 삼고
하삼 속은 숲속을 집을 삼고
하삼 속에는 머루다래 따라 칡뿌리 케서 구명시식하는데
그 애기를 데려다가 무얼 먹여 기르리요
이 애기를 거둬 안고 대양산 기슭을 걸으면
이러한 초명루 있을 꺼요
그기에 임금왕자 신하신자 분명할 것이고
애기 갖다 거기 놓으면
먹을 것도 절로절로 입을 것도 절로절로

산절로 수절로 생기리라
분부하시고 운무가 자욱하시더니
간 곳이 없어놓으니
할미 할아비 그제서야 석가 시준님에 도움이로구나
열쇠 없이 잠긴 자물쇠를 오늘은 할미 할아비
오늘은 나라님 전에는 충신경이요
부모님 전에는 효도경이요
이웃 근방에는 근은경
형제간에는 우애경에
부부간에 사랑경에
팔만대장경에 설설이 외워 놓으니
열쇠 없이 옥함 덜커덩 열리더곤
옥함 안을 들여다보시니 참혹하기 그지없네
애기를 거둬 안고 약수산 약수
청수산 청수로다 한번을 거슬려 씻겨 놓으니
겉적삼이 벗겨내고
또 한번 씻겨 놓으니 속적삼 벗겨놓고
삼세번을 거슬려 씻겨 놓으니 백옥 같은 애기 되시도곤
애기를 장삼자락 거둬 안고 도울쳤으니
가막 까치가 고개저어 인도하야
태양산 기슭으로 도니
이간저망 모였는데
임금왕자 신하신자 분명하네
애기 갖다 거기 놓으니 먹을 것도 절로절로
입을 것도 절로절로
산절로 수절로 생기더라

세월이 여류하다
애기가 세 네 살이 잡숫더니
배우지 않던 글을 배우자 하시도곤
한자를 비쳐 놓으면 열자를 통달하고
열자를 짚어 놓으면 백자를 통달하야
천지지간 만물지중 모를 것이 없삽더니
애기가 괴이도하다시고 대답했는데
할미 할아비야 날김승 길버러지도 애미애비가 있는데
나는 어찌하여 인간의 혈육으로 어마아바 없느니요
소인이 어마아바 아니리까
그 말 말우 나이 백세가 넘었는데
나 같은 어린혈육 두었으니 만문이 바뻐 일러서
하늘은 아바 되고 땅은 어마가 아니리까
애기 하는 말이 그 말 마소
하늘땅이 천지지간에 만국 마련을 다 했어도
어찌 인간의 혈육을 두었으리
나를 속이며는 억만사천제제옥 갈 것이니
바뻐일러소
할미 할아비 하시는 말씀이야
아바가 승하 하시며는
전라도 왕대나무 양끝 잘라 짚어놓고
굴건제복 갖춰놓고 시패뱅 앞에 놓고 삼년 소통 졸곡하면
그게 아바 아니리까
어마가 승하 하시며는 머구나무 양끝자락
이모치고 저모 쳐서 삼년 소통 짓고 졸곡하면 그가 어마 아니리까
그 애기 하는 말이

전라도 왕대밭은 발치가 멀어 못 가려니와
뒷동산 머구나무 밑은 삼시문안 그치지 않으시도곤

오늘은 가서 옥황상제님 진노하시어서
국왕양전마마 명패를 한 날 한 시에 거둬라
일시에 명패를 거둬 놓으니
우환이 잦더니
병환이 깊이 들으셨는데
약을 쓰니 약덕이 있으리요
침을 쓰니 침덕이 있으리요
무녀를 불러 굿을 하니 굿덕이 있으리요
세경을 불러 경을 하니 경덕이 있으리요
백약이 무효 되고 천약에 효험 없어
광풍이 건듯 불어 세월이 흘러
이씨주상양마마
일시에 비몽사몽을 얻으시는데
대청전 대들보에 청룡황룡이 얼컬어져 뵈더니
청에동자 내려와 하는 말이
국왕 양마마 병환은 칠공주애기씨 내다버리신 죄상이니
버린 애기 찾아와야 다시금 회춘 하리다
무장승 약수 삼천리 양유수를 구해 와야
그 말하고 간 곳이 없어놓으니
비몽사몽 야릇하다
일시에 몽사를 깨우셔서
만조백관 입시 들라
신하백관 입시 들어 놓으니

버린 애기 찾아오는 신하 있거들랑
국을 반을 줄 것이고 전을 반을 줄 것이니
버린 애기 찾아오라 분부시니
신하백관 말보는 걸 듯 하는 말이
뭍에라도 버렸으면 방이라도 붙여 찾아본다 하려니와
'동해 바다 버린 애기 고기밥이 되었어도 다 되었을 건데
어디가 찾으리요, 말 걸 듯 하는 중에
한쪽에 늙은 노인신하
들여숙배 내숙배 삼산구배 들여놓고
국가에 녹을 많이 받고 살았어도 나라 은공을 값을 길이 없 삽 더니
버린 애기 찾아와 나라은공 갚으리다
무엇을 사령하랴
천리마 만리마 사송해 주서니다
만리마를 비켜 타고 상산지수 길을 놓으니
임금왕자 신하신자가 분명한데
오늘은 신하가 국운이 망극하와
국왕양마마 병환이 위중하야 국가자손 버린 애기 찾으러 왔느니라
할미 할아비 하는 말씀
국왕에 자손이 이 산에 자랄리 만무요
그대가 길을 잘못 들었을 것이니 오던 길을 다시 돌려 헤쳐나라
애절복절 하여 놓으니 할미 할아비 하는 말씀
뒷동산 머구나무 밑에 문안드리러 갔으니 가봐라 하시더곤
애기가 문안을 드리는 중 신하가 당도를 해서
국운이 망극하와 주상마마병환이 위중하야
오늘 국가자손 버리데기 찾으러 왔느니다
애기가 하는 말이 국가 자손이 이 산중 험한데 자랄리 만무요

그대들이 길을 잘 못 들엇을 것이니
오던 길을 다시 돌려 헤쳐나라
신하가 애걸복걸하니 애기 하는 말씀
그리 하거들랑 잠시만 하시더니
통속 사방으로 사상구배 드리더니
국가 혈육이 분명하면
대명천지 밝던 날이 뇌성벽력 우레같이 주시고
소내기 주령을 주셔서 애기 옆에 꽂아 주시고
무지개 서기를 풍경 전에 꽂으시고
애기어깨에 꽂아주서니다
대명천지 밝던 날이
성보가 우레같이 던지시니
소내기 한 주령 내려 애기 몸을 적셔놓고
가랑비는 흩어지니 무지개 서기가 반공하니
애기 국가자손이 분명허네 어서 갑시다
신하가 하는 말이 연등을 내오리까 사등을 내오리까
산중에 험히 자란 놈이 연등 사등 왠 말이요
필마단계로 가서니다
풍경등 달은 절을 들어서서
애기가 은쟁반 바쳐라 금장도 꽂아라 은장도 꽂아라
여섯형님들 줄지들여 단지를 흘려라
어마아바 중지베어 단지를 흘려라
애기 검지베어 단지 흘려놓으니
국가혈육 국가자손 분명하며는
오늘은 얼기설기 얽히어 합쳐지서니다
한 데 합쳐지니 애기 그제서야

국왕에 혈육이 분명하네
풍경전을 올라보니
이씨주상금마마 전교한 말씀이야
홧김에 버렸구나 울김에 늦었구나
무얼 먹고 살았느냐
배고파서 어찌 살았는고 춥고 더워 어찌 살았나
아뢰올 말씀이야
춥고 더운 것도 오늘은 힘이 들어 살아가는 걱정이 없고는 괜찮지만
어마아바 그리워 참기가 그다지도 어렵더이다
이씨주상금마마 전교한 말씀이야
여섯공주 입시들라
첫째공주 입시드니
부모혈육 오늘은 부양 약수 삼천리 무장승에 양류수 구하러 가려느냐
첫째공주 하는 말이
국보나 다름없는 제 몸이 어찌 가오리까
둘째공주 불러 부모소양 가려느냐
맏 형님이 못 가시는 길 데 제가 어찌 가오리까
셋째공주 불러 부모소양 가르느냐
윗 형님들이 다 못 가시는 길을 제 어찌 가오리까
다섯째공주 불러 부모소양 가르느냐
후원에 화류거동을 나갔다가도 침석을 못 찾는 제 몸이 제 어찌 가오리까
여섯째공주 불러 부모소양 약수 삼천리 양류수 구하러 가려느냐
하는 말이 돈화문 밖을 나가 골 밖을 들어서며는 천객에 상민이 되옵는데
    제가 어찌 가오리까
물러쳐라 걷어쳐라
일곱째 칠공주 부모소양 가려느냐

약수삼천리 고이 궁안에서 못 자랐어도 가려느냐
애기가 하던 말씀 가다가 죽사와도 가서니다
무엇을 사송해주랴
애기 아뢰올 말씀이야 남복을 삼하 석 죽 지어주고
미투리 석 족을 지어주고, 하면 가겠느이다
삼하 석족을 받아 놓고 애기 하는 말씀
아바가 버리신 소양을 생각하면 아니도 가려니와 어마가 열 달 십색,
탄생을 채우시어 세상 밖 탄생을 은공을 생각하면
어찌 아니 가오리까 백골이 난망 되도 가선이다.
남복을 입고 남 오늘은 상투를 숙여 짜고
무쇠패랭이 숙여 쓰고 무쇠장군 짊어지고
무쇠나막신 신으시고 무쇠주령 비토시고
맏형님들께 하직하고 만조백관들아
나 떠나서 석삼년에 아홉 해 닥쳐서 인산이 떠드라도 거동령 없이 해놔라
    당부하고
돈화문 썩 나서서 한 주령 짚어 놓으니 한천리 가시더곤
또 한주령 짚어 놓으니 이천리 가시더곤
산은 수 첩첩하고 물은 수 잔잔한데 좌우를 둘러보니
산간에 세 선관이 바둑을 두시면서 한 점을 다투시니
애기 들여 숙배 내 숙배 삼산구배 들여놓고
성은이 망극하와 이씨주상양전마마
우환이 오늘은 병환이 위중해서 무장승 양류수 구하러 가는 길이오니
길을 인도하여 주선이다
소한국에 칠공주 두었단 말은 삼척동자가 다 아는 바 세자가 왠 말이냐
너는 석가세준님이 생명을 구해 주었거늘 어찌 석가세준님을 속이는고
애기가 애걸복걸 하시니

정이고는 부모소양이 기특하니
그리하면 부처님 낙화하마주마
이 낙화는 오늘은
외로저어 바로감고 바로저어 외로 감으면
옥문이 깨어지고 가시성 성문이 무너지리라
애기가 낙화를 받아 품안에 지니시고
어정쩡 어정쩡 옥문 안을 가셨는데
사방천지 둘러보니 대성통곡 악마구리 끓듯 하거늘
당신들은 어찌해 여기서 악마구리 끓듯 하느뇨
하는 말이 저희는 오늘 칠월칠석날, 백중날 옥문을 열어주면
각절마다 올라서 칠성맞이 백중맞이 받아 진지
부처님 진지를 사송해 받고 들어와 갇히며는
다시금에 세상구경 못해서 배고파서 우나니다
애기가 그리하면 이옥문은 어떻게 해야 여는고
부처님 낙화가 있어야 여느니다
애기 그제서야 정신을 버쩍차려
나는 부처님 낙화를 지녔구나
품안에 들었던 낙화를 꺼내 들어
외로 저어 바로감고 바로저어 외로 감으며는
오늘은 옥문이 깨어지고 가시성 철성이 무너질 것이니,
나갈 길에 극락가고 극락가세 시왕가고 시왕가세

우여 슬프시다
광산김씨 아홉혼전 여망제님
지장보살에 뒤를 따라
지장보살님 염불을 가득 싣고 억만사천제제옥을 면하시고

불써 놓은 연화대여 부처님 기자되어 남자발원 새남발원 승언이다
어정쩡~어정쩡~
한 곳을 도착하니
앞으로 영친강 뒤로 시왕강에 열 두 대문이 분명한데
애기 어정쩡 주령을 던져 놓으니 다리 놓아지시더군
어늘은 어정쩡 둘러서니 산전바다 닥쳐서
무장승을 보니 여든간 무섭기도 그지없네 두렵기도 그지없네
눈은 퉁방울 같고 귀는 짚신 같고 팔은 무릎아래 내려가고 입은 메기입 같
　　으니
애기가 들여숙배 내숙배 삼삼구배 들여놓고
국운이 망극해서 소한국에 세자대군으로 병환이 위중해서
약수삼천리 양류수구하러 왔으니 구해주서
무장승하는 말이 그리하면 물 값을 가져왔나 불 값을 가져왔나 나무 값을
　　가져왔나
총망중에 잊었느니다
그리하며는 밑 없는 두멍에다 물 삼년 길어두어야 부모소양 되는고
어느 듯 가서 불씨 없는 삼시삼년디려 불씨 없는 불을 때야
그것이 부모소양 되는 법
오늘은 가서 뒷동산에 꼬빡 삼년 갖혀 놓아야 그것이 부모소양 되느니
애기하는 말이 그렇게래도 하선이다 부모소양이 된다 하며는

세월이 여류하다
애기가 하는 부엌삼년 아홉 해가 닥쳐
명천사기를 살펴보니
주상금양전마마 추성이 낙화지어 뵈고 옥쇄가 부러져뵈니 승하하셨으리
　　분명하니

양류수를 구해주서
무장승하는 말이 참전바다 일곱애기 그대 올적에는 필마단계로 왔으려
    니와
어찌 여덟 홀애비두고 가리오
어린자식데련 자란자식 데려가소
그것도 부모소양이면 그리하선이다
어린애기 업으시고 자란애기 걸리시고
혼자서니 무장승하는 말이
여필이 종부라 하였는데 내 어찌 홀로 일로 나두가세
그것도 부모소양이 되거들랑 그리허섬
무장승이 뒤를 서고
어정청 어정청 한곳을 닥쳤는데
앞으로 시왕강에 뒤로 연화강에
열두대문이 분명한데 저기 여울여울 떠오르는 배
돛도 없고 삿도 없고 쇠를 빼서 발에 걸고
눈눈이 화살총을 겨누어서 주리를 틀고
오도 가도 못 하는 저배는 무슨 배요?
그 밸랑은 나라에 역적서고 부모에 불효하고 일가친척 의리 끊고
이웃근방 이간 붙혀서 쌈 맨들고 형제간에 우애 끊고
작은되로 주고 큰되로 받아먹고 남의 말 엿 들어서 이간 붙여서 쌈 붙인
    죄로다가
억만사천은 제제옥 가는 배로서언이다
저기 또 어정쩡 떠오르는 배는
앞강에도 컴컴지옥 뒷강에도 컴컴지옥 불을 끄고
오도 가도 못하는 저배는 무슨 배요?
그 밸랑은 남의 가문에가 손세를 못이어서 무작위 가는 배로서언이다

저기서 떠오르는 배는 앞바다도 피바다 뒷 바다도 피바다
머리 풀어 삼발하고 인정없이 말을 하소 사정없이 말 안하오
거리에 뛰어 국상이나 인산이 떠서 영전 탑전이 북만 산천으로 떠오르는데
애기 일천 간담이 녹는 듯 하여 통곡해서 고쳐매 꽃아 놓고 머리풀어 발상
　　하고
어느 듯 어린 자손들은 숲 풀 속에 수세하고 무장승은 바우틈에 수세하고
영전은 물리쳐라 탑전을 거둬쳐라 살포장을 둘러쳐라
선후 뒷일 상궁들은 살포장 안으로 들어라
은장을 솟아라 금장을 솟아라
오늘은 은장을 솟아 놓으니
애기 양류수를 살살이 살이 들고 뼈살이 뼈에 두고 숨살이 뼈는 숨에 대니
다시끔 회춘 하시더니 한 숨을 깊이 잤구나
다시 둘러 회춘하시더니 왠 잠이 이리 깊이도 들었는지
너희 복색이 어찌해 달라졌으며 앞강에 물 구경 가느냐
오늘은 가서 뒷산에 꽃구경 나가느냐
지밀상궁 아뢰올 말씀이야
이씨주상 양마마 일시에 승하 하시어서
인산이 떳건만 칠공주 애기씨마마 약수삼천리
양류수받아와 다시금 회춘하셨느니다
오늘은 그리 하거들랑 복색들을 갖춰라
선진은 후진되고 후진은 선진되라
나실 적에는 어미 배꼼으로 났었지만도 가실적에는 산풍년 꺼안에 나시
　　더곤

우여 슬프시다
광산김씨아홉혼전 여망제님

뱀지옥, 구렁지옥, 칼싼지옥, 숯탄지옥, 불산지옥, 기름지옥
오늘은 가서 억만사천은 젯제옥을 면하시고
이승에서는 인정 쓰시고 저승에 사정하고
맨발클러 쓴칼벗고 이구등락 승하제천
부처님 연화대로 지장보살 염불을 가득지고
새남말로서언이다

이씨주상금마마
궁전전 오르시고 칠대중궁마마 정전에 들으셨거늘
이씨주상금마마 칠공주가 어찌 아니 보이는고
오늘은 멍석대죄하는이다
제 죄가 많다하더이다
제 죄가 무슨 죄래더냐 모두가 다 내 죄가 아니시냐
어서 운경전으로 오르라
애기가 하는 말씀 부모소양 약수 삼천리 갔다가
칠공주 오늘은 일곱 애기 산전 받아 오고
무장승과 어느 산전 받아 왔느이다
그리하면 무장승은 어디있노
바위 숲에 수세하고 일곱 애기 숲속에 수세했느이다
그리하거들랑
무장승을 입시들여라
돈화문에 사모뿔이 걸리어서 못 드느이다
옥도끼로 헐고 들어라
돈화문 쏙 들어서서 앞을 보니 무장승
이씨주상금 마마 보시니 무섭기도 두렵기도 한이 없구나
눈은 퉁방울 같고 귀는 짚신 같고 팔은 무릎아래 내려가고

사모뿔은 하늘을 치는 듯 하니 무섭기 그지없는데
칠공주 애기씨 하는 말씀이
이씨주상금 마마 오늘은 먹을 것을 주랴 천을 주랴 국을 주랴 신하백관을
　　주랴
애기 아뢰올 말씀이야
국도 지닐시 국이 되고 천도 지닐시 천이 되고 신하도 지닐시 신하가 되느
　　니다
제각기 먹고 살 오늘 하면 제도나 하여 주서니다
말을 해라
애기 말씀은 오늘은 하는 말이
무장승은 산에 올라 굿하라 대턱 받게 지선하고
오늘은 가서 일곱애기는 각절마다 올라서
칠성맞이 백중맞게 지선하고
강림도령은 빗갓쓰고 홍철릭 입고 건대구들고 군웅채받이 진설하고
할미할아비는 가시문배 들배 받게 지선하고
애비 아뢰올 말씀이야
저는 궁안에 고이 못 자랐어도 부모소양 길에 지옥문 열고 저승길을 봤느
　　니다
오늘은 가서 만신몸주 되서 수치마 수저고리 은하몽두리 칠쇠방울
넓으나 대띠, 좁으나 홍띠, 치달아 큰머리단장, 내리달아 백도한삼 받으
　　시고
오늘은 가서 사람 죽어서 고혼 되면 바리공주말미 받게 지선하여 주서니다
제가끔 면례가끔 전한 후에

우여 슬프시다
광산김씨 아홉혼전 여망제님

이구등락 승하제천 부처님 기자되어 남자발원 승하제천 오늘은
억만사천제제옥을 면하시고 지장보살님 염불을 받으시고
천잔법신 미노자 나무아미타불
원앙새 원앙새 지장보살 나무아미타불
극락세계가소사 나무아무타불 [제금을 치기 시작하고 말미 쌀 위의 세발심지
　에 불을 붙인다.]
워앙새 워앙새 지장보살 왕생극락 하소사 나무아무타불
원앙새 지장보살 나무아무타불

가시다가 마늘 파밭을 돌아보시지 말고 [말로 구연, 큰머리를 다시 머리위에
　올려준다.]
맨드래 봉숭아 외철쭉 얼컬어져 있더라도 손길 열어 꺾지 마시고
넓고도 어두운 길은 지옥 가는 길이시고
좁고도 밝은 길은 극락 가는 길이오니

밝은 길로 가소사 [제금치고 염불식]
나무아무타불 지장보살
원앙새 원앙새 천잔법신 미노자 일만법신 미노자 나무아무타불
지장보살 원앙새 원앙새 지장보살 나무아무타불
염불속에 가소사 나무아무타불 지장보살 원앙생 나무아무타불
가시다가 넓고도 어두운 길은 지옥 가는 길이시고
좁고도 밝은 길은 극락 가는 길이시니
좁고도 밝은 길로 가소사
나무아무타불 지장보살 원앙새 원앙새 나무아무타불 극락세계 가소사.

6. 천근새남 도령거리

[바리공주복장을 하고 부채를 펴서 오른손에 들고 이마를 중심으로 사선으로 빗겨들고 왼손은 방울을 눕혀서 들고 의자에 앉았다. 마당에서 마루를 보고 앉아 있으며 장구는 마루 끝에서 밖을 향하여 있다. 노랫가락 한 소절이 끝나면 부채를 안으로 부치고 방울도 흔든다.]

넋노랫가락 [의자에 앉아서 구연]

(1) 넋이야 넋이로다 노양산이 지만이오
　　영이별 하세월인데 정수가 없는 넋이로다
　　세상에 못 나올 망제가 놀고 갈까

(2) 왔느니 놀고를 가오 나와 같이 쉬어를 가오
　　놀면서 쉬어를 가요 정수가 없는 넋이로다
　　세상에 못나올 망제가 놀고 갈까

(3) 오종종 청조지새야 망제 소식을 알아를 왔나
　　어디서 머무시더냐 잎에 앉아서 쉬시더냐
　　아프고 못 나올 망제가 놀고갈까

※ 4에서는 의자에 앉은 만신이 일어나서 구연한다
(4) 왕덕일랑은 입소와지요 김씨의 여망제 전덕이요
　　왕말미 왕덕요나 전말미하고 전덕요나
　　마누라 왕의 왕덕을 다 입힐까

(5) 산하요 산하소사 김씨의 여망제 산하요
　　극락을 바라보시고 시왕세계로 산하요
　　천수경 법화경으로 다 산할까

[넋노랫가락의 4장 '왕덕일랑'를 부를 때 의자에서 일어나서 마지막 절까지 서서
　구연한다.]

도령거리 만수받이

아 만수
　　　아 만수
천하대신
　　　천하대신
지하대신
　　　지하대신
우레주뢰
　　　우레주뢰
벼락대신
　　　벼락대신
재산동반
　　　재산동반
호구대신
　　　호구대신
안에진중
　　　안에진중
명두대신
　　　명두대신

외방으로
　　　외방으로
창부대신
　　　창부대신
금성동반
　　　금성동반
명두대신
　　　명두대신
애오라고
　　　애오라고
애동만신
　　　애동만신
어려라고
　　　어려라고
초일곱에
　　　초일곱에
초푸함이요
　　　초푸함이요

열에일곱
   열에일곱
이푸암이요
   이푸암이요
스물일곱
   스물일곱
삼푸암이요
   삼푸암이요
앉은박이
   앉은박이
떼구르고
   떼구르고
선바위는
   선바위는
소수굴러
   소수굴러
장안가득
   장안가득
불리실제
   불리실제
좁쌀같이
   좁쌀같이
수한단골
   수한단골
찹쌀같이
   찹쌀같이

차진단골
   차진단골
콩알같이
   콩알같이
굵은단골
   굵은단골
양반단골
   양반단골
상인단골
   상인단골
판사단골
   판사단골
눈에화경
   눈에화경
귀에영질
   귀에영질
코에새간
   코에새간
입에설미
   입에설미
가슴에천륭
   가슴에천륭
열산육갑
   열산육갑
장안가득
   장안가득

불리실제		넓으나대띠	
	불리실제		넓으나대띠
무릎에단추		좁으나홍띠	
	무릎에단추		좁으나홍띠
사대문에		백수한삼	
	사대문에		백수한삼
방붙이고		마르나짚신	
	방붙이고		마르나짚신
나라가득		치어달어	
	나라가득		치어달어
불리실제		큰머리단장	
	불리실제		큰머리단장
문안만신		앞으로는	
	문안만신		앞으로는
몸주되어		염불배설	
	몸주되어		염불배설
수치마요		뒤로돌아	
	수치마요		뒤로돌아
수저고리		시왕배설	
	수저고리		시왕배설
은하몽두리		어여쁘다	
	은하몽두리		어여쁘다
칠쇠방울		광산김씨	
	칠쇠방울		광산김씨
쉰대부채		아홉혼신	
	쉰대부채		아홉혼신

만신말명
> 만신말명

여망제님
> 여망제님

큰칼벗고
> 큰칼벗고

맨발끌러
> 맨발끌러

삼십은 육만은
> 삼십은 육만은

이십일만
> 이십일만

구천오백
> 구천오백

동명동호
> 동명동호

천잔법신
> 천잔법신

비로자요
> 비로자요

원만법신
> 원만법신

노사나불
> 노사나불

비로자나불
> 비로자나불

육만여래
> 육만여래

뒤를따라
> 뒤를따라

연화대로
> 연화대로

극락세계
> 극락세계

산하요 아 얼쑤
> 산하요 아 얼쑤

도령거리

[제금을 치고 삼현육각이 울리고 만신은 연지당으로 간다 연지당을 마주보고 서고 상주들은 그 뒤를 옆으로 줄지어 서있다 이상순은 색동 한삼자락을 늘어뜨리고 춤추며 들어숙배 나숙배 3번하고 우로 한번 돌고 좌로 한번 돌고 반시계방향으로 행진하는데 그 뒤를 상주들이 따른다. 이때 촛불, 향로, 영정사진, (지화로 만든 연꽃을 꽂은 흰상자-혼백지), 나머지 상주들은 향한대씩 들고

뒤 따르고, 4명이 넋전을 얹은 돗쌈(제일 밑에 돗자리, 그 위는 홍보, 그 위는 청보, 그 위에 넋지-이 돗쌈에 사용된 돗자리는 앞선 굿거리 중디박산할 때에 장구를 놓았던 그 돗자리이다.)을 들고 그 뒤는 제금을 치며 따른다.]
[칼도령 마치고 이상순은 제금을 들고 치면서 건대구가 있는 저승 문으로 상징되는 문 앞에 서서 진행한다. 연지당 앞에서 대상 뒤쪽으로 나비도령을 돌 때, 촛불·향불·위패를 상주가 각각 들고 뒤 따른다. 맨 뒤에는 넋전을 얹은 돗쌈이 따른다. 돗쌈은 망자가 서서 걷는 것처럼 발 부분을 앞세우고 머리 부분을 뒤에 놓았다. 도령 돌기는 언제나 오른쪽 방향 즉, 대상을 가운데 두고 반시계방향으로 진행한다.]

(1) 연지당 앞에서 손도령을 한 번하는데, 들어숙배 내숙배하고 제자리에 서서 반시계방향으로 한번 돌고 바로 시계방향으로 돌아서 푼다. 그리고 대상 뒤쪽으로 나비 도령돌기를 시작한다.

(2) 밖도령 나비도령 : 나비도령은 바리공주가 구름을 헤치며 나아가는 것을 표현한 것이다. 대신칼과 방울은 가슴에 묶은 홍색 대띠에 꽂았으며 부채는 노란끈에 달아서 대띠에 걸어 놓았다.

① 연지당 앞에서 오색의 색동 한삼을 끼고 양손바닥을 살짝 띄운 채 두 번 가량 빈다. 오른손을 밖으로 젖혀 한삼을 감고 왼편으로 한 바퀴 돈다. 이어서 왼손을 밖으로 젖혀 한삼을 감고 오른편으로 한 바퀴 돈다.
② 오른쪽 손바닥을 위 로 하여서 양손을 모아 앞으로 받쳐 든다. 왼발이 먼저 나가고 오른손 한삼을 풀고, 오른발을 나간 왼발에 붙이고

왼손을 푼다. 손발을 굿거리 장단 한 장단에 맞춰서 장단 앞에 '덩-덩' 부분에는 양손을 풀고, 장단 뒤에 '쿵덕쿵' 부분에는 나비처럼 무릎을 굽히며 나비도령을 3바퀴 돈다. 대설문 앞에서 나비도령은 손도령으로 바꾼다.

(3) 밖도령 손도령 : 바리공주가 넋을 받쳐 안고 도는 형상이다. 나비도령과 마찬가지로 굿거리 장에 맞추어 손도령을 돈다.

① 대설문 앞에서 손도령을 1회 한다.
② 대설문을 출발하여 문 4면마다 손도령을 돌면서 3바퀴 반복한다.
③ 대설문 앞에서 한 번 더 손도령을 돈다.

(4) 밖도령 부채도령 : 바리공주가 부채로 머리에 망재 넋을 떠서 왼편으로 돌 때는 감싸 돌고, 오른편으로 돌 때는 안아서 도는 것을 표현한 것이다. 어깨에 부채를 대는 것은 망자를 몸에 실어 안고 돌고 업고 도는 것을 표현한 것이다. 부채도령은 별상 장단에 맞추어 돈다.

① 오른손에 편 부채를 머리 위에 들고 두 번을 뜨고, 그대로 왼편으로 돈다. 편 부채를 가슴에 대고 오른편으로 돈다. 뒷걸음 칠 때는 접은 부채를 왼 어깨에 살짝 대며, 나가는 걸음에는 접은 부채를 오른 어깨에 얹는다. 때때로 방울을 가볍게 흔들며 부채도령을 돈다.
② 대설문 4면마다 부채도령을 돌면서 세 바퀴 반복한다.
③ 마지막으로 대설문 앞에서 한 번 더 부채도령을 돈다.

(5) 밖도령 칼도령 : 대신칼은 지옥문의 열쇠로, 바리공주가 열두 지옥의 문을 여는 형상이다. 대신 칼 던지고 받다가 땅에 떨어뜨리면 지옥문을 열지 못한다고 생각하기 때문에 다시 대신칼을 던지고 받는다. 칼도령을 돌기 전에 돗쌈을 시왕문 밖에 내려놓는다. 칼도령은 당악 장단에 맞추어 돈다.

① 오른손에 대신칼의 날을 잡아 오른 어깨에 맨 채 왼쪽으로 돈 후, 대신칼을 오른편으로 두 번 원을 돌리고 왼편으로 한 번 돌려서 대설문 위쪽 건너편으로 던진다. 던진 칼은 제자가(강옥님) 받는다.
② 대설문 4면을 따라 대신칼을 던진다.
③ 마지막으로 대설문 앞에서 대설문 위쪽으로 한 번 더 던진다.

(6) 대설문 앞에서 바라를 들고 사방청배, 도술내외상 염불하고, 사재와 재담을 하고 문을 열어주며 문들음을 한다.

사방청배

동방세계로는 원도문이 세계신데
갑오는 팔목이요 지국천왕님이 일만보살을 거느리시고
일만여래를 거느리시고
청요리 장암 세계신데
상중 설법하오시고
팔금강산 보살님이 내려 징명진설 살림하소사

남방세계로는 법성문이 세계신데

집장 천왕님이 천당에 들으셔서 칠천보살을 거느리시고
홍요리장이 세계신데 상중설법하오시고
팔금강산 보살님이 내려 징명칠천 살림하소사

서방세계로는 애멸문이 세계신데
광목 천왕님이 삼만에 약사여래를 거느리시고
백요리장에 세계신데 상중설법하시고
팔금강산 보살님이 내려 징명칠천 살림하소사

북방세계로는 지옥문이 세계신데
비사문천왕님이 육만보살을 거느리시고
백요리장암 세계신데 상중설법하오시고
팔금강산 보살님이 내려 징명칠천 살림하소사

중앙세계로는 정절문이 세계신데
천잔법신미노자 원만보신 노사나불 비로자나불
육만여래를 거느리시고
황요리장이 세계신데 상중설법 하시고
팔금강산 보살님이 내려 징명칠천 살림하소사
도술내외상 염불
도술내외상 비라강상상
사무육아상 유성출가상
설상수도상 수하마상
노군진법상 쌍림열반상
극락세계 십종상장엄
나무아미타불[바라를 비비며 마무리]

사재와 문거리-문들음

망자 : 내가 엊그저께 살았더니 시왕영검 하직 없는 길을 여워 이 문을 열어야 극락을 간다니 그 누구신지 모르지만 문 좀 열어 주시오[울먹이며]

문사재 : 보아하니 점잖으신 분 같은데 어찌하여 이 문을 함부로 드실려고 하십니까?

망자 : 나는 해동 조선국에 왕십리 지접에 살아가던 김유감이요 이 문을 들어야 지장보살님을 뵈옵고만 조상을 만나서 천근새남 만근대도령을 받고 극락을 간다고 해서 바리공주 뒤를 따라 아황공주님 뒤를 따라 왔습니다.
　불쌍한 망제라오 가엾은 망제라오 문 좀 열어 주시오[흐느껴 운다.]

문사재 : 나는 안문사재 밖문사재라오 안문사재 밖문사재가 인정사정을 받으면 문을 열어 주리다

망자 : [흐느기며] 나는 앞도비고 뒤도비고 나는 불쌍한 딸 하나 가진 것 있소. 우리경혜야 우리 상주들아 초상 치르느라고 애도 많이 쓰고 우리 이성재 신세도 많이 졌는데 저이가 누군지 인정을 줘야 문을 연대 어떡하면 좋으냐 저승 가기가 이렇게 힘이 들구나. 아이구 엄마 생각이 나서 어떻게 살았나. 아휴 우리손주들아.
　아유~어~어~ 인정을 줘야 들어간다니 아이고 누구보고 달래느냐[딸 : 제가드릴께요.] 나는 살아서 좋은 일도 많이 했다 돈도 모르고 살았다
　가질 줄도 모르고 사시던 점잖은 어머니 쌀쌀이 고추집 가시래도 경우 없는 일은 안해 [딸을 붙잡고 운다.] 아이고흐흐흐흐 응 엄마가 좋은데 간다니까 동으로 뛰고 서로 뛰고 아이고~

어~어~어~ 전생지상 무슨 죄를 많이 져서 무당이 되어서 아이고~~어~어~어~어~불쌍해라 가엾어라 하이고 한조야 할머니 오셨다. 아이고 우리 며느리 하이고~ 인정 줘야 들어간다니 어머니가 너한테 뭐 해준 게 있니?
논밭전지 세전지 건물을 해 줬나 북바우전답을 줬나. 어린 것들은 시집장가 가는 것도 못보고 아이고 우리 손주며느리 얻으면 손주사위 얻으면 해 줘라 그랬더니 [가족들이 돈을 준다.] 여보 초록은 동색이라오. 이것만 받고 문을 덜컥 열어주오.[가족들이 바라에 올려 준 돈을 문사재 바라에 넘겨주며하는 말이다.] 불쌍한 망제라오 우리고추가루도 왔구랴 아이구우우우[바라위에 돈을 올려준다.] 돈이 뭔가 이승에도 돈이고 저승에도 돈이구랴

문사재 : 극락 가시는데 절차가 복잡해서 어떡해요 나는 산지기 들지기가 또 있어요.

망자 : 너는 그렇게 이름 좀 짓지마라. 너도 무당이고 나도 무당이다. 아이구~ 니가 자꾸 그러면 승하월성을 할 거야 내가[한부전 : 아 점잖은 망재가 왜그러세요 자꾸] 저이들이 천원씩이라도 날 좀 줬으면 좋겠어 이렇게 세상에 문을 드는데 사진만 박아대고 김유감인데, 어떻게 돈 한푼을 안 쓰고 어제께부터 받기만 해 예~미 [한부전 : 돌아가더니 망령이 낫수?]찍기만 하고 나 여기 못 들어간대니 어떡해 그림[한부전 : 아 상제가 줘야지]
상제가 뭐가 돈이 있어 내가 준게 없는데 얌체가 소금체들아 그냥 기계만 뻣지러 놓고 너희들이 이것 찍어만 가면 얼마나 계급이 올라갈 텐데 저 뚱뚱한 사람, 뾰죽한 사람, 잘난 사람, 어휴 저인 촬영이라고 썼어[한부전 : 그래서 계급이 올라가는 거 아니야]
이들이 다 속이 있어서 떡국이 농간을 하고 [주변사람들이 돈을

바라위에 올려준다.]
미련 속에 갈룽이 들어서 김유감이가 죽었다니까는 새남할 때만 기다리고. 이것 찍어다가 저희 연구하려고 김**이도 줘야한다 아이고오오오오
이**이도 줘야한다[한부전 : 돌아가더니 맘이 변했어. 아무한테나 달라고 하고] 아이고오오오오 어떡허든지 문을 열고 들어가야지 어떠하면 좋아[한부전 : 그럼요 거기 들어아만 조상들이 다 있지요.] [한부전이 이상순 옆에 서서 그런 말 하는 거 아니라고 타 이른다 주변인들은 바라위에 돈을 올려준다.]
[한부전을 보며]당신도 반 백발이 다 됐구려 서산 갈 길이 다 됐어 [한부전 : 나도 우리형님 따라 가야지]
아이고오오오 그런소리 말우 개똥밭에 굴러도 이승이 제일이야 [연구자 선생님이 바라위에 돈을 놓고 간다.] 양심은 있구랴
아이고~ 설워 여자교수들도 줘. 남자교수들도 주고. 이 것 찍어 가면 무척 박사학위 딸 텐데. 아휴~우리 다 이용해 먹는 거야. 무슨 이렇게 문화재라고 씌워놓고 이용해 먹는 거지 뭐유. 아이고~오 귀찮아 어서 가야지[한부전 : 그르게 왜 그런 말을] 하이고 가야지가야지 허리는 아파 주저앉아서 아이고 가야지[한부전 : 이제 그만하고 가시면, 아주 그냥 울면서]
가야지 그래. 큰무당 중간무당 쫄짜무당 애동만신들 너희들은 오늘 다 돈 하나씩 다 주고 가야지 그렇지 않으면 제 따라 간다. 너희가 여기 문드는데 돈 쓰야해 이거[좋은 곳으로 가시우] 미안합니다 이이가 뻗치고 섰잖우. 이이가[문사재를 가리키며 하는 말이다.]
장덕엄마가 사재가 됐대 저승사재가 됐는지 저승 사재가 됐는지[한부전 : 사재방이 어디로 가서 그래] 저승사재가 되놓고 요

부리 조부리 그저 부리를 놀려 가지고 낙동강 오리알 떨어지
듯 했구랴.
　아~휴 세상에 아 깜짝이여가 깜짝이가 말을 한 마디 잘못해서
이제 영절 떨어졌어. 신어머니한테 아이고~[한부전이 이상순을
툭 친다.]
　문화재 되기 전에 고춧가루 뿌린다니깐 무서워서 비위를 마
쳤지. 아이고 이상순이가 보유자가 되면 개가 다 웃는다고 그
래. 그거를 10년을 두고 봤지[한부전 : 이제 돌아갔으니까 좋은데
가야지] 설워 설워~ 설워~ 내가 하고 싶은 말을 다하고 가지뭐
미쳤수? 그냥가게[한부전 : 마지막 가는 길을] [문사재에게 돈을 건
네준다.]

망자 : 이제 이거 열어 인제 잔소리 말고
문사재 : 이거 쇠뿔도 각각이라고[한부전 : 성님] 아쭈~내가 하고 싶은
　　　　말을 다 하고 가지. 그냥 가게 너도 늙으면 나 같이 돼
문사재 : 또 있어요 강림산 강림 도령이라고 있다고요
망자 : 아이구~애가 어쩌면 이렇게 말도 잘 하우 청산유수가 다 됐
　　　네. 고추가루가 끼고 돌더니 달라졌어[한부전 : 아이~얘는 조카
　　　딸이 돼서 밤낮 서게 안했어]
망자 : 얘가 나보고 대감 놀으라고 그랬어. 설워~설워~설워. 애동 만
　　　신들 너 여기 다 돈 줘야한다[바라를 칭칭칭 치고 뒤집어 편다.]
　　　거기서 구경하는 사람들 다 여기 백환짜리라도 다 넣어야 한
　　　다. 내가 열두대문을 들어 연지당 대턱에 만조상을 뵙고 오늘
　　　지장보살님한테 가서 사정을 하고 나를 극락을 보내달라고
　　　아~휴 김포 딸이 착하다더니 정말착하구나[여성 한분이 지갑을
　　　들고 와서 돈을 세어 준다.] 오미 세상에 어느~더 좀 없어? [다를
　　　분들도 돈을 준다.] 내가 이것 좀 받아서 줘 여기다가 사진만 찍

느라고 그러지 말고[문사재가 와서 받아준다.] 이제 아주 니가 와서 받아라 받아 내가 농사는 지어 놓을게 추수는 니가 해라 너희들이 어쩌면 누가 냈는지 안냈는지 내가 제 알아 도장 찍고 갈 꺼야

내가 열두대문 들어가~[관람석 누군가 또 돈을 낸다.] 내가 낸 사람은 천동갑 만동갑 생겨주고 안 낸 사람은 내가 찍고 갈 거야 내가~강옥님이도 줘야 하는데[여기도 많이 가져옵니다.][몇사람이 또 돈을낸다.] 아유 고마우셔라. 여자교수들아 아유 이쁘게도 생겼다[한부전 : 노인네가]누가? 그럼 내가 제 받아야지

강림산 강림도령 산지기들지기 열쇠 값까지 아주 줘[여 상주가 돈을 센다.] 일락 서산에 해가지고 원춘동령에 달 솟아 아주 금열쇠로 금열쇠로[뒷쪽에서 관람자들 또 돈이 나온다.] 아이구 좋아라 이거 안주고 가면 빈대벼룩이가 따라가 상문이 따라가고 영산이 따라가고 꿈자리가 산란하고 맘이 싱숭싱숭하고 영감이 바람이 나지 않으면 마누라가 바람이 나고

아이고오오오우 우리 딸래가 합궁하게 해 줘서 기분 좋게 해 줘야지 말분 좋게 해 줘야지[연구자가 돈을 가져다준다.]

김* *이 너로구나 아이구~우~우 이게 아주그냥 서울굿에 아주 파고 들어서 이상순이를 쫄라가지고 갖은 문서를 다 갖다가 천장만장 쌓아놨어. 아이고 이상순이가 사표 낸다니까 무서워서 그게 또 헛 문서가 될까봐 아이고 설워[문사재의 바라에 돈을 건낸다.] 아이고 받아라 넘실거리지 말어.

문사재 : 이승과 고저승하고 다른게 있어요. 뭐냐하면요
망자 : 애는 또 왜이래 점점[한부전 : 노나서 고만 써요 그래]
망자 : 너 자꾸 그러면 너 교육 보조자 안 되게 해 줄 거야
문사재 : 이승과 저승이 다른 게 뭐냐 하면요

망자 : 아니 이거 열어나 봐 어서
문사재 : 이거 열어 드려요?
망자 : 잔소리하지 말고
문사재 : 열쇠가 오래 되서 열쇠를 잃어 버렸어요.
망자 : 너 자꾸 그러면 양귀비로 보이다가 니가 자꾸 돈을 달라고 그러면 뺑덕 어머니다. 너.
문사재 : 열쇠 값을 좀 주세요
망자 : 열쇠 값을 또 달래니 어떡하면 좋으냐 그래 이 노릇을[한부전 : 얼마나 칠칠치 못하면 열쇠를 잃어버리겠어?]
망자 : 어이그 고~대장간에 가서 잘 비러와[왼쪽 바라에 돈을 또 건네준다.]
망자 : 그래~에 대장간에 가서 잘 비러오오 아휴 떨꺽하고 열어야지 너 또 딴 수작을 했다가는 소용없다
문사재 : 옥 열쇠를
망자 : 아 그거 억지로 부러뜨렸잖아 억지로 부러뜨렸잖아[한부전 : 대장깐에 또 가야해]
문사재 : 금 열쇠 값을 좀 더 받아 오세요
망자 : 또 받어? 말도 많고 탓도 많소[한부전 : 아 가시는 길에 아프면] 이름도 많이 짓는구랴. [한부전 : 그럼] 서울 무당들은 깎쟁이야 돈만 달래. 이북 만신들은 안 그러는데 얘가 경상도에다가 서울 만신이 되더니 아주 깎쟁이가 됐어. 나한테다가 되면 국물도 없어 어떤 무당이든지 내 목소리를 누가 따라오오
[한부전 : 나는 치지도 않아놓고 딴소리 하고 있어. 아 그러니까 동쪽에는 김유감이 서대문은 노들순자] 죽었으니 그만이지[한부전 : 이 영산은 이제 내일모래 죽을 테니] 그래도 죽인다고 그러면 겁날걸. 서뤄 서뤄[문사재에 돈을 건네준다.]

망자 : 너 진짜로 요번에 안 열어주면 재미가 적다
문사재 : 요번에는 금열쇠로다가 단단히 빌려왔으니 잘 열릴 겁니다.
망자 : 그래 너 자꾸 그러지 마라[문사재가 문을 들고 열어준다.]
망자 : [바라를 비비고 치며]해동은 조선국에 나랏님 터전
  [시봉무당이 상을 -도장 등이 올려 져있는- 문 안쪽에서 문을 을 통하여 건네주니 이상순은 자신의 오른쪽을 가리키며]
  이쪽으로 가져 와야지 이런 선자야 [옆으로 건네주고 바라를 문안으로 받으려고 하니]
  이런 또 아유 세상에 누가 신 어머니인지 속꽤나 썩겠다.[한부전 : 어련히 잘 가르쳐야지]
  [시봉 무당이 바닥에다 삼베를 깔아서 대설문에서 연지당까지 길을 만든다. 이상순은 도장 등이 올려 있는 소반을 들고 있다.]

(7) 상 위 백지에 '해동은 조선국에 아무 동네 살아가던 성명 아무 망자가 시왕문을 듭니다'라는 망자의 주소를 쓰고, 도장을 네 귀퉁이와 한가운데에 찍는다.

망자 : 해동은 조선국에 나랏님터전 황악동 왕십리 지첩에 살던 김유감이올시다.
망자: 오느~옥 도장 있수~?옳지 이성재가 해 놨다더니 해 놓은게 이거구랴. 우리 시영아들이 제일이야 근데 아무 신이나 자꾸 불러 들여서 자꾸 실수를 해 걱정이지 아이구 내가 떡 찍었으니 극락으로 가고

(8) 다른 만신이 연지당 쪽을 향해 삼베로 길을 깔아주면, 바리공주님이 예

단을 상에 받쳐 들고, 상주들이 양쪽과 뒤를 받들어 따른다. 대설문 밖에서 앞으로 세 발자국 나가다가 두 발자국 뒤로 물러나길 반복하며 두 장단을 머뭇거리다가 대설문 안으로 들어간다. 이 때 삼현육각이 울려퍼진다.

망자: 우리 상주들아 딸이 와야지 딸이 우리 경혜가 제일이지 나는 우리 경혜밖에 없다. 내가 너가 없으면 어떡해 살뻔 했니 [대설문 앞에서 들어갈 준비를 하고 있다. 이상순 들어가려다 말고 문설주에 길게 늘이워져 있는 삼베를 보고]

이거 문베는 클러는거야[삼베를 걷어낸다.]
칼도령을 돌 적에 마지막에 문베를 떼야지

[크게 세 걸음 앞으로 가고 작게 두걸음 뒤로 가면서 점진적으로 삼베길을 연지당을 향하여 걸어간다. 뒤에 상주들이- 6명 따른다. 연지당 앞에 도착했다 연지당은 병풍으로 둘러서 위에 청보가 보이게 덮고 앞쪽으로는 촛불과 과일 꽃 그 아래 밑에는 망자의 영전 사진, 그 앞에 바닥은 향로가 놓여 있다. 삼현 육각은 멈춘다.]

(9) 대설문 안으로 들어가서 앞으로 세 발자국 나간 후 뒤로 두 발자국 물러서고, 다시 세 발자국을 나아가는 걸음을 연지당 앞에 도착할 때까지 반복한다.

망자 : 해동은 조선국에 왕십리 지접에 살아가던 김유감이랍니다 지장보살님 극락으로 간다고 이렇게 왔으니 문을 열어주시고 만조상을 뵙고 열두지옥을 면하고 연화대로 으으으 아이고~

으으으으 서뤄~

(10) 연지당 앞에서 바리공주에 의해서 지장보살을 배알하게 된 망자가 지장보살님께 자비를 구하고저 억울한 사정을 호소하고 난 후, 지장보살에게 예단상을 내려놓고 연지당 영실을 한다.

[옆에 섰던 남상주에게 들었던 소반을 건네준다. 흐느끼는듯하며 뒤돌아서서 가볍게 몸놀림-걸음-하다가]

처라[창구처요 장구][장구와 피리소리 들린다. 만신은 선 자리에서 시계방향으로 두 바퀴 돌고]

연지당 영실

[서서 반절하고 예단 내려놓고 바리공주가 연지당 앞에서 영실을 한다.]
망자 : 금 같은 나상주야 만금 같은 나 상주야 부처님께 부탁을 하고 해원을 했으니 아황공주님 뒤를 다라 아이고~으으으 할머니 오셨다 쓸쓸할 때도 많았어. 네가 보고 싶을 때도 많았네. 경혜야 나가면 그렇게 안 들어와 그야말로 나는 모든 기능이 멈춰서 굶어죽은 셈이야[여상주를 안으며]아이고 불쌍해 으흐으흐 아이고 나는 우리 경혜가 제일 불쌍해 아이우우으 아이 어떡하니 이제는 이상순이를 나처럼 섬겨라 그래도 의리를 아는 사람이니까는
나처럼 섬겨야한다 생각하며는 이상순이나 나나 너나 똑 같아 불쌍한 거는 마찬가지야 아이구 내가가 왜 그런지 이상순이가 굿을 너무 잘해 얄미워서 그랬지 아이구~우리 한조야 부

탁해 너 엄마 아이구으으으 애 많이 썼네.
[상주모두를 돌아보며 하는 말이다.]
내 신령님은 네가 마음 가는 데로 해야 해. 누구말 듣지마라.
나는 극락 가시고 우리 이성재 잘 되게 해 주마 우리 새남굿
잘 되게 해주고 대한민국이 태평하게
[삼현육각이 다시 울린다. 이상순은 반시계방향으로 두 바퀴 돌고 연지
당에 고개 숙여 인사하고 연지당을 나온다.]

(11) 양손을 모으고 서서 지장보살님께 반절을 하고 대상 앞으로 안도령을 하러간다. 촛불·향불·위패·돗쌈을 뒤따르게 한다. 돗쌈은 망자가 서서 걷는 것처럼 발 부분을 앞세우고 머리 부분을 뒤에 놓는다. 도령 돌기는 항상 오른쪽 방향으로 진행한다.

안도령돌기

[큰상 앞에서 들어숙배 내숙배하고 오른손의 한삼자락을 젖힐 때는 반시계방향으로 돌고 왼손의 한삼자락을 젖힐 때는 시계방향으로 한바퀴 돌고 나서 큰 상을 반 시계 방향으로 크게 도는데, 나비춤으로 시작한다. 뒤 따르는 손자는 양손에 촛불을 들고 그 뒤는 향로, 영정사진, 위폐를 모신 흰 연꽃상자, 넋지가 올려진 돗삼-4명이, 그 뒤로 여상주들이 향을 하나씩 두 손을 모아 들고 따른다. 나비춤으로 큰상을 세 바퀴 돌고 다시 큰상 앞에 선다. 오른쪽의 한삼자락을 젖힐 때는 반시계방향으로 돌고 왼쪽의 한삼자락을 젖힐 때는 시계방향으로 한 바퀴 돌고 큰 상을 한바퀴 돌고나서 큰 상 앞에 선다.]

(12) 안도령 나비도령

① 대상 앞에서 손도령을 한 번 한다. 한삼을 끼고 양손바닥을 살짝 띄운 채 두 번 가량 빈다. 오른손을 밖으로 젖혀 한삼을 감고 왼편으로 한 바퀴 돈다. 이어서 왼손을 밖으로 젖혀 한삼을 감고 오른편으로 한 바퀴 돈다.

② 오른쪽 손바닥을 위로 해서 양손을 모아 앞으로 받쳐 든다. 왼발이 먼저 나가고 오른손 한삼을 풀고, 오른발을 나간 왼발에 붙이고 왼손을 푼다. 손발을 굿거리 장단 한 장단에 맞춰서 덩 덩 부분에는 양손을 풀고, 쿵덕쿵 부분에는 나비처럼 무릎을 굽히며 나비도령으로 대상 주위를 세바퀴 돈다.

③ 대상 앞에 도착해서 한 번 더 손도령을 한다.

[또다시 오른 손의 한삼자락을 젖힐 때는 반시계방향으로 돌고 왼손의 한삼자락을 젖힐 때는 시계 방향으로 한 바퀴 돌고 큰상을 크게 돌면서 가다가 4번의 나비날개 펴고 두 손을 비비고 오른손 한삼자락 젖히고 반시계방향으로 돌고 왼손의 한삼자락을 젖히고 시계 방향으로 돌고 다시 나비춤으로 진행해서 간다.]

(13) 안도령 부채도령

① 대상 앞에서 출발한다. 별상장단에 맞추어 오른손에 편 부채를 머리 위에 들고 두 번을 뜨고, 그대로 왼편으로 돈다. 편 부채를 가슴에 대고 오른편으로 돈다. 뒷걸음 칠 때는 접은 부채를 왼 어깨에 살짝 대며, 나가는 걸음에는 접은 부채를 오른쪽 어깨에 얹는다. 때때로 방울을 가볍게 흔들며 부채도령을 돈다.

② 대상 4면마다 부채도령을 돌면서 3바퀴 반복한다.

③ 대상 앞에 도착해서 부채도령을 한 번 더 한다.

[큰상을 두고 문 위로 대신칼을 주고받는다. 반시계방향으로 돌아가면서 사방을 향하여 한 번 더 칼을 던져 넘긴다.]

(14) 안도령 칼도령

① 대상 앞에서 당악에 맞추어 칼도령을 돈다. 왼손으로는 방울을 흔들고, 오른손에 대신칼의 날을 잡아 오른 어깨에 맨 채 왼쪽으로 돈 후, 대신칼을 오른편으로 두 번 원을 그리며 돌리고 왼편으로 한 번 돌려서 대상 앞에서 건너편으로 던진다. 던진 칼은 제자가 받는다.

② 대상 4면마다 대신칼을 던지며 1바퀴 돈다.

③ 대상 앞에 도착해서 칼도령을 한 번 더 던진다.

④ 마지막으로 연지당 쪽에서 대설문 밖 문 위쪽 너머로 대신칼을 던진다.

[소설문을 두고 안에서 밖으로 한번 칼을 던져서 넘기고 안에서 문 위로 던지면 시봉이 밖에서 받아다가 오른쪽으로 가져다준다. 후에 문밖에는 넋지가 올려진 돗쌈을 가져다 놓는다. 문을 통하여 칼을 넋지가 있는 돗쌈위로 던지고 시봉이 이를 받고 들고 있던 돗쌈을 높이 들어 올려주니 만신은 문을 통하고 돗쌈 밑으로 통과한다. 돗쌈 밑으로 해서 반대 방향으로 칼을 던진다 오른손의 부채를 펴서 이마에 대고 왼손에 요령을 흔들면서 오른쪽에 돗쌈을 들고 있는 사람을 한 바퀴 돌고 대각선에 있는 사람을 돌고 문을 통하여 안으로 들어간다 칼을 건네받고 오른손으로 휘휘 원을 그려서 돗쌈 위를 넘겨 다시 던지고 오른손 부채를 펴서 이마를 가리고 왼손은 요령을 흔들고 문을 통하고 넋지가 올려진 돗쌈 밑을 지나 밖으로 나간다. 나가서 돗쌈 아래로

하여 다시 칼을 던진다. 오른손 부채를 펴들어 이마를 가리고 왼손은 요령을 흔들면서 왼쪽에 있는 사람을 한 바퀴 돌고 대각선에 있는 사람을 돌고 문을 든다.]

(15) 대설문 밖에서 돗쌈을 네 사람이 들어주면, 연지당 쪽에서 돗쌈 위로 대신칼을 던진다. 네 명이 돗쌈을 잡아 손을 높이 위로 든다. 돗쌈 아래 쪽을 끝까지 나가 오른편으로 돌아 가운데를 지나 왼쪽으로 돌아 나온다. 다시 돗쌈을 내려 대신칼을 던지고 네 명이 돗쌈을 위로 들어 올린다. 돗쌈 아래쪽을 끝까지 나가 왼편으로 돌아 가운데를 지나 오른 쪽으로 8자 모양으로 돌아 나온다. 여자 망자이기에 남자 망자의 반대로 왼쪽에서 오른쪽 방향으로 진행한다.

[문을 안으로 들어와서 칼을 건네받고 오른손으로 대신칼을 휘휘 원을 그려 돌려서 돗쌈 위를 넘겨 다시 던지고 오른손 부채를 펴서 이마를 가리고 왼손은 요령을 흔들고 문을 통하고 넋지가 올려 진 돗쌈 밑을 지나 밖으로 나간다. 나가서 돗쌈 아래로 하여 다시 칼을 던진다. 오른손 부채를 펴들어 이마를 가리고 왼손은 요령을 흔들면서 이성재의 왼쪽에 있는 사람을 한 바퀴 돌고 대각선에 있는 사람을 돌고 문을 든다. 반복해서 똑 같이 했다 들어와서는 다시 칼을 돗쌈 위로 넘기고 부채로 이마를 가린 그 모습 그대로 문을 나가고 돗쌈 밑을 나가는데 나갈 때는 반시계방향으로 3바퀴 돌면서 나간다.]

(16) 돗쌈 위로 칼을 던진 후, 네 사람이 돗쌈을 머리 위로 높이 들어 올린다. 오른손으로 부채를 머리 위에 들고, 왼손에 방울을 든 채 왼쪽으로 세 번 뱅글뱅글 돌아 밖으로 빠져 나가 "아문요"라 말하고, 장구 앞에서 넋지를 들고 방울을 흔들며 문청배 만수받이를 시작한다.

문청배만수받이

1) 문섬김

아 문요
　　　아 문요
만신몸주
　　　만신몸주
대신문요
　　　대신문요
동방에는
　　　동방에는
원도문요
　　　원도문요
남방에는
　　　남방에는
법성문요
　　　법성문요
서방에는
　　　서방에는
애밀문요
　　　애밀문요

북방에는
　　　북방에는
진여문요
　　　진여문요
중앙에는
　　　중앙에는
정절문요
　　　정절문요
넓은대문
　　　넓은대문
들으시어
　　　들으시어
이구득락
　　　이구득락
승하제천
　　　승하제천
산하요
　　　산하요

2) 인정섬김

아 인정
　　　아 인정

만신몸주
　　　만신몸주

대신인정
   대신인정
이승에는
   이승에는
인정이고
   인정이고
저승에는
   저승에는
사정이요
   사정이요

인정사정
   인정사정
받으시고
   받으시고
이구득락
   이구득락
승하제천
   승하제천
산하요
   산하요

3) 칼섬김

아 칼이요
   아 칼이요
만신몸주
   만신몸주
대신칼이요
   대신칼이요
이승에는
   이승에는
넋칼이고
   넋칼이고
저승에는
   저승에는

쇠칼이요
   쇠칼이요
넋칼쇠칼
   넋칼쇠칼
칼을벗고
   칼을벗고
이구득락
   이구득락
승하제천
   승하제천
산하요
   산하요

4) 전섭김

아 전요
　　　아 전요
만신몸주
　　　만신몸주
대신전요
　　　대신전요
이승에는
　　　이승에는
넋전이고
　　　넋전이고
저승에는
　　　저승에는
혼전이요
　　　혼전이요
넋전혼전
　　　넋전혼전
받으시고
　　　받으시고
남상주는
　　　남상주는
복건벗고
　　　복건벗고
여상주는
　　　여상주는

대모벗고
　　　대모벗고
광산김씨
　　　광산김씨
아홉혼신
　　　아홉혼신
여망제님
　　　여망제님
맨발클러
　　　맨발클러
쓴칼벗고
　　　쓴칼벗고
안당에는
　　　안당에는
물고받고
　　　물고받고
본향에는
　　　본향에는
하직하고
　　　하직하고
상산에는
　　　상산에는
칼문벗고
　　　칼문벗고

상산굽어
　　　　상산굽어
극락세계
　　　　극락세계

연화대로
　　　　연화대로
왕생극락
　　　　왕생극락
산하요
　　　　산하요

[반시계로 한바퀴 돌고 굿거리 장단으로 삼현육각, 장구, 제금]

5) 시왕공수 [대설문 앞에서 시왕공수를 준다.]

가시문 쇠문 벗고 가신
광산김씨 아홉혼신 여망제님
살아생전에 좋은 말 좋게 전하고
궂은 말도 좋게 전해서
망자 산하여 주노라

[부채를 착 편다 만신은 대설문 안에 서고 대설문 밖에는 제자가 오른손에 넋지, 왼손은 술잔을 들고 서있다 이때 맞주와 노랫가락을 부르며 오른손 부채를 펴서 이마에 비껴들어 가리고 문을 돌아 밖으로 서고 넋지를 든 사람은 안으로 서서 마주보다가 넋지는 상 옆 오른편에 돗쌈 위에 올려둔다.]

맞조와 노랫가락

맞주와 맞주소사 시왕삼문이 맞주아[마주 서서 반절하며]
맞주와 맞주소사 망제 천도에 맞주와[천천히 걸음하여 서로 자리를 바꾼다.]
맞주와 맞주소사 강림은 도령이 맞주와

[반대로 자리를 바꿔 서서 반절하고 나서 넋은 수팔연꽃에 올려 놓는다.]

[대설문은 철수한다. 상식상이 차려지고 상 왼쪽 옆으로 넋지가 올려 진 돗쌈이 자리 한다. 상주들은 상식상에 절을 올린다. 만신은 돗쌈옆 의자에 앉아서 제금을 친다. 염불같이 시작한다. 삼현육각이 울린다.]

7. 상식-(가족)(염불장단)

[상식은 유교식의 절차이다. 그런데도 불구하고 이 절차를 하면서 동시에 이른바 명두청배를 한다. 조상으로 인정되는 절차로서 서울새남굿에서 중요하게 여기는 절차이다. 무속과 불교, 불교와 유교의 혼합적인 관념을 확인할 수가 있는 아주 중요한 절차가 바로 상식이며, 명두청배는 새로운 조상으로 환생하는 관념을 보여주는 것이다. 새남굿에서는 상식을 올릴 때 염불 장단을 친다. 상식상은 대상 앞에 차려지며, 돗쌈의 머리 쪽을 대상 앞으로 하여 내려놓는다. 넋전은 수팔련 꽃 위에 다시 얹어 둔다. 바리공주는 돗쌈 옆에 가르마는 내려 놓고, 큰 머리를 쓰고, 바라를 들고 의자에 앉아서 바라를 살짝 살짝 치면서 대상 앞에서 명두청배를 한다.]

명두청배

대함제석은 제인제석이요
석가여래는 삼제석이요
만신에 몸주는 여망제시라

[상주들이 상식상에다가 술을 올리고 절을 한다. 돌아가면서 술을 올리고 절하

기가 거듭 반복된다. 염불을 구송하고 있었지만, 끝까지 이성재의 염불 소리는 들리지 않았다.]

명두청배-(노들 순자 문서-신가집 참고)

대함제석은 젠제석이요 석가여래 삼제석님
애동만신 몸주로는 친하대신 지하대신
우레주뢰 벼락대신 천하궁에 다지박사
지하궁 소스락씨 주역천문
양아궁에 양대신 삼아궁에 삼대신
제산동방 호구대신 금성동방 명두대신 가사의로 창부대신
천하로 천직사재 지하로 지국사재
우두나찰 좌두사재 좌두나찰 우두사재
제석궁의 모란사재 제불동방 강림사재
사재놈의 거동보소

우여 슬프시다!
광산김씨의 아홉 혼신 여망재님을 모시고 가실 때
길신이 머물거든 짚신 벗어 전하시고
천잔법신 머물거든 다라니 칠백장을 전하시고
매장신이 머물거든 청계를 떼 구르고
사계를 물린 후 천금지금 면모악수 벗어 전하시고
매장각시가 머물거든 겉매 일곱매 속매 일곱매
소오대렴 열네매 고를 풀어 전하시고
염불이 머물거든 복건 벗어 전하시고
혼백이 머물거든 애모 벗어 전하시고

산신이 머물거든 명전석전 공포만장에 삼색예단을 전하시고
문신이 머물거든 소지 칠백장 문문이 전하시고

우여 슬프시다!
광산김씨의 아홉 혼신 여망재님
숨지고 넜지는 소린 줄 알았더니
아후열래 피바다에 중중이 떠오르는데 운명종신 임종시에
상인상주 곤곤친척 하직하고 옥수 뜨는 소리로다
염불을 가득이 싣고 극락세계 가실 적에
십자암 염불 받고 사십팔월 염불 받고
극락세계 연화대 회방삼세 회방물
미타인에 사십팔경 나무아미타불
염불 받아가소서

백만아계 도원수계 나무아미타불
극락세계 십종장엄 나무아미타불
법정서언 수인장엄 나무아미타불
사십팔운 월력장엄 나무아미타불
미타명호 수광장엄 나무아미타불
삼대사관 보살장엄 나무아미타불
미타국토 안락장엄 나무아미타불
보아청정 덕수장엄 나무아미타불
보전영의 누각장엄 나무아미타불
주야장원 시분장엄 나무아미타불
이십사락 정토장엄 나무아미타불
삼십종이 공덕장엄 나무아미타불

미타이낭 사십팔원 나무아미타불
석가여래 팔상성동 나무아미타불

8. 뒷영실

　뒷영실은 망자가 마지막으로 상주에게 말하는 절차이다. 상식이 끝나고 상은 그대로 두었으며 만신은 평복차림을 하고 목에 흰 명주수건을(영실수건) 길게 걸고 있다. 넋지를 뒷머리 쪽진 곳에 꽂는다. 망자 옷을 들고 들어숙배 내숙배 하다가 그 옷을 입는다.

넋노랫가락

(1) 넋이야 넋이로다 노양산이 지만이요
　　영이별 허선이다 정수가 없는 넋이로다
　　세상에 못나올 망자가 놀고 갈까

(2) 왔으니 놀고를 가오
　　내일 아침나절에 쉬어가오
　　놀면서 쉬면서 가도 정수가 없는 넋이로다

(3) 왕덕일랑은 입소와지요 이씨 남망자 진덕이요
　　왕말미 왕덕이오나 진말미 진덕이오나
　　마누라 왕의 왕덕을 다 입힐까

(4) 사나요 사나소서 김씨에 여망자 사나요

극락을 서계신데 시왕세계로 사나요
천수경 법화경으로 다 사날까

[넉노랫가락을 부른 후에 망자의 옷상자를 들고 한 바퀴 돌고 나서 들어숙배 내숙배 하면서 사방에 상산구배한다. 앞에다 가져다 놓고 망자의 옷을 들고 두어걸음 왔다갔다 하다가 망자의 옷을 입는다. 망자옷인 옥색치마, 저고리, 분홍 두루마기,목에 걸었던 영실수건은 삼베와 같이 왼손에 걸치고 오른손에 신발을 들고 뜀춤하다가 신발을 신는다. 딸을 안고 상주들 모두 모아서 앉게 하더니 뒤로 넘어가 실신을 하기도 한다. 상주들이 감싸고 서로 울기 시작한다. 서서 울다가 뒤로 털썩 주저앉고 상주들도 모두 옆에 무릎 꿇고 앉는다. 울면서 하는 소리는 들을 수 없다.]

망자 : 엄마가 잘 불려 줄께 걱정마라 바라봐도 불려주고 내가 이제 아픈 것도 다 가둬 주시고 오늘 [상주들과 껴안고 ~흐느껴 운다.]

망자 : 이제 내가 이렇게 가니까 모두들 애 썼어요 모두 애 썼어요 [손을 흔들며]
엄마가 이렇게 이거 내가 굿덕은 냉기고 가야지 굿덕은 다 냉기고 가야지 내가
[관중을 향하여 손을 흔들어 인사한다.]

망자 : 오늘 모두모두들 애 썼어. 어디로 갔어 제다가 내 마지막 가는데 어디로 제 도망 갔어
이제 모든 거 풀고 우리 경혜를 위해 줘야해[예] 우리경혜를 위해 줘야해[단골 : 그만 서러 하시고 좋은 곳으로 가세요-가슴에 만원을 꽂아 준다.]

망자 : 어디 갔어. 왜 거기가 앉았어. 나 마지막 가는데 [나와서 돈을 가슴에 꽂아준다.]

다리 아프다고 울지말어. 내 잘 불려 줄께 내가 대한민국에
저승에 못간 사람 극락에 못간 사람 내가 다 데려갈 거야
[노부인 한명이 나오고 둘이 서로 안고 대화를 나눈다.]
내가 무주고혼 유주고혼 허공에 떠도는 고혼들 오냐 진오귀
못 받는 고혼들 오늘 다 데불고 가고 나라에 모두 애국자들도
다 데리고 갈 꺼고 내가 다 데리고 갈 거야
[노부인이 윤복녀의 가슴에 돈을 껴 넣어준다.]
숨이 차고 내가 못 먹어 가지고 말할 기운도 없어.[딸이 와서
돈을 안겨 준다.] 말할 기운도 없어~ [이성재가 나와서(좋은데 가세
요.]라고 인사한다.]

망자 : 너무 애쓰고 죽는 거까지 다 보고 그거 알어[이성재와 자신의 딸
이 잘 지내기를 당부한다.] [이성재 : 예, 그러믄요 예 염려 마세요.]

망자 : 안그러면 내가 가만 안있어.[예] 아유 숨이 차 이렇게 숨이 차
내가 서로 삐뚝삐둑 하기만 해봐라 내가 가만두나 내가 살아서
나 죽어서나 내 성질이 어떤 성질인데 내가 그냥 가겠나[돈을
준다.] 아이구우 주면 뭘해. [딸 앞으로 가서 쓰담으 면서] 우리 경혠
데 우리 손녀 천금 같은 내 손녀 오냐~울지마라[붙잡고 운다.]

망자 : 애미가 간다~ 건강해야 된다. 건강하게 살어
[이성재 : 어머니, 내가 더 잘 할께요.내가 더 잘해야 돼요.][전경혜를
가리키며]

망자 : 내가 경혜가 똑똑하고 싹싹하고 내가 성질은 칼날 같아도 그런
거를 못봐[이성재 : 죄송합니다. 몇 번 전화 하셨는데]나 육신만 간
거야 새남 받고 잘 가고.

망자 : 은하어멈 어디로 갔어. 애 많이 쓰고 고춧가루는 어디로 갔어?
한부전이 어디로 갔냐고. 어? 나보더니 어디로 다 도망갔어?
내 마지막 가는데 어?

내가 오늘 이렇게 받고 크게 국상을 치루고. 국상을 치루고 은아어멈 어디갔냐

[이상순 : 어머니는 이성재만 제일이야. 천만원. 돈은 자꾸 얻어 탔지]

망자 : 이이 여기서 그 말은 왜 해?[뒷 걸음질 친다.]

[이상순 : 미안하니까는 그 돈 천만원을 못 주고 돌아가서]

망자 : 그래도 마음으로 받아가지고 마음으로 받아가지고[이성재 : 옳으신 말씀입니다 옳으신 말씀]

[이상순 : 어머니는 이성재만 좋아하잖아]

망자 : 그래도 그게 어명이고

[이상순 : 이성재만 좋아하잖아]

[윤복녀가 이상순의 손을 잡고 손등을 토닥거린다.]

[이상순 : 같은 달 시월상달이고 망달이야]

[이상순의 제자 여성 누군가 돈을 가져와서 이쪽저쪽 손을 잡고 윤복녀에게 건낸다.]

[이상순 : 어머니 이거봐 이 제자가 나를 좋아하니까 이렇게 어머니]

망자 : 이게 누구 몫이야? 나는 꼭 알아야 받어[이상순이 설명한다. 내용 불청]

망자 : 애 많이 써요 애 많이 썼어. 힘 많이 들었어.

[이상순 : 어머니가 제랑 -이성재- 너무친하니까 쌈을 붙였지]

망자 : 아이그 그런 말이 어딨어.

[이상순 : 어머니가 살아서요. 보통 셈이유. 작은마누라라서 그렇게 억울해서 한이 많아서]

망자 : 아이그 어저께부터 작은마누라 얘기는 왜 자꾸나와 내가 생각하면 한이 많고 원이 많지 여기서 말을 못하지 내가 알고 보면

[이상순 : 영감도 안 왔어]

망자 : 안오거나 말거나[이성재가 옆으로 온다.]

　　　　[이상순 : 그 좋아하는 영감, 쌈 붙였어. 엄마가 쌈 붙였지? 내가 좋아하고 의지하고 내가 너무 의지했는데]
　　　　[딸 : 빨리 가세요.]
망자 : 안가
　　　　[딸 : 빨리 가셔 무슨 얘기를 더 듣고 싶어서 쌈 붙혔다는 소리를 듣고 싶어서 그래? 빨리가]
　　　　[이상순 : 내가 옛날 격식으로다 영실 수건도 이렇게 비단으로 끊었어. 그러니까 내가 소창으로 안해][이상순이 영실 수건을 윤복녀 왼팔에다 걸어준다.]
망자 : 은아엄마 애썼어. [이상순 : 본견으로다.]
망자 : 여기 문화재에서 나오신 분들 또 아닌 분들 제자 분들 그저
　　　　[이상순 : 아유~수다스럽지도 않았는데 그냥 윤복녀가 이렇게 수다스러워]
망자 : 아니 내가 할 말이나 하고 가야지 다들 잘 불려주께. 오늘 사진들 찍느냐고 방송에 나오고 다해갖고 난리 났어.
　　　　[이상순 : 오늘이 아주 그냥 뭉청(무척) 돈 벌어 가는 거야]
망자 : 돈이 벌긴 번다고 하지마는
　　　　[이상순 : 이거봐요 새남을 구경만 해도 극락가고 새남구경 못한 무당도 많아]
망자 : 잘들 살아요[예] 여기 왔다가 가는 사람 다들 잘 되게 해 줄게
　　　　[이상순 : 백살만 살으라고 그래]
망자 : 백살은 너무 많고 사는 데까지 살고 내가 보니까 다리를 못 쓰고 하니까 걷는 것도
　　　　[이상순의 손을 잡고] 너무 애썼수.[애를 쓰시고] 애썼으니까 서로 합의하고 싸우지 말어 은아 어멈아 [이상순이 따라가며] [이상순 : 나는 그 소리만 하면 열이 뻗쳐서 말안해. 간이 뒤집히니까 말 안해]

망자 : 같이 좀 같이[이상순 : 그래 같이 여기 나하고 죽자]
망자 : 죽든지 셋이 말든지[이성재, 이상순, 경혜]
 [이상순 : 아주 소리를 내고 죽을래 가만두고 죽을래. 저거 내가 죽여버리지. 가만 안둬 내가 내가 죽어 귀신이되도]
망자 : 아 내가~받을 거야 이제 은아어멈이 받을 껀데 왜그래. 아 여기 돈좀 줘.
 [이상순 : 어머니한테 하듯이 반만해 얘 -경혜- 한테보다 나한테 잘 해야 돼]
 [경혜: 아 잘한다고 약속했는데 여기서 또][이상순 : 나도 여러 사람 증인 있는데서]
망자 : 아~여기 돈 좀 줘 [돈을 세어보고] 이게 뭐야. 다 잘 불리게 도와줄게 &&&에 있는 사람도 줘! 내가 어저께 받은 건 다 너희들 다 노나 줬다 내가 주기는 좋아 경혜는 못 받어 다 줬으니까 [돈을 보며]내가 돈을 얼마나 좋아하는데 돈을 좀 줘~이게 뭐냐 내가 어저께 다 줬지? 그럼! 내가 이렇게 생각하고 다 줬지
 [이성재가 돈을 꺼내서 준다.]
 [이상순 : 어머니, 뒷구영으로 나 좀 줘. 뒷구영으로 나 좀 주고가]
 [돈을세며]
망자 : 정말 은아어머이 애썼어[예] 내 꼭 돈은 세어 줘야 돼[돈을 10개 세어서 준다.]
 [이성재 : 아이고 아이고 큰일났네 내 돈 나갔어. 걱정스럽네.][이성재 앞으로 간다.]
 [이성재 : 아이고 예 죄송합니다. 정말 죄송합니다. 저도 맘이 아파요 많이]
 [이상순 : 임종을 &&&신령님 벌이야 이게 지금 무당이 &&&&&&다보고]

[이성재 : 이제 가야쥬? 잘 봤죠? 잘 봤죠]

망자 : 내가 휴지 좀 줘요 콧물이 나 죽겠어. 그래도 내가 줄지 알고 그래서 내가 어저께 돈 받아갖고 다 쓴 거 아야!! 다 줬잖아. 다 줬어

[이성재 : 오늘도 또 줄 생각 말고 오늘은 참으세요. 어머니 계산할게 너무 많아요.]

망자 : 그럼

[옆에서 딸이 돈이 많으시니 좀 주고 가라고 하니 안 된다고 하며]

망자 : 않되 내가 애가 너무 불쌍해서 애를 좀 줘야해.[돈을 준다. 이성재 앞으로 가서 뭐라고 당부한다.] [이성재 : 제대로 못 모셔서 너무너무 죄송해요. 가슴이 아파요.]

[이옥선은 수표를 가져다준다. 매우 기뻐하며 누가 또 줄 사람 없나 이 거 다른 누가 또 가져다 준다.]

망자 : 또 줄 사람 있으면 줘봐. 내가 돈에 원이지고 한이 너무 져서 내가 너희 험한 것들 다물어 거둬 가마[예 좋은 데로 가세요. 좋은 데 가세요.]

[딸에게로 가서]

망자 : 내가 잘 불려서 모두모두 고생하고 애 많이 쓴 사람 다 알으니 까 내가 &&&&&&& 온 나라가 태평하고 나라에 전쟁이 없어야 돼. 전쟁이 없는 나라가 되고 [망자 옷을 치마부터 벗는다.] 우환 이 없어야돼 요새 질병이나 우리 한조나 우리 손녀 딸 이런 거 다 거둬주고 나쁜 거 다 거둬 주고 오늘 극락세계 가니까 나 화장품 도 사줄거야? 그래야 제자들이 보고 다 알지. 그것 도 &&&로 해서 저 은하어멈 또 어디로 갔니? 애쓰고 힘들었으 니까 나는 오늘 가고

[망자 옷을 모두 벗고 뒷머리에 꽂았던 넋지도 뺀다. 망자 옷 모두를 왼손에 들고 오른손은 삼베와 영실수건을 들고 뜀춤 하다가 반시계방향 한 바퀴 후 노랫가락 한다. 이때 오른손에 넋지와 삼베가 담긴 상자를 들고 왼손은 망자 옷을 들고 문 쪽을 보면서 망자노랫가락을 한다.]

망자노랫가락

(1) 가노라 삼하지기요 보내노라 일천간장
(1) 일천장 못을 박고 베개 넘어가 수이로다~
 천수경 법화경으로 다산할까

들었던 망자옷이나 삼베, 수건을 큰상의 왼쪽 옆으로 가져가서 내려놓으니 상주들이 가서 절을 한다.

9. 베가르기, 베째

[베가르기는 달리 베째라고 말하는 긴요한 절차 가운데 하나이다. 이 절차를 통해서 우리는 일련의 이승과 저승의 분리라고 하는 관념과 함께 망자와 상주의 결별이라고 하는 깊은 분리의식을 엿볼 수가 있다. 상례가 분리의례이듯이 이 굿거리에서 서로 결별하면서 마무리를 하는 것은 중요한 절연의 순간이 되기도 한다.
새남굿에서 베가르기는 홍철릭을 입고 큰머리를 쓰고 진행한다. 사잣베는 말미를 드릴 때 방석 밑에 깔고 앉았던 것이다.. 사잣베를 한 번 접어 두겹으로 만들어 허리에 매고, 홍철릭의 소매는 뒤로 젖혀 맨다. 사잣베로 허리에 두른 띠에 왼편에 방울을, 오른편에 대신칼을 꽂고 부채끈

을 꽂아 부채를 아래로 드리웠다. 바라를 들고 밖에 나가서 하늘이 보이는 곳에서 사방청배 한다. 동서남북을 차례로 바라보고 바라를 치며 베가르기 사방청배를 한다. 새남굿의 베가르기는 돗쌈하듯이 여덟 팔자 8 모양으로 돈다. 망자의 성별에 따라 도는 방향은 반대가 된다.]

※ 시왕다리 사방청배는 없다.

[복색은 홍치마위에 홍철릭을 입었다 홍철릭 위 가슴부분을 긴 삼베필로 묶은 특징이 있고 이마위쪽으로 화려한 뜰잠 3개가 꽂아진 큰머리를 올렸다. 이 모습으로 바라를 들고 삼베와 소창을 겹쳐서(삼베가 아래에 있고 소창이 위에) 4명이 높이 쳐들고 있고 그 밑을 바라를 치고 비비면서 아래와 같이 염불하며 지나간다. 왼 쪽에서 시작한다.
네 사람이 새남다리(맑은다리와 흐린다리가 이중으로 겹쳐진 새남다리)를 양끝에서 잡아준다. 염불하면서, 새남다리 밑에서 바라를 양손에 들고 두 팔을 올려 새남다리 좌우 아래 위쪽으로 저으며 나아간다. 뒷걸음쳐 다시 온 후 염불하며 바라를 눕혀 든 채 허리로 새남다리를 갈라나아간다. 새남다리를 다 가를 때까지는 염불을 끝까지 계속한다.]

새남다리 가르기

광산김씨 아홉혼신 여망제님
새남다리 받으시고 극락다리 받으시고
왕생극락 하소사 나무아무타불
시왕세계 가소사 나무아무타불
원앙새 원앙새 나무아무타불
극락세계 가소사

나무아미타불 염불 받아 가소사
오늘은 다 새남다리 받으시고
극락세계연화대 산하여 가시고
오늘은 김씨하고 아홉혼신 여망제님
새남다리 받으시고
오늘은 왕생극락 연화대
산하여 가소사

[오른 쪽에 서있게 된다. 잠시 서서 아래의 염불을 하는 동안에 그 앞에서 두 명의 시봉녀가 작은 베를 당겨 찢는다. 베를 찢는 바로 위에서 바라를 치며 몸으로 미는 시늉을 하고 있다. 베는 무명과 삼베가 겹쳐져 있으며 모두 24개를 찢었다.]

염불타령

오늘은
왕생극락 하소사
나무아무타불 엄장장엄
관세음보살 나무아무타불
원앙새 원앙새 나무아무타불
염불받아 가소사 나무아무타불
극락세계가소사 나무아무타불
원앙새 원앙새 나무아무타불
극락왕생 왕생극락 나무아무타불
극락세계가소사 나무아무타불
염불받아 가소사 나무아무타불

원앙새 원앙새 나무아무타불
극락세계 관세음보살 나무아무타불
극락세계가소사 나무아무타불
염불받아 가소사 나무아무타불
원앙새 원앙새 나무아무타불

[베 아닌 외겹의 흰 천으로 다리를 만들어 높이 쳐들고 그 밑으로 바라를 치고 염불을 하면서 지나간다.] : 소창 한 겹으로 된 맑은 다리를 새남다리와 같은 방법으로 가른다.

이승다리-맑은다리 가르기

오늘은 광산김씨 아홉혼신 여망제님
극락세계가소사 나무아미타불
원앙새 원앙새 나무아무타불
나무아무타불 극락왕생 관세음보살
염불받아 가소사 나무아무타불
극락세계가소사 나무아미타불

[출발점으로 왔다 머리위로 쳐들었던 천이 가슴아래 까지 내려졌다.]
[천위에 빨간 질빵 뭉치가 놓이고 돈을 늘어놓는다.]

극락세계가소사 나무아미타불
염불받아 가소사 나무아무타불
광산김씨 아홉 혼신 여망제
엄장장엄 관세음보살 극락세계가소사

나무아무타불 극락세계가소사
염불받아 가소사[베다리는 갈라졌다. 갈라진 곳을 되짚어 돌아온다.]
나무아무타불
극락세계가소사 나무아무타불

[오른 쪽 출발점으로 왔다 다시 하나의 삼베를 펴고 다리를 만든다. 바라 없이 대신 칼 2개를 양손에 하나씩 든다. 베 다리를 높이 쳐들고 그 밑을 지나면서 대신칼을 삼베다리 위로 올렸다 내렸다 하면서 지나간다.]

저승다리 - 흐린다리 가르기

나무아무타불
오늘은 시왕천도 연화대로 가소사
나무아무타불
염불받아 가소사 나무아무타불
나무아무타불 원앙새 원앙새 나무아무타불
오늘은 다 극락세계 연화대로 산하여 가시고
광산김씨 아홉혼신 여망제님
오늘은 다 극락다리 시왕다리
받으시고 다 왕생극락 하소사
나무아무타불 나무아무타불
원앙새 원앙새 나무아무타불

[베를 다 갈랐다. 가슴에 묶었던 긴 필의 베를 끌러낸다. 대신칼을 오른손에 모아 쥐고 좌우로 흔들면서 구연]

시왕다리만수받이

아다리-
　　아 다리요
만신몸주
　　만신몸주
대신다리
　　대신다리
이승에는
　　이승에는
시왕다리
　　시왕다리
저승에는
　　저승에는

극락다리
　　극락다리
베다리갈라
　　베다리갈라
옥교다리
　　옥교나리
받으시고
　　받으시고
극락세계
　　극락세계
연화대 산하여 가소사
　　연화대 산하여 가소사

엇쑤나 엇찌나 [한바퀴돌고, 넋지와 삼베뭉치를 쥐고, 상주들을 마주보고 서서]

어~굿짜

[오른손에 대신칼 들고 왼손은 넋지들고 유가족을 마주보고 서서 구연 당악에 춤추다가 오른편으로 한 번 돌아서 공수를 준다. 마치면 오른쪽으로 한 번 돌고 넋지는 제자를 주고 큰머리도 내린다.]

시왕다리공수

아린시왕 쓰린 시왕
숨지어 넋진시왕 피지어 애진시왕

업어내고 모셔내어 열시왕에 중디시왕 아니시냐
우여 슬프시다
광산김씨 아홉혼신 여망제님
이승에 궂은 말은 저승 가 좋게 전하고
좋은 말도 좋게 전해서
왕생극락 연화대 산이 성불 시키어 산하여 가소사
엇쑤나

[한바퀴 돌고, 삼베는 아래 내려놓았고 넋지, 대신칼 시봉에게 주고, 갓하고 건대구, 부채 주세요]

10. 시왕군웅거리

[상주들 앞으로 가서 건대구를 펴고 먼저 상주들 앞으로 가고 돈을 받은 후]
여기 군웅채들 다들 하나씩 주셔. 여기 오신 분들도 군웅채 하나씩 놔야 따라들고 묻어들 군웅이 없고 처지고 늦은 사재증, 상문증, 군웅증 아주 다 거둬 주는 거야 어 여기들 나씩들 다 줘. 그럼 천원자리라도 다 하나씩 놔야돼 그럼
[멀리서-그래야 따라가지 않아요. 하나씩이라도 주세요.]
군웅채 하나씩 줘 천원짜리라도 하나씩 줘 어. 그래야 따라들고 묻어든 재증, 상문증, 군웅증 다 거둬 주는 거야.
[이때 큰 머리 위로 시봉이 갓을 올려주고, 관중이 모두 돈을 하나씩 건대구에 올려 준다.] [옳지 그래야 싹 벗고 갑니다. 그래야 재수 있어요.]

시왕군웅만수받이

아린군웅
   아린군웅
쓰린군웅
   쓰린군웅
숨지어서
   숨지어서
넋진군웅
   넋진군웅
피지고도
   피지고도

가진군웅
   가진군웅
업어내고
   업어내고
모셔내다
   모서내다
열시왕에
   열시왕에
사재군웅
   사재군웅
시왕군웅
   시왕군웅

[영정상 앞에서 들어숙배 나숙배 한바퀴 돌고]
휘 [-유효숙- 홍치마, 홍천릭, 오른손에 부채, 왼손에 건대구, 큰머리올리고 그 위에 빗갓 – 삼현육각]

넋 노랫가락

산하소사
김씨에 여망제 사오나요
극락을 바라보시며
시왕세계로 산아요
엇구자

시왕군웅 공수

아린군웅 쓰린 군웅
숨지어 넋진 군웅 피지고도 애진군웅
업어내고 모셔내어 열시왕에 사재군웅 아니시냐
혼시다 광산김씨 아홉혼신은 여망제님
오냐~ 어느~
군웅진 거둬주고 사재증, 상문증, 무섬증
거두워 도와 주고
어느~
조문하고 연신하고
오냐~
이렇게 상문이 들었어도
따라드는 상문증 거두어 도와주고
꿈자리 거둬주고 군웅증 거둬 주께
어느 이렇게 오신 분들 군웅진 사재증 거둬서
망제3년이 그저 원고 없고 원망 없이
거두어 도와주고 받들어 주시마
엇쑤나

[큰 문 앞에서 행해졌고 문을 바라보며 가볍게 뜀춤 후 한바퀴 돌고 돈이 올려진 건대구를 시봉에게 건낸다. 갓도 벗고 홍철릭 벗고 자리 정돈, 뒷전 준비함]
[마루에 있는 사재상 뒷전에다 내다 놓으세요. 마루에 있는 뒷전상, 남자분들이 좀 들어 주세요. 상 좀 들어서 남자 분들이 좀 옮겨 주세요 네]
[뒷전상은 큰상을 비켜서 왼쪽 옆으로 가져다 놓고 진행한다. 뒷전이기 때문에 큰상 앞에서 할 수 없다. 그 옆에서 망자에게 사용 되었던 옷을 정리한다.

燒할 것이고 위폐도 소한다. 오색 베를 준비한다. 참석자 모두 한 사람씩 찢어서 보내야 한다.] 옷은 안에 가서 해 갖고 오세요. 뒷전 하는 거 여기 돈 좀 주고 가세요. 돈 좀 주세요.

[뒷상을 등지고 서서 오른 손으로 부채를 펴서 가볍게 부치는 듯이 하며 앞에는 장구잽이가 앉은채로 친다 서로 마주본 자세다.]

11. 천근새남뒷전

뒷전서낭 만수받이 [만신은 평복에 오른손에 부채를 펴 들고 서서 장구잽이와 마주보고 구연]

아 서낭
      아 서낭
만신몸주
      만신몸주
아린서낭
      아린서낭
쓰린 서낭
      쓰린 서낭
숨지어서
      숨지어서
넋진서낭
      넋진서낭

피를지어
      피를지어
가던서낭
      가던서낭
업어내고
      업어내고
모셔내다
      모셔내다
열시왕에
      열시왕에
사재서낭
      사재서낭

날상가는
　　　　날상가는
진초상에
　　　　진초상에
관머리는
　　　　관머리는
널머리라
　　　　널머리라
날시체를
　　　　날시체를
만지고도
　　　　만지고도
다룬서낭
　　　　다룬서낭
서낭간주
　　　　서낭간주
말명간주
　　　　말명간주
업이서낭
　　　　업이서낭

상간주를
　　　　상간주를
다젖이고
　　　　다젖이고
망제천도
　　　　망제천도
산이성불
　　　　산이성불
사재진도
　　　　사재진도
물려주고
　　　　물려주고
삼성진이요
　　　　삼성진이요
중디진이요
　　　　중디진이요
사재상문
　　　　사재상문
연안진도
　　　　연안진도
다 젖이고
　　　　다 젖이고

뒷전영산

아린영산　　　　　　　　　　아린영산

쓰린영산
   쓰린영산
숨지어서
   숨지어서
넋진영산
   넋진영산
피를지어
   피를지어
가던영산
   가던영산
남영산은
   남영산은
여영산이요
   여영산이요
원주영산
   원주영산
집주영산
   집주영산
아흔아홉
   아흔아홉
노영산이요
   노영산이요
쉰셋은
   쉰셋은

떼 영산이요
   떼 영산이요
재수에도
   재수에도
끓인영산
   끓인영산
몸수에도
   몸수에도
끓인영산
   끓인영산
따라든영산
   따라든영산
묻어온영산
   묻어온영산
영산들이
   영산들이
많이먹고
   많이먹고
산도좋고
   산도좋고
물 좋은 데로
   물 좋은 데로
속가천리
   속가천리
물러가고
   물러가고

뒷전상문

아린상문
　　　아린상문
쓰린상문
　　　쓰린상문
숨지어서
　　　숨지어서
넋진상문
　　　넋진상문
피를지어
　　　피를지어
가던상문
　　　가던상문
운명종신
　　　운명종신
임종시에
　　　임종시에
따라든상문
　　　따라든상문
묻어든상문
　　　묻어든상문
발상시오
　　　발상시오

염습시오
　　　염습시요
길제노제
　　　길제노제
입관시는
　　　입관시는
하관시에
　　　하관시에
황토시에
　　　황토시에
반혼시에
　　　반혼시에
따라든 상문
　　　따라든 상문
묻어든 상문
　　　묻어든 상문
놀고나서
　　　놀고나서
처지고도
　　　처지고도
뒤진 상문
　　　뒤진 상문
다 젖혀 가소사

뒷전서낭공수

어구자
아린서낭은 쓰린서낭 아니시랴
숨지어서 넋진서낭 아니시랴
피를 지어 가던 서낭 아니시랴
업어내고 모셔내던 열시왕에 사재서낭 아니시랴
어느~
망제천도님 망제 천도 끝에
따라가든 서낭 없고 묻어가는 서낭 없고
서낭간주 말명간주 업이서낭 상간주 다 젖여 도와주고
너 모두 남경건물 북경서낭 북경건물 남경서낭
동두길진에 모두 미내미 오수재 서낭님과
남두길진은 남서는 노인성 서낭님
서두길진에 구파발에 사신서낭님 아니시랴
북으로는 동락정 형제우물 서낭님아니시랴
서낭간주 말명간주 업이서낭 상간주
다 물려주고 도와주고
어느 초상은 범절에 날 시체를 만지고
관머리를 들었어도
수많은 인간이 넘나하고 왕래해도
따라가는 서낭 없고 묻어가는 서낭 없이
내가 다 젖혀 주리다 00:18:34

뒷전영산공수

어 굿자

아린영산은 쓰린영산 아니시랴
숨지어 넋진영산 아니시랴
뇌암으로 가던영산
암병에 가던 영산이야
만신 말명이 죽어가던 영산이야
청춘가고 소년가고
아흔아홉 노영산이요
쉰셋은 떼영산에
재수에도 끓이고 몸수에 끓이고
어느~
낳고 가고 배고 가고 전차, 기차 자동차에 맞쳐서 가던 영산들
문말명 떼영산들 오늘여기오신 여러분들
따라가는 영산 없고 묻어가는 영산 없고
오늘 망제는 천도하고 산이는 성불하게 도와 주시마

뒷전상문공수

[만신은 부채를 접어서 내려놓고 뒷전상에 있는 3잔의 술을 대문 쪽을 향하여
    버리고 상위에 있던 산자를 하나 집어 들고 좌우로 흔들며 구연한다.]
어 굿자
너 모두
아린상문은 쓰린상문 아니시랴
숨지어 넋진 상문 아니시랴
피를 지어가진 상문아니시랴
업어내고 모셔내다 열시왕에 사재상문아니시랴
어느~

염습시에 보던 상문이야

입관시에 보던 상문이야

탈상시에 퍼진 상문이야

너 모두 길제노재황토발혼 시에 퍼진 상문이야

너 따라든 상문에 묻어든 상문 아니시랴

머리풀어 발상상문이야

백나비 흰나비 은하수 곡성소리에 따라들고 묻어들던 상문들

오늘 진오귀 모두 천근새남 끝에

따라가는 상문 없고 묻어가는 상문 없고

각인각성이 둘러나도 모두

시왕진, 대왕진, 중디진, 연안진, 사재는 삼성진 다 물려서 꿈자리 몽사 산란한거 다 거둬 주시고 험한 일 없이 다 젖혀두고

뒷전 수비치기

[만신은 손에 들었던 산자를 버리고 오색을 집어 들고 상주를 비롯하여 굿판에 있는 모든 사람이 오색을 찟고 마무리한다.]

수비수비수비야

아린수비 쓰린수비

숨지어 넋진 수비

피를 지어 가진 수비

업어내고 모셔다 열시왕에 사재수비

시왕수비가

따라가는 수비 없고

묻어가는 수비 없고

여수비도 아흔아홉

남수비도 아흔아홉
-이리 하나씩 와요-[오색 베 찢기 준비 완료]
상제님들 어서 와요
상제님들 어디 갔어
아흔아홉 도수비야
쉰셋은 떼수비야
여수비는 이고가고
남수비는 지고가고
-얼른와요-
어느~
뒤지고 쳐진 수비 없이
다 물려 도와주고
재수에 끓인 수비 없고
-여기 하나씩 찢고 가야지 따라가지 않아요 얼른 와-
아흔아홉 도수비도 젖혀 가고
쉰셋은 떼수비도 물려가고
고픈 배는 불려가고
마른 목은 적셔가고
젖은 것은 먹고 가고
마른 것은 싸서 짊어지고 가서
산으로 가니 산으로 가고
들로 가니 들로 가서 오던 길로 되돌아서 뒤도 돌아보지 말고
산도 좋고 물도 좋고 경치 좋은 데로 가시고
어느 안 불러서 못 먹었네 늦게 앉아서 못 먹었네 하지 말고
산수비는 산으로 가요
들수비는 들로 가요

이러니도 말 없고 저러니도 탈 없이
만인간이 둘러나고 천 인간이 둘러나도
뒤지는 수비 없고 따라드는 수비 없이 다 젖혀 도와주고
상문진도 젖혀주고 중디진도 물려주고
너 모두
어느 꿈자리 산란한거
산요물 궂은 요물 다 젖혀 도와주고
상문진도 젖이고
-얼른오셔 이거 찢을 사람은 오셔 지금 안찢으면 못 찢어요 얼른 찢고 얼른 가세요-
오셨다 가서 모두
어느 뒤지고 쳐지는 상문 없이 다 거둬 도와주고
꿈자리 산란한 것도 거두어 가고 -얼른 오셔-
여러기자님들 둘러나도 재수에 끓인 거 없고
몸수에 끓인 일 없이 다 젖여 도와주고
-안찢고 후회하지 말고 찢은 사람은 또 찢을 거 없어요. 한번만 찢으시면 되요. 얼른 와요 안 찢은 사람은 얼른 오셔야 돼.
오늘 모두 상인 상주들 뒤지고 쳐진 상문하고 쳐진 상문 없이 다 물려 도와주고
어느 산 요물 죽은 요물 하리 제사
학자님들이 모두 왔다가 둘러나도
귀설 없이 도와주고 말썽 없이 도와주고
어느 재수에 할인 없는 거 없이 다 물려 도와주고 -오색 더 없죠?-
오냐
이러니 말없고 저러니 큰 탈 없이 다 젖여도와주고
다 거둬 가소사

어느 상인 상주들이 다 둘러나고 해도 엿보고 뉘지고 쳐지는 거 없이 다
　　거둬 도와주고
산요물 죽은 요물 하리제사
다 거둬 도와주고 다 젖혀 줍소사
다 젖여 도와 주고
구석구석이 범한 상문들
문전문전 범한 상문들
모두 다 젖혀 주자 다 거둬 가고
상문진도 젖혀가고 시왕진도 물리우고
사재진도 젖히어서 다
썩썩이 물리소서

김헌선

전라북도 남원 출생
경기대학교 휴먼인재융합대학 국어국문학과 교수
『한국의 창세신화』
『설화연구방법의 통일성과 다양성』
『옛이야기의 발견』
『한국농악의 다양성과 통일성』 외 다수

윤정귀

경상북도 상주 출생
경기대학교 국어국문학과 졸업
경기대학교 대학원 국어국문학과 석사과정 졸업 논문: 「허웅애기본풀이연구」
경기대학교 대학원 국어국문학과 박사과정 졸업 논문: 「망자 김유감 서울새남굿 연행 연구」

망자 김유감 서울새남굿 신가집

2019년 2월 22일 초판 1쇄 펴냄

지은이 김헌선·윤정귀
발행인 김흥국
발행처 보고사

책임편집 김하놀
표지디자인 오동준

등록 1990년 12월 13일 제6-0429호
주소 경기도 파주시 회동길 337-15 보고사 2층
전화 031-955-9797(대표), 02-922-5120~1(편집), 02-922-2246(영업)
팩스 02-922-6990
메일 kanapub3@naver.com / bogosabooks@naver.com
http://www.bogosabooks.co.kr

ISBN 979-11-5516-875-2 93380
ⓒ 김헌선·윤정귀, 2019

정가 23,000원
사전 동의 없는 무단 전재 및 복제를 금합니다.
잘못 만들어진 책은 바꾸어 드립니다.